宗教民俗学

高取正男

JN095319

法蔵館文庫

本書は一九八二年七月二五日、『高取正男著作集1　宗教民俗学』として法藏館より刊行された。『著作集』全体への「刊行のことば」は削除した。

目次

Ⅲ

宗教民俗学

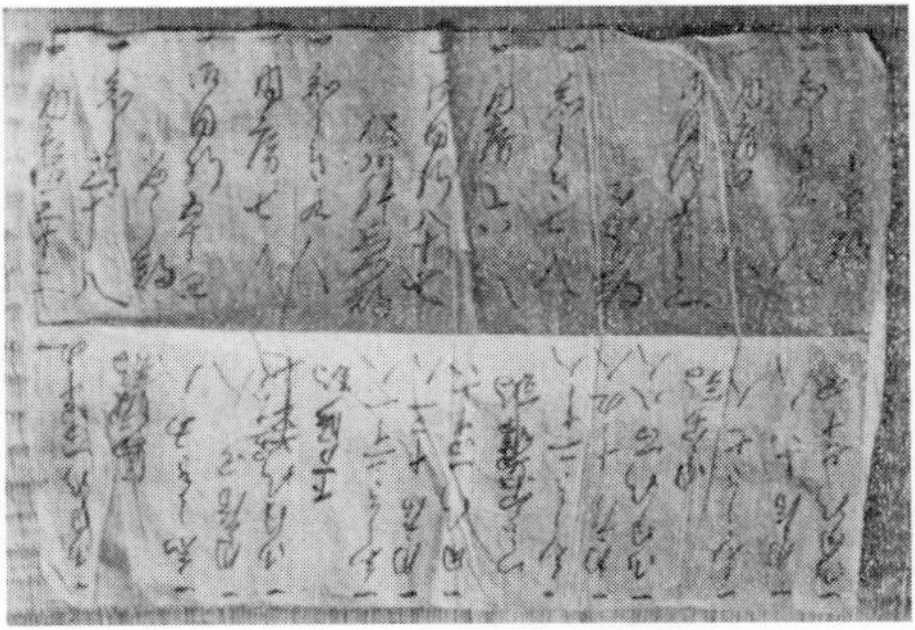

I

幻想としての宗教
遁世・漂泊者

写真・鹿児島県姶良郡・カヤカベ御状

幻想としての宗教

創作活動を通じてキリスト教土着の問題を追究していられる遠藤周作氏は、かつてキリシタンとよばれた人たちの行動のなかに、村意識ゆえの殉教という要素のあったことを指摘されている(1)。

長崎県の浦上、外海、五島をはじめ、近世三百年のあいだ九州西北部の沿海地域に潜伏したかくれキリシタンは、明治になってやってきた宣教師のすすめでカトリックに復帰したものと、それを拒否して信仰秘匿をつづけるものとに分かれた。後者は弾圧を避けてかくれの状態にあるのではなく、その必要がなくなっているのに、自らの信条によって信仰を秘匿するかくしの状態をえらんだわけであるが、いずれにしても、この人たちがあれほどのきびしい監視と弾圧をのがれて禁じられた教えを守りぬけたのは、結局のところ、この人たちの村人としての結束が固かったからであり、その結束力は、ひそかに禁教を奉じているという村人としての共通の負い目によって裏づけられていた。

キリシタン時代の殉教や背教について考えるとき、従来はそれぞれ個々の信徒の内面の問題を、彼らのおかれた外部の条件と結びつけることで理解がなされてきた。ことのたてまえは、そのとおりである。しかし、実際の例に即してみると、背教のばあい、個人の意志よりも村や家族との連帯感にもとづくことが非常に多い。とすると、反対の殉教にあたっても、おなじ要素が働いているとみなしうる。たとえば、現在は長崎市に編入されているかくれキリシタンの浦上村に、「浦上四番崩れ」とよばれる四番目の災厄が襲ったのは、幕府瓦解の直前にあたる慶応三年(一八六七)七月であった。このとき二十三歳であった守山甚三郎は、長崎奉行所に捕えられて拷問のすえにいちどは背教し、許されて村にもどったが、良心の呵責にたえかね、おなじ背教者たちと語りあってふたたび奉行所に出頭し、「信心もどし」を宣言して先の背教を撤回し、縛についた。

翌年、幕府のキリシタン禁制を引きついだ明治政府は、浦上の信徒たちを中部以西の二十一の藩に流罪とし、甚三郎は両親や兄姉弟たちといっしょに、もっとも信徒を迫害したので知られる石見の津和野藩に送られた。ここで父と弟二人が殉教したあと、甚三郎は明治六年(一八七三)にようやく釈放されて帰郷し、昭和七年(一九三二)、八十七歳で死去するまで敬虔なキリスト者としての生涯を送ったが、帰郷後に宣教師のすすめで執筆したと推定されている迫害の覚書のなかで、いちど奉行所で背教の証文に爪判を捺し、許され

て村にもどったときのことを回想し、

「それより浦上に帰り、わが宅にいきましたれば、なにぶん内にもいられず、外にもをられず、天主をすてたとおもいましたら、一つのからだを、おるところがありませんゆゑに、ひるもよるも山の中に、三日三ばん泣いておりました」

としるしている。(2)

遠藤氏の指摘は、要約すると以上のようになるが、長崎の奉行所で背教を誓った甚三郎にいまいちどの「信心もどし」を決意させたのは、まことに当人が生まれて育った浦上という村そのものであったろう。村にもどったときに身体ひとつの置きどころがなかったという記述が、それを物語っている。

浦上村にサンタ・クララ教会の建立されたのは、慶長八年(一六〇三)であった。以来、二百数十年、全村あげてキリシタン信徒として迫害に耐え、信仰に生きてきた。必然的に村人相互の連帯といった人間関係だけでなく、山川草木をはじめ村にある物のすべてが、かけがえのないものとして、村の信仰を村人たちによびかけてきたと考えられる。生まれ故郷という言葉は残っていても、これ以外に生きる場所はないという、そういうせっぱ詰まった意味での郷土というものを喪失している現代人にとって、かつて村のなかにのみ生きた人たちの真意は、次第に理解しにくいものになっている。けれども、上記の事情は潜伏キリシタンの村だけとかぎらず、近代以前の村落全般に通じるものであったろう。

遠藤氏の指摘のとおり、近代以前にあっては国家的結合よりも村の結合のほうがはるかに人々の生活と直結していた。村意識と村の連帯のほうが国家社会のそれよりはるかに強く、人々の日常生活を支配していた。人々はその全生活をあげて村の連帯に預託していたといってよいし、村の結合は母の懐でもあった。人間個々人の意志力は、えらばれた人でないかぎり、けっして強いとはいえない。にもかかわらず、潜伏キリシタンたちがあれほど言語に絶する苦患を加えられながら、なおも不退転の信仰と結束力を保持できたのは、そこに彼ら自身の村落生活のすべてがかかっていたからという以外にないだろう。

近代以前の社会にあって、政治と宗教が不可分の関係にあったことは、しばしば支配者の政策についてだけ論及されるが、おなじことは民衆の側にも存在した。そこでは、村落に成立した共同体を維持し、農民たちの生活を守るという現実のもっとも政治的な諸要求が、特定の宗教宗派に属してその組織を守ることで実現された。また、一定の信条を奉じてその教団組織を強化することが、人々のこの世での権利の拡張に通じ、具体的には都市や村落に成立した諸種の地域共同体の拡充を意味したし、そうした諸共同体の強化が、その奉じる宗派教団の拡大となった。そのような事例のうちもっとも戦闘的、攻撃的な姿勢をとったものに、中世後期における荘園村落の解体、惣村結合の登場から郷村の形成過程で、各地の国侍層の領導した一向一揆があるし、都市の例では、京都町衆の組織した法華一揆があげられる。

近世になると、この種の運動は強大な統一政権の出現にともなって防衛的な色彩をもちながら、かくれキリシタンや日蓮宗不受不施派、あるいは島津藩内に存在したかくれ念仏の組織のなかにうけつがれることになった。一例として島津藩のばあいについてみると、この藩が近世を通じて一向宗（浄土真宗）禁制を実施した背後には、この藩独自の歴史的理由があった。戦国大名として九州南半に勃興した島津家が、秀吉の天下統一から家康による幕府創設という歴史の大きな転換点に際会したとき、その版図を失うこと少なく、犠牲をはらうこと少なくして中央政局の推移に対応し、近世大名に転身するには強大な武力の維持とともに、細心の政治的配慮が必要であった[3]。

島津藩における一向宗の禁制は、当初はこの難局切り抜け策のひとつとして、一門家臣団のうちから中央権力に内応するものの現われるのを防ぎ、島津宗家の家督を維持するためにはじまった。一向宗門徒特有の、横の連帯感が警戒されたわけである。そして、近世大名への転身が無事に完了したころから、こんどは領内農民統制策として継承された。この藩の領内統治の基幹部は、外城《とじょう》制とよばれる独自の方式によっていた。それは兵農分離が不充分なまま、多数の郷士層を外城の麓《ふもと》集落に居住させ、彼らの手で在《ざい》とよばれた農民部落を統轄させた。そうした郷村支配のなかで実施された一向宗の禁制は、明らかに農民たちが念仏の講集団をつくることにより、畿内先進地域ではすでに一般的であったような郷村単位の平準化された村落共同体を構成し、それによって外城制の基礎を解体させるのをあらかじめ封殺する意図がこめられていた。とくに幕末が近づくにつれ、天保から嘉永(一八三〇〜五三)の約二十年間はわけても領内の門徒の探索がきびしく、血腥い弾圧が強行されたが、それは、のちに島津藩が維新回天の事業に雄飛する基礎をつくった天保の藩政改革の推進された時期であった。一向宗の禁圧が、藩権力維持のための重要な政策であったことが示されている[4]。

しかし明治維新のあと、この地方に浄土真宗布教の自由が実現したのは、明治十年(一八七七)の西南戦争の結果、それまで温存されていた旧体制の解体が明らかになってからであったが、そのとき、かくれキリシタンのばあいと同様に、自ら門徒であることを表明して浄土真宗の教団の一員になったものと、それを拒否して信仰秘匿の体制を解かないものとに分かれた。後者はカヤカベ教とよばれ、当初からごく少数者であったが、今日も県下の霧島山西南麓の村々に残存し、その教義の大要は浄土真宗のそれに霧島山をめぐる修験道系の信仰が重なった、土俗信仰としかいいようのないものである。

この教団については、以前『日本残酷物語』や、「思想の科学」に中村きい子氏が紹介された。その後、筆者も参加した龍谷大学の調査報告『カヤカベ――かくれ念仏』が公刊されているが、教徒たちは浄土真宗の教義とは無関係の、さまざまな禁忌を守ることをもって信仰の第一条件としてきた。そのなかでも特徴的なものをあげると、ツバキやツツジの赤い花は、阿弥陀如来の代受苦の証として厳重に忌まれている。むかし、阿弥陀如来が衆生を救うために地獄の血の池に沈まれ、苦行を終えて地上にもどられたとき、天に向かって吐かれた息が赤い朝焼け、夕焼けの雲となり、地に吐かれたツバが、これらの赤い花になったという。また、この教団は霧島山の六社権現や、教祖の住む姶良《あいら》郡牧園町中津川の聖《ひじり》明神などの託宣により、伊勢の神のとりなしで浄土にある阿弥陀如来の意向が伝えられるといい、死者がどれほどの時間をかけて極楽に往生したといった通報が、秘密のうちに教徒たちにもたらされ、この秘儀は現在も教団の一部でなされている徴証がある(5)。

こうしたカヤカベ教団の実態は、もちろん浄土真宗の教義とは無縁のもので、正統の信仰の立場から批判するのはたやすい。だが、あのきびしい血の弾圧のなかで中央の教団との連絡もとだえ、村ごとに孤立無援の状態に追いこまれた真宗門徒たちが、なにをもって彼らの信仰のささえにしたかというと、最終的には彼らが生まれ育った村のなかにあるもの以外に頼れるものはなかったのではなかろうか。逆にいえば、村にあるもの全てをあげて信仰の支柱にしないかぎり、彼らの村落生活自体が崩壊してしまうような絶対の状況が日常的であったと考えられ、そこでは、必然的に生活と密着した父祖伝来の民俗信仰が、大きな力を発揮したと思われる。

たとえば、ツバキは春にさきがけ、霜雪を凌いで花を咲かすことから国字で木偏に春（椿）と書かれ、古来、聖なる花とされた。ツツジも陰暦卯月の上旬、八十八夜の苗代だてのころ、田の神を迎えて祭るための依代とされ、これも春の聖花である。こうした民俗信仰を踏まえながら、先記のようにこれを阿弥陀如来の救いの証としたところに、カヤカベ教独自の教条がある。おなじようにして、日常的にもっとも親しい神々の託宣によって往生を確信し、如来の誓願の虚妄でないことを実証していたわけである。教徒たちは村のなかにあるもの全て、山川草木のたたずまいから、目にふれ耳にきこえるもの全てでもって信仰を支えねばならないほどに孤立した境遇におかれてきたし、そうした支柱によってかろうじてその信仰を保持し、彼ら自身の村落生活そのものを維持してきたと考えられる。その事情は潜伏キリシタンの村々、なかでも明治になってからも信仰を秘匿し、中央の教会に復帰するのを肯んじなかった人々とおなじであったろう。

ところが、かつて人々がなににもまして大切なものと確信してきた村結合、実際にそれなくして再生産の不可能であった村落共同体は、まさしくそれ自身で完結した文字通りの小宇宙であったが、それは今日のわれわれが理想としているような、成員個々の人間としての権利を全面的に認めたうえでの協力関係とか、福祉の体系とはおよそ次元を異にするものであった。的確に事態を表現する言葉に苦しむが、結論を先にいうなら、それは人間のもっとも素朴で赤裸々な集合体であるためか、以上にみてきたほど強力に人々の生活の支えになっていた反面、その内部には鉢のなかの金魚が弱った仲間を無表情に追いかけ、殺してしまうような不条理が、隠しようもなく存在した。生産が向上し、平穏な日のつづくうちは表面に出ないが、いったん生産の縮小を余儀なくされると、日ごろの麗しい仲間内の協力が姿を消し、今日の自由競争とは原則を異にするところの、共同体を維持するための生存競争が、陰惨な形で展開した。子殺しと姥捨ての「楢山節」は、現実のこととして無数に実在した。

近世中・後期の国学者で紀行家の菅江真澄が、はじめて秋田（久保田）から津軽領に入ったのは、天明五年（一七八五）八月であった。その前々年の秋にはじまった史上有名な天明の飢饉は余燼をのこし、荒廃した生産体系の回復が不充分なままこの年も気候不順で、人々は飢饉の再来をおそれていた。『真澄遊覧記』のうちの「外が浜風」によると、八月十日、西海岸の鰺ヶ沢から五所川原に向かう途中、西津軽郡森田村で路傍の草むらに人骨の散乱しているのをみかけ、草根木皮や馬肉はもとより、人肉まで食べた飢饉の惨状について聞いた話をまとめている。十九日には青森の港（鈴森の湊）から浅虫温泉のてまえにあった「有多宇末井《うたうまい》の梯《かけはし》（桟道）」を見物しようとでかけたら、道でたくさんの「地逃げ」の人たちにであった。地逃げとは逃散のことで、鍋釜を背負い、家具を携え、幼児をかかえた男女が道もあふれるほどやってきた。この人たちは前々年の飢饉には松前（北海道）に渡り、そこの人に救ってもらったが、こんどはだれの情をうけて生きのびられるだろうかといっていた。

この状態では行先には食糧はなく、自分も飢えてしまうと考えた真澄は、もとの道へ引返し、南津軽郡浪岡（浪岡町）の、青森に出る前夜に厄介になった家に泊まった。そこで家の主人に海沿いの道でみた難民のことを話すと、この浪岡の村は家数八十軒余りだが、前々年の飢饉に馬の肉を食べずにすごせたのは自分の家をふくめて七、八軒しかないと答えた。馬は食べ、わらび、葛の根も掘りつくしているので、今年は不作に備え、いまからあざみ、おみなえしの葉を蒸して食べているとある。

浪岡を出た真澄は矢立峠を越えて秋田領にもどり、八月二十三日に大館を通るが、道でひとりの乞食にあっている。乞食が路傍の無縁車をまわして泣いているので、近づいて尋ねると、私の一族はみな死んでしまったといい、馬や人の肉を食べてようやく生き残ったが、今年も冷害で稲が稔らず、乞食になってしまったと答えた。馬や人肉を食べたのは真実かと問いかけると、人も食べたが、耳や鼻はとくによかった、馬の肉を搗いて餅にしたのはほんとうに美味であった、こうしたことを人に話すと、汚らわしいといってだれも雇ってくれないので、みなひた隠しにしているが、貴い社寺に参詣する旅の人や、出家の方に懺悔したら罪滅ぼしになると思い、ありのまま申しあげると語ったとある。

こうした飢饉の惨状は、まことに目を覆わしめるものがある。だが、この種の記録を読んでいつも疑問に思うのは、村落のなかでの日ごろの協力関係が、飢饉のような非常事態にかえって円滑に働いてないのではないかという点である。天明三年（一七八三）の秋、津軽藩では不作であるのに領内の米を藩外に移出して巨利を収めようとした。そのため、積出し港のひとつの青森（鈴森の湊）では十月七日の夜に出火し、前後三月のうちに三千五百軒が類焼したと伝えられる。(6) まさしく米騒動である。それゆえ藩当局や富商のおこなった施米や施粥がその場しのぎの策であったのは当然として、村落内部で日ごろ協力しあっているもの相互の扶助も、意外になされていない。菅江真澄を泊めた浪岡のある家の主人が、八十軒ほどの村のうちで、馬肉を食べずにすごせたのは、七、八軒といっているところに、それが現われているように思われる。

近世後期の東北庶民の実態を、自然のありようとともに克明に記録した『真澄遊覧記』は、庶民に同情する立場から書かれたものとして知られている。おなじころ、東北諸藩に派遣された幕府巡検使に随行した古河古松軒がその見聞を記録した『東遊雑記』が、まったく支配者の目でしかみていないのと対照的である。しかしその菅江真澄も、本草学の知識によって村人に医薬のことを教えたが、やはり文人のひとりであり、歌の師匠として村の有力者たちに迎えられている。そして、飢饉の余燼も収まらず、難民の姿が街道にみられるときに、そうした悠長な客を丁重に迎えて、私の家は幸いに馬の肉を食べずにすんだといっているのは、おなじように村落内に住みながらも、飢饉の被害を直接にうけたものと、そうでないものとの間にかなりの断層のあったことが窺われる。

天明につづく大きな飢饉は、天保四年（一八三三）にはじまる天保の飢饉であった。菅野新一氏は、天保七年（一八三六）の仙台藩の凶作のとき、刈田郡（宮城県）七ヶ宿町のある部落にあった小椋《おぐら》の本家という家の没落の話を報告されている。(7) それによると、この家の家族六人は身体が弱く、思うように山へわらびの根を掘りにゆくこともできず、その年の秋の末に母親とばあさんが餓死した。残った四人は恥も外聞も捨て、そのころ米があるとの噂のあった隣国の最上（山形地方）に流れて行った。しかし最上のほうも集まってくるものを無制限に養えないので、翌年正月に追放令を出し、乞食たちを領外に追い出した。小椋の四人も郷里にもどる以外になく空き腹を抱えて帰ってくる途中、じいさんが我慢できなくなって雪の道に倒れ、死んでしまった。父親と子ども二人は遺体にゴザをかけ、泣く泣く村にもどってみると、捨てて出た家屋敷には村のなかのある家の次男が入って住みついていたが、もとの持主の顔をみてしぶしぶ返してくれた。

三人はやっと古巣にもどり、春までなんとか過ごしていたが、そのうちに大変な不幸がやってきた。それは最上から帰る途中にじいさんの行き倒れになった話がいつとなしに村中に知れ、いくら凶作でも父親にあたり、祖父にあたるものを道ばたに捨ててくるのはけしからんということが、村の世論となった。なかでも留守中に次男坊を住みこませていた家の主人は、もういちど手に入れたい下心から、そういう良くないことをしてはいまに捕手がくるといって脅かした。小椋本家の父親は根っからの小心者であったから、この一言に縮みあがり、二人の子どもをつれて村を抜けだした。その後は伊達郡（福島県）で乞食になり、神社の縁の下で寝起きしているとの噂があっただけで、捨てて出た家には先の次男坊が入り、まんまと分家をたてたという。

村落を恐怖のどん底に陥れた飢饉は、天候不順という自然の災害ではあるが、社会体制や政治の欠陥が被害を倍加するという人災の側面も多分にはらんでいた。以上の例にみた近世の東北諸藩は、とくに寒冷地での水稲耕作の技術が不充分なのに幕藩制下の米遣い経済のもと、藩財政の要求から無理な米作りを推進し、冷害の被害を激甚なものにした。しかし、こうした政治上、経済上の原因は、村落内で惹き起こされる個々の農民の不幸の客観的な原因であるが、そのような原因は直接に人々の前に姿を現わすことはない。具体的には窮迫の進むなかで、平素は善良このうえない人にもふと悪魔の影がかすめる。その結果として体力や気力のないものが脱落し、処世の術を知らないものが人にだまされ、脅迫されて、どこそこへ行けば仕事や食料にありつけるといった根のない噂を信じて家を捨て、結局は流民の列に没していった。

七ヶ宿町の小椋本家の没落譚のように、弱い仲間をよってたかって犠牲者にするほどでなくとも、脱落するもの、落伍するものに手を貸さず、だまって見て見ぬふりをする程度なら、いつのときにもみられた。青森県八戸市尻内の櫛引八幡宮は南部家の氏神で、別当職は千石の知行をもっていたが維新後に没落し、五人の子どもは食べるすべもなく、たがいに身体を縄でつなぎ、川にはまって死んだ。このとき近所のものは知っていたが、死にに行くのだからかまうなといって、見ぬふりをしていたという(8)。村落がそれぞれ完結した小宇宙として、たがいに孤立していた時代に、生産規模が災害などで縮少し、食料獲得に明確な限界点が発生すると、脱落者の出ることはその分だけ、残るものに生きのびる可能性をつくることであった。脱落者の現われるのを見て見ぬふりすることは、村落の共同体が限界状況に到達して平素の機能を停止したときの、成員個々の非情な知恵であったともいえよう。

　村のなかで生き残り、子孫をたやさずに家を永続させるということは、むかしは本当にむつかしいことであった。共同体を再生産するなかでの成員相互の生存競争という、現代人の知っているルールとかけ離れた原則による陰惨な競争に生き残ったものは、そのこと自体に神仏の冥慮を感得し、原罪意識をもつ充分な根拠があった。盆の日に自分の家の先祖を祭るとともに、餓鬼棚などとよんで祭ってくれる子孫をもたない無縁仏を供養する風は各地にみられる。平穏に盆の日を迎えたものは、それだけ過去の日の落伍者を思うことが多かったはずである。かつて町や村を徘廻した物乞いたちが、近代社会のルンペンとちがってある種の宗教的風貌をそなえ、人々に布施行の実践をもとめたのも理由のあることであった。そこで期待されたのは喜捨であって、現代の助けあいの醵金や寄付とは本質を異にしていた。人々が乞食の来るのを待ち、余裕のあるかぎり施物してきたことの背後には、それによって自らの罪障の少しでも消滅するのを願わないでいられなかったような、生き残ったものの宗教的な負い目があったといってよい。

　菅江真澄が秋田領の大館付近を通ったときに、道で出会ったひとりの乞食から人肉や馬肉を食べたことの懺悔を聞いた話は、先に紹介した。落ちぶれて乞食になったものさえ、飢饉のときに禁忌を犯したことの負い目を、これほど重く背負って生きていた。菅野氏の報告されている宮城県刈田郡の天保の飢饉の話は、そのとき子どもだった人が明治まで生きのび、おりにふれて孫たちに昔のおそろしかった話を語ったので、それを聞いて育った人が菅野氏に話してくれたものである。飢饉の話はたいてい子どもたちが食物を粗末にしたようなとき、戒めの言葉として老人の口から語られることが多かったが、それは人肉を食べたというほどに激しいものでなくても、きびしい状況のなかをようやく生きのびた人の言葉として、もっとも根元的な宗教意識を幼いものの心に培ってきた。

しかもこの種の伝承、たとえば菅野氏が報告されている一連の話のなかに、貧乏な木地師の家族がつぎつぎと餓死し、最後に嫁と赤ん坊だけが残った、その嫁も体力つきて立ちも動きもならず、台所で赤ん坊に乳をふくませながら横になっていた、村の名主はもう死んだころかとなんども見廻りに行き、とうとう息絶えた嫁の遺体を片づけようとしたら、なにも知らない赤ん坊が冷たい乳房にすがりながら目をあけてこちらを見ていた、その赤ん坊もそれから二日ほどして死んでいたという話もある。こうしたいい伝えにより、人々が子どものときから肝に銘じて教えこまれたのは、村の掟、人の世のきびしさであり、その冷酷な側面であった。結局は神仏の冥慮をおそれながら、村のなかにしかありえない自分自身の生命について、ほんとうに知りつくすことであった。「家郷の訓え」とよばれたものの中枢は、かつてはこうしたことに据えられていたといってよい。

明治四十三年（一九一〇）に公刊された柳田国男著『遠野物語』一巻は、おのずから日本民俗学の原基をなしているが、そのなかで、陸中遠野の地方ではしばしば女性、とくに産前産後の女性が発狂状態で山に奔り、山女になった例が多く収められている。この問題は大正十四年（一九二五）に発表された『山の人生』にあってさらに多くの例をあげ、いちだんと深く論及されている。要約するならば、それはかつて共同体がそのうちに孕んでいた非条理の顕在化するところ、もっとも多く犠牲者となるのは、村や家という共同体の掩護物なしには一日も生きてゆけないような、力弱い人たちであった。追いつめられたその人たちは、この世に実在する共同体にわが身を託す余地が見出せなくなった以上、実際に見ることができないという意味では幻想としかいいようのない魂の共同体にむけて、すべてを賭けざるをえない。

『山の人生』には、「凡人遁世の事」という条がある。そこでは上記の問題を提示するなかで、昔は主君の采配に不満をいだいた武士が、しばしば無謀に生命を軽んじて死を急ぎ、討死をして殿様に御損を掛け申すべしといったことがあった。戦乱の時代にはこれも自然の決意であったかしれないが、いつもそうはいえないので、死なずに世を背く遁世ということがなされた。村で聞く山男、山女の事例も、彼らはインテリではないので理屈はいわないが、この世の共同体に背を向けたという点ではまさしく遁世者であった。遁世者が輩出したというのは、けっして仏教の影響だけではないというのである。たしかに、熊谷直実出家のあとをみると、一ノ谷に敦盛を討って世の無常を悟ったというのは『平家物語』の論法である。真相は『吾妻鏡』に記されたとおりだろう。久下権守《くげごんのかみ》との所領の境相論がこじれ、頼朝の面前での対決の場で武骨一辺の直実は思うことが言葉にならず、髻を切って出奔した。新しい鎌倉御家人体制の水になじめなかった彼の古風な武士の意地が暴発をとげたとき、そこに法然の姿があったというべきだろうか。

　その意味では、仏教はこの世の仲間から弾き出されたものの魂が、平安をもとめて暴発する軌跡を、もっとも鋭く省察した宗教といえるかもしれない。また、世に母子心中とよばれるものが、しばしば類似の過程によっていたことは別に論じたことがある[9]が、いずれにしても、生まれて育った共同体に自らを預託できなくなったものにとって、存在するのは楽園の喪失感だけである。飢饉とか戦乱その他の原因によって共同体内部の非情の掟が発動したとき、犠牲者たちの眼に映るのは共同体の解体であり、楽園の崩壊感である。そのばあい、わずかな噂を信じて村外に流れてゆくのもその重要な現われであるが、人々は失われた過去の再来をもとめ、どのような幻想にも素直に耳を傾けることになる。

　史上、民衆の宗教運動とされるものをみると、そこには仏教とかキリスト教などの世界宗教の土着問題が、はじめにのべたような形で存在するのは事実である。世界宗教は民俗信仰と習合し、祖先崇拝など共同体の宗教になることで、はじめて社会の底辺部に定着するてがかりを獲得した。人々はそのような宗教教団の組織に参加することで、彼らの属するこの世の共同体の強化をはかった。けれども、ことがこれで終わるならば、表面は宗教運動でも内実は政治・社会の運動にすぎず、宗教史としてみれば、世界宗教の土俗化と頽落の歴史でしかない。逆に、自分にとってかけがえのない共同体の解体を眼前にした人たちが、たとえ低次元のものであっても魂の王国をもとめ、失われた過去の復活を願って宗教運動に参加した過程を追うならば、その運動は厳密な意味で政治的、社会的運動から離れ、宗教そのものの世界に飛翔する。

　最初に記した近世のキリシタンやかくれ念仏だけでなく、中世の一向一揆や古代の行基たちの運動にしても、それらは政治的、社会的に計量できるような、この世での果実をどれほど生みだしたかという観点からの追究だけにとどめてはならないと思う。もちろん、それはそれで大切な作業であるけれど、これらを宗教史、思想史上の問題としてとりあげるとき、それぞれ歴史の大きな転換期にあたり、深刻な崩壊感覚を抱かされた人たちが、どれほど途方もない夢をもとめて運動に参加したかという過程、この世の果実を重視すればそうとしか表現できないような負の現象の分析も、あわせて重要となってくる。「幻想としての宗教」といういささか奇矯な題も、この事実を主張したいからであって他意はない。

(1)「主観的日本人論」(『朝日新聞』大阪本社版、昭和四十七年九月十八日朝刊)
(2)「守山甚三郎覚書」(『日本庶民生活史料集成』第十八巻)
(3)桃園恵真「薩摩藩における禁教の背景」(『カヤカベ——かくれ念仏』所収)
(4)福間光超「禁教下の薩摩門徒」(同前)
(5)拙稿「御状を通してみたカヤカベ教団の組織」(『民間信仰史の研究』所収)
(6)『夢の松風』
(7)『山村に生きる人びと』
(8)山口弥一郎『二戸聞書』
(9)拙稿『民俗のこころ』

遁世・漂泊者——本源的二重構造の問題

日蓮の『種々御振舞御書』に、

「同じき十月十日に依智《えち》を立ちて、同じき十月二十八日に佐渡の国へ着きぬ。十一月一日に六郎左衛門が家のうしろ、塚原と申す山野の中に、洛陽《みやこ》の蓮台野のやうに死人を捨つる所に、一間四面なる堂の仏もなし、上は板間合はず、四壁はあばらに、雪ふり積りて消ゆる事なし、かかる所に所持し奉る釈迦仏を立てまいらせ、敷皮打ちしき、簑《みの》打ちきて夜を明し、日を暮す。……」(1)

とある。文永八年(一二七一)に佐渡に流されたときのことを、のちに回想したものである。また、許されて佐渡からもどり、甲斐の身延山に入った翌年の建治元年(一二七五)四月に記したという『法蓮抄』には、

「鎌倉を出でしより日々に強敵重なるが如し、ありとある人は念仏の持者なり。野を行き山を行くにも、岨坦《そばひら》の草木の風に随ってそよめく声も、敵《かたき》の我を責むるかと覚ゆ。

漸く国にも着きぬ。……栖《すみか》には尾花苅萱生ひ茂れる野中の野三昧《のざんまい》に、朽ち破れたる草堂の、上は雨漏り壁は風もたまらぬ傍に……」(2)

とある。鎌倉から佐渡までの道筋は、念仏者たちの鉄壁に囲まれていた。その強敵の中をくぐりぬけ、佐渡の国仲平野の真中までつれてこられたとき、日蓮は都の蓮台野のような野中の野三昧の、一間四面の仏像もない草堂を居所としてあたえられた。まさしく三昧《さんまい》聖《ひじり》のとりあつかいである。

鎌倉から佐渡への道筋は、信越の交通の要衝にあって東国随一の霊場として知られる善光寺の勧進聖《かんじんひじり》が、各地の如来堂をめぐって勧進しながら回遊していた。吉田清氏の論文「ヒジリとしての源空門下」(3)によれば、この時代の善光寺には二十五三昧講式に準じ、十二人の結衆による不断念仏が修されていた。これを核として大勧進のもとにある勧進聖たちは、各地の如来堂と三昧(別所の墓地)を管理する三昧聖のもとを巡回し、資財の勧募を行なっていた。親鸞は建保二年(一二一四)配所の越後から妻子をつれて関東におもむき、常陸を中心に、下野、下総、武蔵まで門徒をふやしている。彼がまったくの徒手空拳で、短期間にこれだけのことができたとは思えない。彼は関東移住のそもそもから、善光寺勧進聖たちの回国の路線に乗ったものと考えられている。下野高田の専修寺、信州長沼の浄光寺など、善光寺如来堂から真宗寺院に発展した例は、今後の調査でさらに数を増すとみられ、親鸞の止住した稲田の草庵は、太子堂から発展したものという。とすると、日蓮の佐渡配流の道中が念仏者の鉄壁に囲まれ、草木の靡く音までが敵のわれを責むる声に聞こえたというのは、けっして過大の表現ではない。自由を奪われ、善光寺勧進聖の縄張りのなかをくぐらされた日蓮の心象風景として、真実であったろう。しかも民間持経者の層の厚さに依拠して(4)立正安国を説き、念仏の無間地獄に堕ちるゆえんを説いたその彼が、塚原という名の野三昧の真中に、三昧聖同然のものとして捨て置かれたことの無念さは、その意志力でみごと内面化しおおせているだけに、かえってはかり知れない深さがあったと推測される。

高野山の明遍僧都(一一四二～一二二四)は、平治の乱に殺された後白河院の近臣信西入道通憲の子であるが、通憲の十三回忌に子や孫が集まって追善の法会を営んだとき、出席を断わった。理由は都の大寺に住んで朝廷の法会に列する兄の僧正たちとちがい、自分は遁世者である。遁世とは世を捨て、世に捨てられたものをいう。世に捨てられながら世を捨てないのは非人であり、世を捨てても世に捨てられないのでは遁世でない。父の法会に出席するのが縁で朝廷の法会に召されては、遁世の本意に背くというのであった(5)。

右の明遍の言葉は、平安時代以来の遁世者や別所聖の思想的立場を、直截に表明している。だが、のちに述べるように、中世に入って彼らの活動は社会的に顕著になるほど、思想的にはその基礎が狭められ、弱体化しはじめた。世に捨てられながら世を捨てられないもの、世を捨てながら世に捨てられないものの影が、彼らの仲間に濃くなった。この時期、古代社会を根底から崩しはじめた力は、封建的世俗性ともよびうる論理を備え、世を捨て、世に捨てられた方外の賓が、どうして世の衆庶を救いうるのかという発問を、つねに投げかけた。あわせてそのような力は、現実の社会的、経済的強制力となり、かつて遁世者や別所聖たちが、古代後期には方外の賓として不羈独立の処世のできた余地を、実力によって少しずつ狭めはじめることになった。

法然につづく親鸞や、日蓮の生きた時代は、右のような中世社会の進展しはじめた時期であった。以前は古代であったから存立できたような方外者の思想空間や宗教空間も、公家、武家を通じて成長してきた中世的な俗権により、ついには否認される運命にあることを、これらの祖師たちは本能的に予知していた。ここに彼らの宗教的苦悩と、現世を超絶する絶対の信にむけての鮮烈な飛翔があったのではなかろうか。彼らの門流がのちに教団の整備に進んだとき、当初は遁世者、別所聖、民間持経者を中核にしていたのが、結局は自ら進んでか、あるいは抗いながらか、最後は世俗社会に吸い込まれた事態が、これを明証しているように思われる。日蓮が佐渡配流にあたって味わわされたものも、けっして彼個人の一時の体験ではなかったはずである。

私たち日本人は、生活文化を異にする民群がこの国土に入り混じって住んでいた時代のことを、ほとんど忘れている。文献史料も、この事実を記録するのに熱心でなかった。はるか太古に、天つ神の族にまつろわぬ国つ神の族があったと記すにとどまっている。民族社会の周辺に、エゾ、クマソ、ハヤトがあり、山間に国栖《くず》が住むという程度である。

だが、万事が曖昧な『記紀』・『万葉』の時代をすぎ、平安時代の『類聚三代格』巻二〇にみえる承和元年（八三四）四月二十五日の太政官符は、逃亡の飛驒工の捜勘を命じ、

「其レ飛驒ノ民、言語容貌スデニ他国ニ異ル、姓名ヲ変ズト雖モ理ニ疑フ可キ無シ、然レバ則チ留任ノ奸、尤モ所由アリ、宜シク重ネテ下知シ、捜勘言上セシムベシ、」

といっている。飛驒工とは飛驒国から貢進される木工技術者であった。彼らが課役を忌避し、都での勤番を終えたあとそのまま他郷に庸作して郷里に帰らなかったので、この官符が出されたわけである。飛驒工も律令制下の公民であり、特殊技術によって特別の課役を負担したにすぎない。その彼らが、言語容貌は他国に異なり、姓名を変えていてもすぐにわかるといわれている。この国土に住むおなじ日本人でありながら、千年前ともなるとよほど様子がちがっていた。いまの地域性とか地方性という概念を超える事態がみられ、民族社会の内部には想像以上の断層があった。

おなじ九世紀の末、寛平七年（八九五）六月二十六日の太政官符は[6]、大和国吉野川上流

の丹生《にう》川上雨師《かわかみあまし》神社の神職の訴えとして、この神社は天下のため甘雨を降らせ、霖雨を止める神である。そのため朝廷より奉幣・奉馬がなされ、境域内に神馬を放牧して狩猟を禁じている。それを国栖戸《くずへ》の百姓や浪人たちが皇室の供御ということで狩猟をなし、境内を汚すので、今後は神禁を犯さぬよう禁じてほしいとのべたとあり、太政官はこの訴えを採用している。『記紀』の応神天皇条によると、吉野の国栖は吉野山中で狩猟採集を主とする太古以来の業態と種族生活を残したまま、早くから大和朝廷の部民になっていたらしい。この伝統は律令時代まで継承されていた。

『延喜宮内式』によると、朝廷の節会に国栖は御贄《みにえ》を献じ、歌笛を奏した。おなじく『太政官式』には、天皇即位の大嘗祭に、天皇が大嘗宮に入ると国栖が古風を奏すとある。『記紀』の応神天皇条に、国栖が土毛（山の幸）を献ずるとき、口鼓を打って仰き咲《わら》うとあるが、この作法は平安時代までつづいた。口鼓を打って伎《わざ》をするのは愛嬌ではない。神聖な歌詞を奏して天皇を呪祝するとき、口鼓によってその呪能を倍加し、天皇の霊魂をより強健にするためであった。彼らは平地の定着農耕民とちがい、山中に隔絶して狩猟採集生活をする特別の部族であったから、それだけより強い呪能を有すると信じられていた。彼らのもたらす山の幸は、文字通りの幸《さち》であり、平地に住むものの霊魂をふるい起こさせる聖なる力を有したわけである。(7)

国栖たちが供御と称して狩猟したのは、山の幸を朝廷に献ずる伝来の稼業のもつ特権によるが、ことはそれだけにとどまらない。たとえば東北の山村に住むマタギとよぶ狩猟者たちは、「山立根元之巻」などという彼らの稼業の由緒を記した巻物を伝える。以前は極秘とされ、雪山での熊狩りに雪崩の危険が迫ったりすると、山中に臨時の祭壇をしつらえ、これを読み上げた。内容は彼らの祖先がかつて山の神の危難を救い、返礼に子孫が山で狩猟するのを許され、保護を約束されたというものである。(8) 雪崩などの危険を前にこれを読み上げるのは、大昔、神と交した約束を思い出してもらおうというのだろう。

はかりしれない大昔、神的なものと人間のあいだになされた契約は、およそ宗教的な思考の原点である。モーゼの十戒にしても阿弥陀の四十八願にしても、原理はおなじ発想である。マタギたちの「山立根元之巻」は、もっとも素朴な形といえよう。国栖たちの吉野山中での狩猟も、おそらくは彼らの奉ずる神の許可と保護のもと、太古以来の稼業としてなされたのであって、その場所が丹生川上雨師神社の境内であるかどうかは、彼らの関知するところではなかったろう。甘雨を降らせて霖雨を止める雨師神社の神徳は、平地の定着農耕民には死活の大事につながるが、山中の狩猟採集民とは縁はうすい。

千年前のこの列島では、生業がちがうことは奉祀する神がちがうことであった。それぞれの民群は悠久の太古における神と人間（祖先）との約束にもとづき、相互に独自の生活圏を維持していた。民族社会は後世のように、均質でも等質でもなかった。大江匡房が十一世紀末年に書いたという『傀儡子記』(9)によると、クグツは中国の塞外民族に似た漂泊民であった。男は弓馬の術に長じて狩猟を事とし、諸種の軽業や人形遣いをなし、女は化粧して歌をうたい、媚を売った。東国の美濃・三河・遠江の党を豪貴とし、西の播磨や但馬がこれに次ぎ、西海は下とされた。農業をしないから土民でなく、みな浪人で、「上ハ王公ヲ知ラズ、傍ラ牧宰ヲ怕《オソ》レズ、課役ナキヲ以テ一生ノ楽ミト為シ、夜ハ則チ百神ヲ祭リ、鼓舞喧嘩、以テ福助ヲ祈ル」とある。

クグツの神については、『今昔物語』に次のような話がある。(10)伊豆守になった小野五友というものが新規に雇った目代を国司の館で執務させていると、突然、クグツの一団がきて館の前で歌舞しはじめた。すると目代は、最初は拍子などをとって聞いていたのが我慢できなくなり、われ知らず走り出てクグツにまじって歌舞したため、クグツ出身ということがわかってしまった。そして話の最後は、「其レハ傀儡神ト云フ物ノ狂《タブラ》カシケルナメリトゾ」という言葉で結ばれている。

定住農民にしても、国栖やクグツのような非定住の非農耕民にしても、それぞれの民群が自らの血のなかに独自の神をもち、その冥護をたのんで伝来の稼業に従事する体制は、律令時代になってもかなり久しくつづいていた。このことは、律令政府の公民として班田農民とよばれる定住農耕民のつくっていた世界が、後世のように農業社会として十分に成熟していなかったことの反映である。

この列島での水稲耕作の開始は、紀元前後という。八世紀奈良時代には全国の主要な平野に班田収授のための地割である条里制が施行され、その遺構はいまも残存している。だが、こうしてつくりだされた農業社会も、充実するには多くの歳月を要した。豊年満作というが、満作とは村のすべての田に稲が稔るという意味である。近世には満作は常識となり、水田は毎年稲を植えるのがあたりまえになっているが、以前はそうでなかった。易田《えきでん》などとよばれる連作不能の耕地、少しの天候不順ですぐ耕作不能になる田が多かった。

耕作放棄をかたあらしとよんだが、平安時代に大和の宇智、十市、広瀬の三郡にあった大和国栄山寺の領田三十五カ所のうち、十世紀末から十一世紀中葉までの七十年間に、毎年続けて耕作されたと思われるものは四カ所にすぎない。あとは耕地としてまことに不安定なものか、それほどでなくても連作できない水田であった(11)。全耕地の過半数以上もあったこの種の不安定耕地は、中世になって安定化がはかられたという(12)。古代には水稲耕作は社会の生産の中心ではあったが、なお未熟な状態にあったから、その耕地の外側には広大な未開地が手つかずのまま残っていた。山野や湖沼海浜そのものに生活源をもとめる民群が、定着農耕を横目でみながら独自の生活圏を維持していてもふしぎではなかった。

平安の後期、貴族化した既成仏教教団に飽きたりない遁世聖たちは、思い思いに別所をつくり、新しい宗教活動の拠点としたが、これも上記のような社会の状況や国土の景観と、深くかかわっていた。別所の出現は十一世紀前半で、遁世の聖たちは寺院や檀越の領内の空閑地を開発し、地子免除などの恩典を得て草庵を結ぶことからはじまった[13]。それぞれの理由から本寺を離れた僧徒がここに止住隠棲し、ここを拠点に廻国修行や浄財勧募をした。別所では迎講、不断念仏以下、さまざまな法会・講経がなされて多くの人を結縁させた。ここを往生院として終焉の地に選び、命終時には同信者の念仏につつまれて往生の素懐をとげたものも多く、必然的にここを墓所として、菩提廻向のことがなされた。

別所は本寺・本所に対する別所で、人の顧みなかった荒蕪地に出現した異種・方外の宗教空間であり、思想空間であった。平安後期、ここを中心に念仏や法華経憶持の新しい救済祈念の宗教が展開し、社会的に大きな影響力をもったのは、それが別所という特別の空間に形成されたからである。その先蹤は奈良時代にみえ、行基は民間を行脚して池塘をひらき、農耕生産拡大の場に立って大きな影響力を発揮した。奈良末から平安時代になると、山岳修験の徒は次第に増加した。彼らの行動も、人跡絶えた深山につくられた行場を拠点に、社会的な影響力を発揮した。平安後期にはじまる別所の仏教は、原理的にも実践的にもこれと表裏の関係にある。

修験の霊場として知られる吉野大峰の行場は、九世紀末ごろから明確な姿をとりはじめた。北は吉野金峯山、南は熊野三山という古来の神奈備、したがって巫女も尼僧も登拝する古くからの霊場の奥に、女性の入峰を拒否する凄絶な男性修験の行場がつくられ、世俗の権力の及ばない宗教王国がつくられたわけである。先にみた吉野の丹生川上雨師の社が川下に住むものにとっての祈雨・止雨の神であるように、吉野熊野の霊場も、入口の金峯山や熊野三山は平地の農耕世界に住むものの神奈備である。だが、その奥につくられた霊場は、丹生川上雨師社の奥が吉野国栖たちの狩場であり、彼らの神の居所であったのとおなじように、もともと農業世界を絶する山の神の主宰地であった。ここにつくられた修験の世界が畏怖すべき霊界とみられたことの根底は、ここにあるといえるだろう。

柳田国男は「炭焼小五郎が事(14)」のなかで、関東の農村に祀られる金井神、家内神社は金《かな》鋳《い》の神のことで、もとは村々を巡歴して金属器を供給した金屋、鍛冶・鋳物師の祭る神であった。金屋が姿を消したのち、彼らの神だけが村の神として残ったという。金屋たちも古くはキャラバンをつくり、富山の薬売りのように村々を巡り、商売をした。業態はクグツのそれに類似し、関東では十七世紀末までみられたという。農民とはちがう特別の業種をもつ漂泊民の神々は、それだけに畏敬すべき霊異力を農民たちに対して保持した。金屋の神が金屋の巡歴のみられなくなったのちも、村の神として残ったゆえんである。

薩摩藩の禁制をみると、近世にはこの藩だけにあった一向宗の禁圧に関連し、山伏や念仏坊など旅の宗教家に対する警戒を説き、あわせて領民が他国から入ってくる商人に祈禱や占いを頼むのを禁じている[15]。かつて農民的定着世界の外にあるものは、そのことによって商人でも強い呪能をもち、霊力があるとみられた。これはそうした信仰の、最後の残留形態である。修験者たちが山中にひらいた行場だけでなく通常の遁世聖のひらいた別所でさえ、特別にタブー視された宗教空間になって世俗社会に対峙しえた理由はここにある。別所も荒蕪地にひらかれ、そこを拠点に聖たちの廻国がなされたことにより、非農業空間が本来的に保持していた呪能と霊力を、そのまま根底に継承していたと考えられる。

中世以後、人跡絶えた深山の霊場による山伏の活動も、空閑荒蕪地にひらかれた別所を中心とする遁世聖の活動も、たがいに信仰生活の深部で共鳴しあいながら、大きく展開したことはあらためて説くまでもない。だが、これらの宗教空間が対峙した俗間としての定着農耕の世界は、中世を通じて内部を充実させ、なによりも耕地の安定化が進んだ。そこに直接に根を張った武家の権力は、次第に強化された。クグツや金屋の事例から推測される非定住・非農耕の民群も、やがて権力者の手で全面的に捕捉され、技能の優れたものから定着した。反対に遅れたものの農民化も、より顕著となった。

もともと古代の仏教教団は、律令政府とよばれる世俗の権力に従属し、その安寧を祈る呪術宗教の教団にとどまっていた。行基の遊行をはじめ史上に名の残る宗教運動は、したがって最澄・空海の場合もふくめ、いずれも仏教教団の世俗の権力からの自立という問題を、避けがたく孕んでいた。奈良末・平安初期からの山岳修験も、平安後期からの別所の仏教も、結局はこの点をめぐって展開した。この国土を定着農耕の論理で覆いつくすことなどとうてい不可能であった古代に、国土に残されていた多くの余白部分、非定住・非農耕民群の生活圏を借りて宗教の王国をつくり、そこがもともと農業社会に対して有していた霊威に依拠しながら、世俗の権力に左右されない世界をつくりだす意味を、山中の修験霊場や荒蕪地につくられた別所は保持していた。平安末から鎌倉時代にかけて、説話集に登場する修験者や遁世聖たちの多様な活躍ぶりは、古代末の混乱期に遭遇して世俗の権力の相対的な劣勢を奇貨としながら、彼らが諸種の山中霊場や別所という現実に自由な思想空間なり宗教空間を、実際に創出していたことによっていた。彼らは「混沌のなかの豊饒」とよばれるような、日本の宗教史のなかで前後に比類をみないほど活力にあふれた時代を、創りだしたわけである。

これが中世になると、状況は新しい方向に進みはじめた。地頭の勧農などとよばれる武家に領導された在地村落の充実であり、不安定耕地の安定化を軸とする農業社会の成熟である。ひとたび創出された方外者による自立的な宗教空間も、成熟と拡大の道を歩みはじめた農業社会にかかわりをもたずにいられないのは当然として、鎌倉新仏教ばかりか旧仏教の側にも輩出した多くの名僧知識は、彼らを生んだ現実の宗教空間が、やがて辿るであろう没落の運命を本能的に予知したから、その思念が絶対の信にむけてより鮮烈に飛翔したのだろう。その後、山岳修験は村里から隔絶した山中にあったから、かなりのちまで相対的に自立した宗教空間を維持できたが、村里に隣接する別所の仏教は、数こそ以前より増加しても、内容は旧来の惰性にとどまり、「世を捨て、世に捨てられたもの」の矜持を、次第に喪失することになった。

この過程は、中世以後、名実ともにこの列島社会を覆いはじめた日本的な定着水稲耕作の世界が、本来的に備えていた特質と深くかかわっている。結論を要約すると、日本は古代以来、瑞穂の国と美称されてきた。村落の生活は水稲耕作が満足になされれば、それで安定すると考えられてきた。たしかに水稲はこの国の気候風土に適合し、他の穀物にくらべて単位面積あたりの収量は多い。連作を忌まず、多くの人口が養えるし、栄養価が高くて副食物をあまり必要としない。極端にいえば御飯にみそ汁、つけ物だけで健康を維持できる。これらのことから、村落は塩とか鉄とかのわずかな必需品を最少限入手できる道さえあれば、昔から自給自足の安定した封鎖社会が構成できたと考えられている。

だが、事実は本当にそうだろうか。領主が苛斂誅求さえしなければ、戦乱や自然の災害さえなければ、米作りの村はそれによって完結した自給自足の、安定した小宇宙でありえたろうか。これまで日本人は、米作りを少し過大評価し、米作りによる村落生活の内容を、買いかぶってきたように思われる。というのは、柳田国男はその著『日本農民史』のなかで、「水呑百姓の多きは村方の利得なり、日雇やすければなり」と近世の地方農事にある個条を引用し、

「その村方といふのは地持百姓の利益のことであった。其理由から特に若干の余分を初から見込んで、村には新百姓を有附かせる工夫をしたのである。一つ違へばすぐに非人の境涯に落ちる程度の貧民が、偶然に出来たと謂ふよりも、元はわざわざこしらへて置かうとしたのである。(16)」

とのべている。

山村では明治末、大正初年までみられた農民の短期間の移住や古い形の出稼は、冬のあいだ他国の食糧で生きのびるのを目的とし、行った先では物乞い同然にみられた。それは彼らの郷里の村では、農繁期という年間に特定の時期だけ入用な労力を、強いてその村に住まわせていた結果であった。米作りは集約化が進むほど、特定の時期だけ集中的に大量

の労力を必要とする。村方の名でよばれた自作農や手作り地主たちは、家族や下人など従属労働力以外に、農繁期にかぎって雇用する零細農を、周辺に再生産していた。村方に加えてもらえないような水呑百姓が村々に存在したのは、偶然ではなかった。元来、わざとこしらえておかれたものというのである。

山陰の村から冬場に灘や伏見の酒造地におもむき、杜氏《とうじ》として働いた例など恵まれた部類に属する。江戸では頼まれれば越後から米搗きにくるといったが、秋の収穫後、仲間うちつれて出稼にきた信州の農民を、江戸市民はムクドリ（椋鳥）とよんで嘲った。出稼の利便もない辺鄙な村では、巡礼の名目で食減らし、物もらいの旅に出た。「捨て往来」とよび、このものは善光寺参詣とか三十三カ所巡礼に出るが、途中で行き倒れしたらその所の仕来りによって処置してもらって支障ない旨、村の檀那寺の住職に書いてもらった往来手形を所持した。道中は門付けと善根宿にたより、野宿して山野に食をもとめる流浪の旅で、春先、農事のはじまるころ帰村した。村によっては毎年交替で、数を定めて出たという。

小農経営安定の条件が整ったといわれる近世でも、村落は米作りだけでは完全に自立できなかったというほかない。裏作とか副業がないと、季節的な出稼のほかは食減らしのための短期間の移住、巡礼や物乞いの旅に出なければ村での生活がおぼつかないような零細農が、どの村にもかなりみられた。正式には村方に数えてもらえないこの人たちの労力を、農繁期だけに雇わないと村方の米作りが円滑にできない構造になっていた。個々的には水呑層のなかから勤倹力行のすえ、自営農に上昇したものはあっても、全体として彼らの数は少しも減少しない二重構造を、米作りの村は内部に保持していた。

この事情はより貧困な中世には、さらにきびしい形で存在した。近年、中世の社会経済史の分野では、荘園村落における名主百姓以下、その下人所従までをふくむ村落定住者と、非人・乞食と賤視された非定住流浪民との中間存在である間人《もうと》層について、その歴史的性格が論じられている。(17) 彼らは村落内に居住したけれども農民とはいえないほどの細民で、安定して自立する道は閉ざされていた。村落定住民からは素姓のしれない新入りで、いつ村から離れるかわからない新百姓として差別され、村内の季節的労働に従事した。この背後には身分的に非人・乞食とみなされ、実質は山野水辺に生活源をもとめた非定住の民群のあったのはいうまでもない。手工業者や芸能民も同類で、技能の高いものは支配者の眷顧をうけてはやく定住生活に入ったが、そうでないものは漂泊回帰と一時的定住をくりかえした。漁民のばあいも、もとはおなじような業態であったと考えられている。

近時、民俗学に対する一般の関心がたかまるにつれ、定住農耕者に対する漂泊非農耕民の存在が注目されるようになった。とくに現代社会の急激な都市化にともない、自動的、他動的に定住性を喪失した人たちは、自己の対極にある伝統のふるさと文化とのかかわりについて反省し、あわせて過去に存在した定住民に対する漂泊民のありかたを回想することが多くなった。しかし、以上にみたことから知られるとおり、定住に対する漂泊という非連続性と、差違性のみに支えられた二項対立の認識では、歴史の実態に迫ることはむつかしい。ふつうは定住生活として一括されている水稲耕作社会そのもののなかに、間人とか水呑みとよばれるもので示されるような、半定住的農耕補助者の姿が含まれていた。

たとえば、村で家筋とか血筋というときのスヂには、元来、種モミという意味があった。正月に歳徳神を祭る種モミの俵を、スヂ俵とよぶ地方がある。その村に定住し、累代にわたって稲を育て、種モミを伝えてきたのが筋目の家であった[18]。血統とか系譜というものを抽象的に考えず、具体的なものに即して認識するならば、こういうことになるのは当然だろう。そして、村に筋目の家があるならば、反対に筋目のないものがあるはずで、彼らは年ごとに筋目のものから種子農料を給与されて農耕に従事し、筋目の家の手作りに、臨時の労力を提供した。間人とか水呑みとよばれたものをつきつめると、原形はこのように理解してよいだろう。そして、古代の定着農耕が未熟であったころは、筋目あるものとないものという形で本源的に存在したはずの二重構造も、まだ潜在的な姿にとどまっていた。非定住・非農耕の民群も、それぞれ自らの神を奉じて独自の生活圏を維持し、定着社会に対して一定の霊的威力さえ保持した。

それが中世になり、農耕社会の成熟が一定度を越えると、その縁辺を巡歴する存在となった非農耕民は、ついには村内に仮寓する筋目なきものの縁者とみなされるだけの存在になりはじめた。水稲耕作の世界が本源的に内包する二重構造の顕在化であり、体制化である。筋目あるものは時代により、地方豪族や田堵《たと》名主《みようしゆ》、名主百姓から本百姓、高持ちと、その数を増したが、そうした筋目のものによる定着農耕と、その社会の優位が確立されると、とくに遅くまで古風をとどめて定住化しなかった非農耕民は、もっとも筋目なきものとして社会の最底辺に位置させられることになった。そして宗教家たちも、かつては農耕社会に対峙していた非農耕者の世界に自らをなぞらえ、それのもつ霊異力を依拠しながら農耕社会である世俗界と、それに立脚する世俗の権力から自立的な宗教の王国をつくっていた。その基礎が上記のように解体するとき、彼らの王国は純粋に信仰の世界に昇華し、魂の王国になりきるのでなければ、反対に世俗世界に埋没し、筋目あるものの世界を護念する呪術宗教団に退化する。鎮護国家の宗教であったときとおなじ次元にもどり、諸種の農耕儀礼や祖先崇拝、死者礼拝の習俗と癒着しきる以外にない。

瑞穂の国という古代以来の美称を、私たちはあまりまともに信じすぎてきたのではなかろうか。米作りさえしていたらまちがいないという父祖伝来の信仰が、定住農耕民に対する非定住漂泊民という二項対立の認識を生み、水稲耕作による定住社会が本源的に孕んでいたらしい二重構造を、ともすると見逃してきたように思われる。米作りによる理想の共同体など、祖先が信じたように過去にはいちども存在しなかったことを、将来にわたって銘記する必要があるのではなかろうか。

（1）『昭和新修日蓮上人遺文集』下巻　一三七三頁
（2）同前上巻　一一七二頁
（3）『花園大学研究紀要』第七号
（4）佐々木孝正「本朝法華験記にあらわれた持経者について」（『大谷史学』第十一号）
（5）『元亨釈書』巻五　慧解四　『沙石集』巻十の四
（6）『類聚三代格』巻一　「応禁制大和国丹生川上雨師神社界地事」
（7）松村武雄『日本神話の研究』第一巻　一六〇頁
（8）柳田国男「山立と山臥」（『山の人生』定本柳田国男集第四巻所収）
（9）『朝野群載』巻三
（10）『今昔物語』巻二十八の二十八話
（11）（12）戸田芳実『日本領主制成立史の研究』第五章参照
（13）別所の成立と実態は、高木豊『平安時代法華仏教史研究』第六章に詳しい

(14) 『海南小記』定本柳田国男集第一巻所収
(15) 『鹿児島県史料』Ⅳ「一向宗禁制関係史料」三三頁
(16) 定本柳田国男集第十六巻　二一一～二頁
(17) 水上一久「間人考」(『中世の荘園と社会』所収)、大山喬平「日本中世の労働組織」(『日本史研究』第五十六号)
(18) 柳田国男『海上の道』定本柳田国男集第一巻　一九一頁

Ⅱ

宗教と社会

村を訪れる人と神
山と稲と家の三位一体
死生の忌みと念仏
地蔵菩薩と民俗信仰
信仰の風土

写真・京都府相楽郡和束町撰原・子安地蔵

宗教と社会——信仰の日本的特性

一

堀一郎氏は「日本文化の潜在意志としての神道」(『聖と俗の葛藤』平凡社　所収)という論文のなかで、日本人と日本社会のもつ特殊主義的性格について論じていられる。それは神の恩寵の独占、神の名による選別と、宗教的排他主義と訳してよいような particular-ism(特殊主義)を、日本人の伝来の神祇信仰の根底にみとめられての立論であった。

六世紀初頭に仏教が伝来して以来、日本人は早くから仏教に深い傾倒を示した。その結果、いわゆる神仏習合の事象は顕著に展開した。にもかかわらず、そうした事象はつねに厳密な意味での重層信仰 syncretism といえないことが多かった。おそらく修験道のみが中世において、近世にいたって新宗教運動のいくつかが syncretism の名に値する宗教形態といえるのであって、それ以外の神仏の習合はいずれの面でもきわめてルーズな形でしか行なわれず、教理的にも儀礼的にも体系化の道はたどらなかった。

世界宗教としての仏教が、この国にはじめてもたらした普遍的な諸理念とか、この国土で展開させた救済の論理は、もとよりそれ自身として十分に尊重し、帰依するいっぽう、伝来の神々や諸精霊の保持する独自の働きと恩頼に信順し、宗教心意の根底において両者を区別しようとしてきた。念仏を信じながら正朔の日に念仏を忌む風も古い。神仏峻別の意識が意外に広い裾野を有していたから、明治初年になされた神仏分離も、きわめて短期間のうちに遂行されたと考えられている。こうした心的傾向について、堀氏は日本社会の有する政治的価値の優位性にその基盤を求めていられる。古く和辻哲郎博士によって「開接（原本ママ。間柄カ—編集部註）の社会」といわれ、近くは中根千枝氏によって「タテ社会」と銘うたれたところであるが、こうした社会では、宗教は世俗社会を超える宗教そのものとして成長し、宗教的価値の優位性を樹立することはきわめて困難である。おなじ東洋社会でも、インドでは宗教的価値がつねに政治的価値を上廻り、法律や政治をたえず蹂躙してきた。日本では神道がその原初形態をととのえたとき、すでにそれは政治的価値の優越をみとめるような世俗的宗教 secular religion の性格をつよくもっていたと推定されている。

したがって、日本では近世ヨーロッパのキリスト教社会でいわれる宗教の世俗化 secularization の過程は存在しない。宗教は当初から国家や民族、社会の利益に友好的かつ協力的であった。こうして堀氏が指摘される本来的に世俗的な宗教とは、人間が自己を礼拝する儀式という、宗教でありながら西欧的な意味での宗教とは、およそ根本の趣旨を異にしている。人間が自己を礼拝する儀式とは、祖先崇拝とか死者礼拝、人にして神であるもの man god 人神の信仰だけでなく、およそこの世における人間のはからい、人のはたらきの全てを窮極において聖化しようとする心性に支えられている。日本の常民社会は久しい歴史のなかで以上のような宗教的心性のありようを育み、今日に伝えてきた。この問題は「宗教と社会」という与えられたテーマと関連すると考えられるのでこれについて考察の糸口になるようなことを、以下に少しのべてみたい。

二

『続日本紀』によると、天平神護元年(七六五)十一月二十三日、称徳天皇重祚の大嘗会にあたっての宣命に、「神たちをば三宝《ほとけ》より離《さ》けて触れぬものぞとなも人の念《おも》ひてある」との言葉がみえる。当時、太政大臣禅師道鏡以下、僧形のものが大嘗会に列席するのを神の名で忌避する意見が、貴族のあいだでかなり強かったらしい。称徳天皇はそれを抑え、伝来の神祇は仏教の説く護法善神で、仏法を護り、仏法を尊ぶのが神々の本意であると主張した。仏法と神々とを隔離する必要はないというのが称徳天皇の神仏習合の立場であり、道鏡を登用した史上有名な仏教政治の論理であった。上記の宣命はそれを内外に宣言したものとして知られている。

しかしその宣命のなかに、わざわざ上記の表現でもって神仏の友好を説かねばならなかったことは、朝廷貴族のなかにそれを忌む人たちの多くあったことを示している。仏教とその教団の権威をみとめるのはやぶさかでないが、伝来の神はまたそれとは別というわけである。こうした態度はその後の仏教興隆の歴史のなかで、ひとつの伝統儀礼のようにして保持された。神事の日に仏事と仏僧を忌む風は、しばしば強く主張されて今日にいたっている。平安初頭の延暦二十三年（八〇四）神祇官に提出された『皇大神宮儀式帳』『止由気宮儀式帳』（『群書類従』）が、仏教に関する忌言葉を書きあげて、仏教忌避と神仏峻別の主張をいちだんと強くのべているのは有名である。平安最末期の長寛元年（一一六三）に太政官に提出された『長寛勘文』（同前）は、はやくから仏教と習合していた熊野神社と、伊勢神宮のあいだに説かれるようになっていた同体説を明確に否定し、中央政府の公式見解として両者の隔離を確認している。そして明治維新にいたるまで、伊勢神宮が僧形法躰のものの社頭への直接の参入を拒んできたのはかくれもない事実である。

これらは僧侶に対して諸大神社の神職たちが、自らの自立性を主張するためその教説を熱心に唱導してきた結果であるとしても、それが可能であるためには、やはり伝来の神祇信仰自身が、独自の基礎を保持していたからであろう。外来の宗教である仏教は、日本の社会に根をおろすためには伝来の神祇と習合し、その力を借りる必要があった。神々のほうは、仏教と結ぶことで自らの権威をたかめることはあったが、べつに仏教の力を借りなくても、自らの霊威を発揮する力は十分に有していた。堀一郎氏が指摘されたように、神仏習合の事象は奈良時代以来、無数といってよいほどその事例を重ねながら、真に重層信仰 syncretism の名に値するものがなかなか現われなかったことの直接の原因は、上記の点にもとめることができるだろう。

天平宝字八年（七六四）に重祚し、翌天平神護元年に先記のように重祚の大嘗会を挙行した称徳天皇は、道鏡を重用して仏教政治を推進したのち、神護景雲四年（七七〇）八月四日、病のため西宮寝殿で崩じた。そのときの記録を『続日本紀』でみると、病勢のあらたまった八月一日、朝廷では近衛大将兼越前守藤原朝臣継縄、左京少進大中臣朝臣宿奈麻呂を伊勢神宮に派遣して幣帛と赤毛馬二匹を奉り、若狭国目伊勢朝臣諸人、内舎人佐伯宿禰老を若狭彦神、八幡神宮に派遣して鹿毛馬各一匹を奉り、翌二日には神祇員外少史中臣葛野連飯麻呂を越前国気比神、能登国気多神に派遣して幣帛を奉り、雅楽頭伊刀王を住吉神のもとに遣して神教（神託）を受けさせたとある。

これらの遺使はいうまでもなく、危篤に陥った称徳天皇の寿命を一日でも延ばそうとする命乞いの祈願であった。住吉神に期待された神教というのは、これが天皇の寿命であるかどうかの回答であったかと推測される。それではどうしてこれらの神に寿命の延期が願われたのかというと、おそらくその背後には村境の神から国境の神へと上昇した伝来の境の神—道祖神の信仰があったと考えられる。たとえば『日本書紀』によると、大化元年（六四五）から翌年にかけて発せられたいわゆる大化改新の詔のうち、二年正月条にみえる詔勅のなかに、次のような表現でもって畿内の範囲を規定している。

「東は名墾《なばり》の横河《よがわ》より以来《このかた》、南は紀伊の兄山《せの》より以来、西は赤石《あかし》の櫛淵より以来、北は近江の狭々波《さざなみ》の合坂山《あふさか》より以来」

を畿内とするというのである。

東は三重県の名張、南は奈良・和歌山県境の紀ノ川に沿って背山、西は兵庫県の明石、北は京都・滋賀県境の逢坂山よりこちらを畿内とするとあるが、こうした規定は明らかに後世の常識と反している。現在の私たち、というよりも封建的な縄張り意識が成立して以来、自分の領地と他人の領分との境は線である。山の稜線とか水流、道路とか海岸、湖沼の岸などの線でもって境を示すのが常識になっている。それが上記の改新の詔では、畿内から畿外に赴くときに通過するめじるしの地点でもって境界とよんでいる。こうした方式なり感覚は、村落に伝承されているむらざかい（村境）の民俗に通じるものがある。
村境《むらざかい》というと、客観的には隣接町村との境界の線であるが、村に住む人の主観においては、しばしば村はずれの一定地点が村境とみられてきた。道祖神や石地蔵を祀り、村に災厄の入るのを防ぐ道切りの呪術をなし、虫送りのように悪霊を慰撫して鎮送する村はずれを村境とよんできた。近世以降のように国土の開発が進んでいなかった古代から中世にかけて、村々は未開の山林原野に囲まれ、無主の荒蕪地、湖沼に囲まれながら、それぞれ自給自足をむねとする閉鎖的な小宇宙を構成していた。村々は、いずれも村はずれからつづいている細い一筋の道によってようやく外界につながっていた。こうした状況では自分たちの住む世界を客観的にみわたし、他者との境界領域や境界線を認識するだけの余裕も積極性もなかったろう。

外界との接触が村はずれにはじまる一筋の道だけに依拠していたから、村外に拡がる実際存在としての外界は、村のなかに住む人たちの主観により、村はずれにはじまる一筋の道の先に凝縮して観念されることになる。必然的にそうした想念は外界についての客観的な認識とは別種の、村に住む人たちのさまざまな願望や幻想が、同時にそれにこめられることになる。たとえば死者の行くあの世にしても、花の咲き紅葉の水に映えるまぼろしの都も、常世の郷も地獄も浄土も、みな村はずれの道の先にあるとされた。したがって、その道を通って村にやってくるものも、この世のこととあの世のこととの不分明のまま、良きにつけ悪しきにつけてさまざまな神霊を帯同していたから、それらを村はずれで歓待したり拒否し、ないしは慰撫して送る作法が数多く工夫された。村はずれの村境における民俗として今日まで伝承されているものの起源は、上記のように考えることができる。

古代の律令社会では、班田農民の宅地と園地は完全に私有を認められていたのに対し、耕地は周知のとおり六年一班で、不完全な私有しか認められなかった。そして開拓された耕地の外側にある未墾の原野などについては、『雑令』に「山川藪沢の利は公私之を共にす」と規定されている。だれがどのように用益してもよい無所有の状態であった。宅地や園地のように身近なものについては私有が認められているが、だんだん遠ざかるにつれて所有権の所在が希薄になるわけである。こうした状況は、大洋のなかの島のように村々が未墾の原野や山林に囲まれ、相互に断絶していた姿を想定することによって、はじめて納得できるのではなかろうか。村と村のあいだには、実際に生活資源を無限に孕む山林原野や沼沢地が所在したにもかかわらず、人々の主観のなかでは空無にひとしかった。村々が細い一筋の道だけで外界につながっていた状況が、法制のなかにまず反映していたとみるべきだろう。

とすると、先記のように改新の詔のなかで畿内の境を線で示さず、外界とつながる地点で示しているのもおなじ意識のあらわれであろう。また、称徳天皇の危篤にあたって奉幣され、神馬を献じられた神社も、それぞれ畿内のはずれにある神としてこの世とあの世の結節点に立ち、村境というこの世の果てにあって人の生死をつかさどる道祖神―境の神の信仰が、拡大された形であてはめられたものと考えられる。

三

藤森栄一氏は、その著『古道』（学生社）のなかで、古代東山道における峠神の祭祀遺跡に言及され、いずれのばあいも坂の東側にあって峠神への手向けが多いのは、これらの峠を西から東へ越えた人たちよりも、東から西に向かった人のほうがより熱心に峠神に祈念した。あずまの国から西国に赴いた人たちに、これらの峠をめぐって旅の愁いが濃かったことを示すとされた。西に向かったあずまの国の人たちは、上州の碓日峠（入山峠）で郷国坂東の平野に訣別し、信州諏訪の東北、雨境の役行者越えで浅間山の噴煙に別れをつげ、最後に恵那山の東北の肩の神坂峠で信濃の山々を見納めにし、前途の平安を祈って峠神を祭ったというのである。東国の人にとってはこれらの峠が彼らの郷国の境であり、西のはずれであって、西国との往還を想うとき、もっとも印象深い地点であった。それぞれ郷里の村にあって、その村はずれに祭っていた境の神―道祖神の信仰を基礎としながら、それを拡大した形で西国に向かうとき、東国の西のはずれの峠で神を祭ったとみてよいだろう。

『今昔物語』には、信濃守になったものが任国に下向したとき、在庁官人たちが国の境で国守とその郎党一行を迎え、「坂向へ」の饗宴をした話がある（巻二十八の三十九）。『朝野群載』巻二十二「諸国雑事」の条に「境迎」のことがあり、新任の国守が任国の国境を入るときに国府の官人が印鑑をもって出迎え、その地の風に従って饗応するとある。坂迎えは境迎えであり、この風は村落の民俗に今日まで伝承されているが、郷国にわかれを告げて前途の平安を祈る地点は、同時に見知らぬ国、遠い都からやってくる尊い神や客人《まれびと》を迎えて饗応し、祭りをする場所であった。まさしく境の神としての、道祖神の祭場である。そして上記のことを踏まえたうえで大和朝廷以来、中央政府の膝下である畿内に住む人が、その郷国をはなれて東国なり西国に向かう地点といえば、先記の大化改新の詔に畿内の四至としてあげられたような場所がある。あるいは鈴鹿、不破、愛発の三関も、同類の地点であったはずである。

畿内から東国や西国に赴いた人たちは、特別の使命の有無にかかわらず、その郷国のはずれと考えられるところ、そうした境の地点にあって道饗《みちあえ》の祭りをし、旅に出ただろう。そうした地点は、同時に見知らぬ国からあらたかな霊魂や客人を迎えるところであった。

東に向いては南伊勢の度会、北伊勢の多度、尾張の熱田、北に向かっては越前の気比、能登の多気、西へ行くときは住吉もそうであるし、若狭彦神を祀る若狭の遠敷も気比神を祀る越前の敦賀とならぶ日本海航路の要衝で、称徳天皇の危篤にあたって奉幣献馬のなされた神々は、いずれも畿内から外に出ようとするときの境に祭られている神である。

伊勢神宮は早くから皇祖神を祭る国家の宗廟とされているが、その大神の鎮座する度会の地は「百船の度会」とよばれ、「常世の浪の重浪帰国」といわれた。海上はるか見知らぬ豊饒の国につづき、そこへ向けて船出し、そこから聖なるもののやってくる地点の意味である。度会の地に祭られている数多くの神々のうち、玉串の大内人として内宮に仕えてきた宇治土公氏が祖神とする猿田彦神は、その地の人にとってたいせつな農業神とされ、あるいは磯部の奉じた漁業神として広く一般の信仰をあつめてきた。ミサキとは海に突出した岬だけでなく、もっと広く辺境・地境をさす言葉であったという。記紀神話ではこの神は天孫降臨にあたって天の八衢に立ち、高天原と葦原中国を照した衢神とされているのも、根拠のないことではないと思う。神々のありかたは祭る人と不可分の関係にあり、その神格は固定したものではなく、祭る人との対応関係でどのような神威も発揮する守護霊的存在といえるから、伊勢度会の地に祭られている神々のうち、猿田彦神がとくに後世まずミサキ神とされてきた背後には、かつて畿内に住む人がこの地をもって東国にむかうときの畿内のはずれ、畿内の境のひとつと考えていたことがあると思う。

称徳天皇危篤にあたり伊勢神宮に使が遣わされたのは、皇祖神を祭る宗廟であるとともに、この地が常世の浪の重浪のよせる畿内の出口にあたり、あの世とこの世の境にあって人の生死を司る神に対する信仰が、あわせて存在していたと思う。このとき神教の開示を乞われた住吉神は、瀬戸内海を経て西陲に向かう航路の起点に祭られた神である。近くの四天王寺の西門が、のちに西方極楽浄土の東門にむきあっているとの信仰が喧伝されたのも、この住之江のあたりが西方の見知らぬ国への出発点であったことを物語る。能登の気多神といえば、この地は神亀四年（七二七）より実際に渤海国の使者がしばしば渡来した。富来の港は気比神を祭る越前敦賀（角鹿）とともに日本海航路の要衝である。おなじときに若狭国目を派遣した八幡神宮の所在は不明であるが、同一人が派遣された若狭彦神の鎮座する遠敷には、先記のとおり小浜の西津の浜が港として古くより知られている。

未知の外界との接点である境に祭る神は、それゆえにその境の内側に住むものにとってもっとも重要な神であった。たとえば先記の畿内の境の神のうち、北伊勢の多度神は伊勢湾の北岸、「尾張に直にむかえる尾津の崎」と日本武尊が歌ったと伝える尾津（戸津）に近い多度山の神である。古代の伊勢湾は現在よりはるか内陸部まで湾入し、多度の山はいまと違って海をへだて、尾張の熱田と直接に向きあっていた。日本武尊はその熱田で宮簀媛の歓待をうけたあと、東国征討に出発している。これらの地点も東国に向けての大切な関門であり、尾張国鳴海の出身である大僧都賢璟が奈良時代の末、郷国と都の往復のみちすがら、多度神宮寺の建立に尽力したのもゆえないことではない。

そして、この八世紀、奈良時代における神道史上最大の事件は、東大寺大仏造営にからむ宇佐八幡の上京と、もうひとつは東国の鹿島・香取の神が藤原氏の氏の神として、同氏の氏寺である興福寺の東、春日野に勧請されて春日神社となったことである。八幡神と鹿島・香取の神は、それぞれこの時期における西陲と東域鎮護の神であり、なかでも後者はこのころより活発化したエゾ攻略の直接の策源基地の神である。この時期の律令政策と貴族からみれば、彼らの国のもっとも東ともっとも西の境の神であった。だからこそ、これらの神を平城京に勧請し、そのことによって東大寺と興福寺という皇室と藤原氏の寺を守護させようとした。伝来の神は仏教によって荘厳され、神威を増益したのはたしかであるが、その神威の根源は仏教の庇護によるものではなかった。なかでも村はずれに祭られてきた神、それを拡大した国の境の神、さらには天空に聳える高山とか、深山のように人跡絶えたこの世の果ての絶域にある神々は、この世とあの世の境にある神として、とくに強烈な神威を自らの力だけで保持してきた。堀一郎氏の指摘された日本人と日本社会のもつ特殊主義的性格、神道が原初形態をととのえたとき、すでに世俗的宗教の性格をつよく保持していたというような問題は、上記のような境の神をめぐる信仰のありかたあたりから、解明できるのではないかと思われる。

村を訪れる人と神——日本人の信仰

いわゆる他所者の意味　多様な発展をとげたわが国宗教思想史の根底に、固有信仰とよばれるものの基本的なありかたが一貫してみられるのは、それなりに理由のあることであった。近代に入るまでは大部分の人々は村落生活を営んできた。水稲耕作を中心に自給自足をたてまえとした前代の村落生活は、それ自身で完結した個々の封鎖的な小世界として、毎年同じことの繰り返しであった。固有信仰とよばれるものはこうした生活から生みだされ、もち伝えられたのである。しかしそれと同時に、村人たちは村を訪れる神と、それをもたらす人に対する信仰を久しい間もち伝えてきた。封鎖的な村落生活を営み、固有の信仰を保持する一方に外界のものを進んでうけいれ、自らのものを多様に発展させてきた。たとえば八幡・日吉山王・祇園・熊野・天満天神などは全国的に信仰され、いわば普遍的な神々であったが、それらは村々に勧請され、村の鎮守・氏神として個々の村の神・同族の神でもあった。逆にいえば全国的な有名神は、個々の村の神や同族神の総体によって支えられ、継承・発展されてきた。したがって当時の人たちがもち伝えた信仰を詳細に検討するには、こうした村を訪れるもの〻に対する信仰についての考察があわせて必要となるのである。しかも有名大社の勧請といっても、それが必ずなんらかの必然の所産と考えられる以上は、こうした信仰事象を考察するには、それが封鎖的な村落生活とどのように関連するのか、村人たちは一般に村外のものをどのように考え、どのように取り扱ってきたかという点から問題にされねばならないであろう。

この半世紀ほどの間に、正確にいえば明治三十年代を境にして前代以来の村落生活は急速に姿を消し始め、とくに今度の大戦以後は疎開などのことも重なり、村には多くの人が自由に出入りし、村の内外のけじめは殆んど失われてしまったようにみえる。しかし村落の生活内部に一歩立ち入ると、今日でも「他所者《よそもの》」という言葉が生きて使われ、新参者の性根をあやしんでなかなか仲間内に入れようとしない気風にゆき当たることが多い。これは一般に、昔からうけつがれた村の協同生活と、それにもとづく村の排他性を端的に示すものであるが、この「他所者」という言葉は、また村ハチブという言葉と表裏の関係をなしている。

村ハチブとは村の仲間はずしのことであり、実質的には村の共有の薪山・稲刈場・水車などの利用権を奪うことであるが、葬式と火事の二分だけ手伝ってやるから八分＝ハチブというのだと説明されるくらいで、婚礼や病気などにももちろん手を貸さなかった。ハチブは村の寄合の衆議や入札で決定されたが、その原因には乱暴・窃盗・失火・殺人などの積極的な害悪以外に、共有地の身勝手な利用、共同作業の懈怠、組や村決めの違反などがあり、山形県西置賜郡小国村では家産の多いのを笠に着て村決めに服さなかったものをハチブにした例がある。すなわち村ハチブとは、元来は村内の秩序無視に対する一種の制裁であった。前代の村落生活は自給自足をたてまえとし、鍬を買うにも村ではできない鉄の部分だけ鍬先何丁と重ねて買い、柄は自分でつくったほどで、鋤・鉈・庖丁その他の生活用具も、完成品を買うようになったのはそれほど古いことではない。したがって薪・肥料・秣などの必需品を手に入れるためにも村の共有地を利用しなければならず、村の協同生活を維持しなければ人々は生活ができなかった。そういう状況で村ハチブに処せられることは、事実上、村での生活を全滅させせられるにひとしく、村ハチブになったものは直ちに生活に困り、村を退転して流浪しなければならなかったくらいである。村ハチブのような制裁を設けて村の協同性を厳重に守ってきたことの背後には、村落生活の中にそうするだけの必要性があったのである。しかもこうした村落生活を構成するものには、草分《くさわ》け・重立《おもた》ちなどの村の開拓者の子孫と称する家筋をはじめ、大家《おおや》・旦那《だんな》などの有力者から水呑《みずのみ》・頭振《あたまふり》まで種々の階層に属する家筋があった。それらの間には一定の序列があり、村づきあいや共有地の利用などに差等があるのが普通であったが、家筋という言葉が示すように、村の一員としての資格はどの階層に属するにせよ、先祖伝来その村に住んできていることが第一条件であった。したがって村外のものを排除する他所者という言葉は、村ハチブと同じく右にみた村落生活のありかたに基礎をもつといえよう。

村の秩序を破るものを村ハチブによって追放したほどの生活に、新参者をこころよく迎えぬ気風がともなうのは当然であろう。昔は他所から村に入って住みつくことは簡単には許されなかった。村にはそれぞれ村入り（転入）に当たっての数々の仕来りが厳重に行なわれていた。村入りするには何よりもしかるべき紹介者が必要であった。紹介者のことを普通はワラジオヤといい、「どこそこでワラジを脱いだ」という表現が使われた。またこれをカリオヤとかヨリオヤともいい、紹介者と転入者の間に親方・子方の関係があてはめられ、紹介者は村に対して転入者の保証人・後見人の役割を負担するのが普通であった。入村者が正式の村人になるには、こうして村入りの承認を得、村人にその披露をして始めて許された。その後漸く一人前として、㈠村の吉凶の交際に参加し、㈡氏神の祭礼に氏子として参加する資格を得、㈢村の共有財産権の分配に与り得るのであった。とくに第三の共有地の用益権を取得するには、金銭や物品などの代償を提供するのが通例であったが、分配単位（一般に株という）の増加を許さない所が多く、そこでは絶家などで欠員があるまで待たなければならなかった。しかもこうした厳重な制約のなかで村入りを認められても、新住者はなかなか村の生活になじめなかった。村内の一家を嗣ぐ養子でさえも、他村から来た場合にはしばしば冷遇された。たとえば千葉県君津郡亀山村では、他村からの婿は祭礼のとき、重いので皆に嫌がられている神楽櫃を進んで持つようにしないと、新参のくせに生意気だといって憎まれたし、奈良県吉野郡天川村では、葬式のとき他村からの婿は必ず墓穴を掘らされた。とくに人の移動の少なかった昔は、村入りしたものといえば、大部分が鍛冶屋・鋳物師《いもじ》・木地屋《きじや》・木挽《こびき》・炭焼・大工・下駄屋・石屋などの職人、道心坊・祈禱師などの下級宗教家たちであったが、これらの人々は非常に条件の悪い土地を与えられるのが普通であった。今日、村の小字《こあざ》の名で鍛冶屋屋敷とか紺屋屋敷などとよばれる場所はこれら職人たちに関係のあった土地であるが、そういう土地は荒地や湿地である場合が多い。村落生活の基礎をなす耕地や共有地の面積に限度がある以上は、なんらかの仕切りを設けて他所者の村入りを制限し、これを排除しようとしたのは当然であろう。

しかしながら他所者という言葉を吟味すると、それは単に村外のものを排除するだけの意味ではない。今日でも「あれは他所者だ」というとき、新参者の性根を怪しんで仲間内に入れないばかりか、言外に一種の軽蔑の念を含んでいる場合が多い。先に述べたように、昔は村入りしたものの大多数は職人や下級宗教家たちであったが、これらは条件の悪い土地を与えられたばかりか、いつまでも差別待遇をうけ、蔑視された。彼らは村の一員になってからも一段と低い家筋のものとされ、交際や縁組などについて一般村民との間にある種の制限があるのが普通であった。これは村の封鎖性・排他性とよぶべきものがけっして単純なものでなかったことを示している。昔はこれら職人の家筋よりもさらに一段賤しい身分とされていたものに、河原者・穢多《えた》・非人などとよばれた人々があった。これらの人々は遊芸や、皮革・竹・藁の加工などを営み、墓地の管理などにも従事し、多くは彼らだけで集落をつくっていた。昔は賤民として極端なまでに蔑視され、人間扱いをされなかったといってよいほどであった。そしてこれらの人々は、一般の職人と同様、元来が普通の村の住人ではなく、また農民ではなかった。したがってこうした差別意識の中には職人の家筋に対する場合と同様に、農民以外のものを異端視する気持も含まれていると考えられ、村の排他性・封鎖性というとき、こうした意識まで含めて考えねばならないのである。

　これに関して注目されるのは、鍛冶屋屋敷とか紺屋屋敷とよばれる、職人と関係のあった土地は、「良くない所」「祟りのある所」である場合が多いことである。たとえば鹿児島県肝属郡百引村には、鍛冶屋が住んでいたから家を建てない、建ててもそこに住むと長生きしないといわれる場所があり、愛媛県北宇和郡御槇村でも、木地屋の住んでいた山に狩に行くと病気になるといわれている。また村の小字《こあざ》の名にしばしばみられるタタラ（踏鞴）・カネ（金鋳場）イバ・カナイ塚などとよばれる場所は、その名からして鍛冶屋・鋳物師と関係のあったことがしられるが、そういう場所には祟りがあるといって屋敷を作らず、田や畑にしている土地も多い。これらは鍛冶屋・木地屋などの職人が、かつては村人から特別のものとみなされていたことを明瞭に示している。辺鄙な山村などには今日でも、村人から「良くない所」として忌避されている場所がしばしばみられる。これらは、土地によってはクセ山・トシ山・クセ田・クセ地などとよばれ、病気になるといって誰も買わなかったり、利用しようとしない場所である。そしてこうした場所にはしばしば塚や小祠があり、誰かが非業の最期をとげたとか、天狗や山ノ神の領分だから近寄ると祟りがあるなどという伝承がついている。これらの場所は元来村の神聖な場所、神に捧げられ神々が降臨する神聖な場所であった。たとえば福井県大野郡五箇村には屋敷跡でイモリ（蠑螈）の怨霊がこもっているといわれて石の標柱の立っている所があり、そのため附近で不浄が忌まれ、今日では野菜畑になっているが祟りがあるので肥料が使えないという。これはいわゆる「良くない所」の一例であるが、これとよく似て村人から一種特別の神聖な場所とされているものの例に、愛知県北設楽郡振草村の「ウブスナ田」がある。ウブスナ田といえば、普通は村の神社を維持するための田であるが、ここではそういう性格は全くみられない。振草村のウブスナ田は多くは谷水の取入口の近くにあり、先の五箇村の屋敷跡と同様にそれだけで独立して特殊視・神聖視されている区域である。そして祟りがあるからといって肥料を使わず、女も入れずに耕作され、そこの収穫の中から家の神の供物が調進される。これを先の五箇村の屋敷跡と比較すると、イモリの怨霊がこもっているというような、後からいくらでも附加できる説話の部分を除くと、両者は全く同様の性格をそなえていて、五箇村の屋敷跡も振草村のウブスナ田と同様に、本来はそれ自身で単独に神聖視され、神と関係のある場所であったことが容易に推測できるのである。まして誰かが非業の最期をとげた場所といえば直ちに神域として供養碑か御霊神の祠を建ててもよいような場所がらである。したがって村人によって「良くない所」として忌避される場所はごく古い時代には村の神聖な場所であり、神が降臨する神域として畏れ崇められ、めったに近寄ることのできぬタブー視された区域であった。時代がたつうちに本来のありかたが忘れられ、畏れ多い場所、近寄ってはいけない場所が祟りがあるといって忌み避けられ、いやがって近寄らない場所となり、その理由を説明するために種々の伝説が附会されるようになったのである。それ故、鍛冶屋や鋳物師などの職人に関する話が村のこうした場所に関連して伝えられていることは、彼ら職人たちに対する村人の気持が、本来は単なる差別意識でなかったことを推測せしめる。むしろ古い時代には彼らは村のこうした場所に関連するにふさわしいもの、一種特別の、うっかり近寄ってはならないものと考えられていたのではなかろうか。賤民とされていた人々に対する差別については一般に封建支配者の民衆支配の政策であったといわれる。貧窮のために人に忌まれる仕事でもしなければならなかった人々を、その職業によって賤民とし、一般民より一段低い身分に固定して差別させ、両者を互いに反目させて支配を容易ならしめたといわれる。しかしこのことは同時に、そうした政策を受け入れた村人の側にも差別意識を生む要因があって始めて可能であったはずである。村人がこれらの人々を差別・蔑視するとき、その理由として常に血筋が卑しいということがいわれた。血筋が違うということは、村人とは本質的に異質のものであるという考えを示している。したがってこれらの人々を差別したことの背後には、村の職人の家筋に対する場合と同様に、本来は村人とは違った一種特別のもの、うっかり近寄ってはならないもの、という観念が潜んでいたように思われる。鋳物師・鍛冶屋などの職人はもちろん、賤民とされていた人々も、もともと農業以外の生産に従事してきたたし、後でくわしくふれるように、彼らは元来が村の住人ではなかった。彼らの多くは村々を徘徊して仕事をする漂泊生活をしてきたし、一般の村人（農民）からみれば非農民であり、すべて村外のものであった。それ故、そこにはそうした生活を営む人々を異端視する気持が濃厚に存在し、彼らが村人にまじって定住生活を始めてからも、村人のこうした意識が他所者を好まない気持とからみあい、支配者の政策とあいまって、差別意識にまで転化したものと考えられるのである。

村と外部との接触

いままで昔の村は自給自足をたてまえとしていたという漠然とした表現をしてきた。そして近代に入るまでの村落生活は、それ自身で完結した封鎖的な小世界であったと記したが、それは時代を遡るにつれて今日の村とはおよそかけ離れた姿をしていた。近世徳川時代の村は明治になって町村の大字《あざ》や区になったが、その数はもと全国で十八万ほどあった。その十八万ほどの旧村のうち、三分の二から四分の三までが中世中頃以後に新たに開拓され、創設されたもので、それ以前からの村は全体の三分の一にもみたない数であった。そして今日の常識になっている村、水田と畑ばかりで原野も山林もなく薪炭・肥料・秣などの必需品の大部分を村外から購入する村が現われはじめたのは、近世中期以後に交換がある程度発達してからであった。それは直接には領主の直営や富裕な町人が領主の特許をえて海辺のデルタ地帯、林も丘もない低湿地を大々的に開拓し始めてからであり、それとともに以前からの村も未墾の共有地を開墾して耕地にし、必需品を村外から購入する村に変貌し始め、明治以後になって急速に今日のような姿になった。それ以前は山林原野を持たない村はなかったし、集落はたがいに遠く離れて隣村と耕地で続いている場合は珍しかった。村の景観からすれば、近世初期から中世以前の村は、平野や台地の村でも今日の山村のような姿をしていたのである。そしてそこでの生活は水稲耕作を中心とするものであったが、今日の村と比較してその実情を正確にいえば、できるだけ水田をつくり、米食の量と回数をできるだけ増そうと努力してきたといった方がよい。近世になっても、村人の貧弱な土木技術や道具では思うように水田がつくれなかったし、四公六民から八公二民という重い年貢ではなによりも資力がなかった。今日では耕地の大部分が水田になっている村でも、近世初期の検地帳では麦や稗を植える畑しかない場合も少なくない。収穫した米の大部分を年貢に納めた後に主食として残るのは、屑米や雑穀が殆んどで、山に近い村では栃《とち》の実や楢《なら》の実でさえ大切な主食であった。また山村のような景観といえば炭焼きを考えるが、炭焼きには特種な技術があり、それは一部の炭焼きに専従する人々の間に伝えられ、一般に普及したのはずっと後のことである。第一に都会でさえ、一般の民家で炭を火桶や火鉢に入れ、炭が暖房用燃料として必需品になったのは近世以後のことである。今日の常識では炭焼きなどは副業としてごく当たり前に考えられるが、以前は炭を焼いて村外に出すことさえなかった。村人たちが村外と交渉をもつときは塩とか鉄製農具のような、村人にとって絶対に必要で村ではどうしてもできない最小限のものを手に入れるときにかぎられていた。自給自足をたてまえにしていたことは、それだけ簡素な程度の低い生活を余儀なくされていたことである。

先にも述べた愛知県北設楽郡の振草村のような山村では、四・五十年ほど前まで石屋が定期的に村を訪れたが、宿屋ができるまでは村で蒲団のある家に泊めるしきたりであった。

石屋をはじめ職人たちが、定期的に村を訪れる例は他にもしばしばみられ、古い時代の名残りと思われるが、村を訪れる石屋の仕事は、建築用石材の加工だけでなく、多くは石臼の目立てが主な仕事であった。石臼の目立てといえば今日の常識ではちょっと器用な人なら誰にでもできる簡単な仕事である。それが石屋に来てもらわないとできないということは、村に石臼を目立てする道具さえなかったことを物語っている。そればかりか昔は石臼自身が貴重な道具であった。粉食の歴史は古く有史以前まで遡るであろうが、粉でつくった団子をハタキモノとよんでいたように、臼と杵で穀物を搗きくだき、篩《ふるい》でコバタキして粉を漉し取る方法が長いあいだ行なわれてきた。石臼は六世紀ごろに大陸から渡来したと考えられているが、それを利用できたのは貴族たちだけであった。中世の荘園の年貢の中にしばしば素麺があげられているが、素麺ができるほどの細かい上質の粉は石臼でないとできないことからして、この時代でも石臼が貴重品であり、素麺が高級の食品であったからこそ年貢として納められたのではなかろうか。ウドンが最近まで農家の御馳走であったことからみても、石臼のようなものが普及するのでさえ思いのほか長い時間が必要であったことが推測される。そしてようやく石臼を手に入れても、それを目立てする道具さえない生活、簡単な鋼鉄製のノミさえ手に入れにくいほどの生活が続いておれば、村人たちは自前の百姓として独立した生活を営めるはずはない。ちょっとした天災でも直ちに飢えに迫られたであろうし、必然的にひとかたまりになって生活しなければならなかったであろう。東北地方の山間部の例であるが、ふだんは小作人として一応自前の百姓である村人たちが、一度冷害に襲われて収穫が危くなると、谷間などの条件の悪い田はすべて放棄し、条件のよい場所を占めている地主の田を中心に全員が集まり、最低限の食糧を確保するためにここで全面的に協働することが最近まであった。古い名子《なご》制度が残っていたのはこうした地方であるが、交換が発達していなければ適地適作などは思いも及ばぬことである。貧弱な道具と乏しい資力では天災の前には全く無力であったろうし、村外に現金収入を求める道もなかった時代には、こうした事情はどこの村にもあったと考えられる。

そこでは村人たちは、村内の有力者―草分け・重立ちと称して最も条件のよい土地を占拠しているものに隷属し、その保護を仰がねばならなかったであろう。沖縄では以前は村にカアラ・カワラ（いずれも頭《かしら》の転訛）とよばれる世襲の頭目があり、その下に村人が隷属してすべてカアラの指揮に従っていた。また対馬では百姓が土着の武士を親方にとって子供内となり、親方は子供内を保護する反面に子供内は無償で労力を提供していた。これと同様のものは今日の内地ではみられないが、地主のことをヂオヤ（地親）とかオヤサマとよぶ例は広くしられている。また親類のことをオヤコ・オヤグなどとよぶ地方のあることも、親類一統がオヤコ関係による労働組織・生活協同体であったことを物語り、沖縄や対馬にみられる形はもとは内地にも一般に存在していたと考えられる。すなわち、古くはオヤに対してコは労力の単位を示す言葉として使われ、オヤの統率の下に労力を提供するものはすべてコとよばれた。村入りにあたって紹介者と入村者との間に親方子方の関係があてはめられたことは前に述べたが、血縁関係の有無にかかわらず村内の有力者の支配とそれに対する村人の隷属の関係をオヤコ関係としてとらえ、親方本家を中心に家族的意識で結ばれた集団、同族団の生活が古い時代の村落生活であり、それは東北地方の山間部で冷害のときになされたやりかたの恒常的なものと考えてよいであろう。たとえばトウド（田人）という言葉がある。これは一般に田植にかぎって使われ、元来は田植のときに働く男女の群を意味する言葉といわれる。もっとも長野県ではこの言葉は、今日では広く日雇いの意味になり、「トウドに行く」とか「トウドトリ」などといわれている。これは今日の常識では、田植のときに働きにくる人々はすべて手間稼ぎ・日雇取りであることからくる語義の転訛であろう。これに対して新潟県頸城・刈羽地方では田植ばかりでなく、稲刈りの手伝いも稲刈りトウドとよび、屋敷の新築や屋根の葺替えに親類や近所のよしみでする手伝いもトウドとよんでいるし、田植のときでも昼・夕食を御馳走になるだけで無償で手伝いにくる人をトウドとよんでいる。こうした語義の拡大は長野県の場合と別系統で、もともとトウドが無償で労働を提供する人で構成されていたことに由来しているのではなかろうか。

熊本県球磨郡地方で作業の種類を問わず、小作料の代わりに労力を提供することをすべてトウドとよんでいることは、以上の推測を助けるであろう。トウドという言葉の今日の用法からこうした推測が容易になしうることは、村人がそれぞれ自前の百姓になってからでも、村人に対する親方本家の支配力はいぜんとして残り、田植のような短期間に多量の労働力を必要とする仕事には有力者に対する村人の奉仕が行なわれ、隷属農民の賦役といった形の集団的な作業がさほど古くない時代まで引き続いて行なわれたことを示している。一門氏神・同族神の祭祀は、本来まさにこうした村落生活、親方本家に統率された同族団の生活にもとづくものであった。そしてこうした生活を長く続けねばならなかったとすれば、村人が自前の百姓として単独で村外と交渉をもち、村外の商人・職人と各自で取引するようなことは長いあいだ起こりえなかったであろう。

先に述べた振草村を訪れる石屋が蒲団のある家に泊るしきたりであったということは、それを明瞭に示している。すなわち今日でこそ蒲団はどこの家にもあるが、昔は蒲団のある家は珍しかった。綿が全国に普及して実際に各地で栽培されるようになったのは、中世後期以後のことである。その後でも木綿着を常用できたのは城下町の武士や町人たちで、一般の農民は長く麻布や葛衣などでがまんしなければならず、蒲団などは贅沢の骨頂であった。今日でも岐阜県・新潟県の山間部には、スバコとかネヤという畳二枚位から九尺に六尺ほどの広さの部屋をもった古い家が残っている。このスバコは寝室であり、床を設けないで地面に直接に籾殻を敷き込み、その上に藁を入れ、薄べりを敷いた上に蒲団を敷いて寝るようになっているが、昔は蒲団も薄べりもなく柔くした藁にもぐり込んで寝たといい、それを記憶している老人が最近まであった。したがって石屋が泊った蒲団のある家といえば有力者の家にかぎられ、それは当然親方の家を意味しているといえる。壱岐に請鍛《うけか》冶《じ》というのがあり、それは村々と特約して巡廻する鍛冶屋で農漁具の製作修理に当たり、一戸あてに米三升、麦四・五升もらう定めになっていた。これと同様に、熊本県球磨郡球磨村神瀬にも請鍛冶・雇鍛冶《やといかじ》とよばれるものがあった。そこでは二年か三年に一度、旧暦三月中に村で鍛冶屋をよび、観音堂の傍に小屋を掛けて仕事場として与え、食事は村持ち、ハガネは鍛冶屋持ちで一工いくらといって代金を払った。仕事は村でクジを引いて一戸一日ずつ順番に頼み、一廻りした後は注文の多い家から順にした。そして二人以上の鍛冶屋が仕事をさせてほしいと申し込んできたときは、村で選挙して一人を決めて契約した。これらの例は明らかに村人たちが親方の支配から独立し、自前の百姓になってからのことであるが、そうした状態になってからでも、村外との交渉に関するかぎり、村人たちに長いあいだ村として交渉をもち、共同して行なってきたことが示されている。したがって村の中で親方の支配が現実に行なわれていた時代には、村を訪れる商人・職人は親方の家に厄介になり、親方を通じて村人の仕事をしたのは当然であろう。

岩手県の太平洋岸から盛岡在へ塩を運ぶ人々には、行先の部落に一軒ずつ塩宿という家があった。塩宿には主に旧家が当たっていたが、今度は何日頃に塩荷が来るから用意しておくようにと、塩宿が村人に伝え、当日になると村人が用意の穀物を背負って塩宿に集まり、塩と穀物とを交換した。これは塩が専売制になるまで行なわれたことであるが、村の旧家が当たったという塩宿の役割の中に、親方を通じて塩を手に入れていた古い時代のありかたがうかがわれる。そして京都府北桑田郡知井村では若狭の塩売りから塩一斗を栗一斗五升で交換したというし、広島県山県郡中野村では島根県の浜田まで泊りがけで行き、小豆一斗と塩十俵とを交換した。山口県阿武郡嘉年村では島根県の津和野の十・二十・二十八日の市で日用品の買い入れといっしょに米一升と塩一俵とを交換したが、そのほかに塩を手に入れるために海岸地方まで日帰りででかけ、片道五・六里の山道なので真夜中に五・六人で仲間を組んで出発し、人の背なら三俵、馬なら八俵背負って帰ったという。このほか古い時代の塩の入手経路について各地で聞くことができるが、それらは時代を遡るほど近くの集散地から購入することが少なく、各村と海岸の製塩地を直結する交通路が多少の険阻にかかわらず設けられており、それを通じて入手していたことがしられる。また新潟県岩船郡村上在では、塩と交換するために薪を伐ることをシオキ(塩木)をナメルといい、熊本県球磨郡地方では薪をつくりながら唄う塩買節という山唄があったという。近世になって瀬戸内に塩田製塩が始まり、そこの塩が多量に出廻るまでは揚浜法や藻塩焼による製塩が全国の海岸で行なわれていた。そしてこれらの方法は、潮の干満を利用して人手を節約し、天日を充分に利用して大々的に経営する塩田と異なり、各地の海浜で小規模に行なう原始的な方法であったから、製塩用の燃料を大量に購入することもなく、塩浜をもった海辺の村が山の村と特別に契約し、塩と薪を交換しあった例は各地で知られている。交換を発達させ、市場や集散地を各地に生み出す余裕もなく、村ごとに自給自足の生活を余儀なくされていた時代に村人が塩のような必要不可欠の品物を手に入れる方法は以上のようなものであった。

同族結合が解体し、村が自前の村人で構成されるに至ったのは、一般に近世以後であった。もちろんその後も村人の生活には余裕はなく副業を発展させて一挙に自給自足のたてまえを破り、各自で村外と取引することは困難であったから、村の協同生活は近代に入るまで維持されてきた。けれども村の内容、村落構成が中世以前と以後とで異なる以上は、村人が村外のものと接触する仕方は異なっていた。近世以後は各自自前の村人が共同して村を訪れるものと接触し、あるいは村外に出かけるなかで自給自足の体制を少しずつ破り始めた。それに対して中世以前の村は、文字通り封鎖的な同族的小世界であった。村を訪れる人々といっても、それはごくかぎられたものであり、村人は親方を通じて特約した特定のものだけと接触し、特定の経路を経て必要最小限のものを手に入れるだけであったのである。

村を訪れる者の性格　村落が各自自前の農民で構成されるまでは、村を訪れ、必要最小限の品物をもたらす人々もそれに対応した形をとっていた。たとえばすでに忘れられた言葉に居職というのがある。これは出職の反対で、行商人のように旅先で仕事をしないで一定の仕事場をもち、そこに定住して仕事をする職人、またはその職業の意味である。居職が常態になっている今日ではこうした区別はしない。昔はこういう言葉でことさら区別したほど出職が多く、むしろそれが常態であった。京都や奈良のような古くからの都市では、中世の室町中期頃から店舗や仕事場をもった商人・職人が現われたけれども、それが常態になり始めたのは近世以後のことである。交換が未発達なために店舗や仕事場を構えて定住していては商売にならなかったから、商人・職人の大部分が行商・出職であったのである。

しかも村人たちが親方を中心とする封鎖的な村落生産を余儀なくされていた間は、中世になって都の商人・職人の地方進出が活発になってからでも、村人と彼らとは無関係であった。村人は必要最小限の品物をもたらす人と接触するだけであったから、都の品物を地方に運び、地方の産物を都に運ぶ商人は、抬頭し始めた在地の土豪・有力者と都を結ぶだけで、生産者と消費者とを仲介するいわゆる商人たちは村人とは無縁のものであった。先述の海辺の村と山の村とが特約して塩と薪を交換したことから知られるように、村に品物をもって訪れる人は自分の生産物をもって物々交換にくる原始的な商人たちであった。また職人についても同様のことがいえる。たとえば金屋という名の部落は全国に散在しているが、金屋とは踏鞴《たたら》や吹鞴《ふいご》を扱う職人の総称で、原鉱からの製錬工である踏鞴師《たたらし》・鋼類の鍛造工である鍛師《かじ》、鋳物工である鋳物師《いもじ》たちのことである。これら金屋とよばれる村は村々を廻って鋤鍬や鍋釜を製作した人々の村で、いずれも中世末から近世初期にかけてその業をやめて定住し、農業に専従するようになったものである。今日でも滋賀県から岐阜県にかけての金屋の村にはその由緒を示す古文書が伝えられ、それにはたいてい「兼て又、海道鞭打三尺五寸は、馬の吻《くち》料たるべし」という文句がみられ、彼らは昔は旅を廻る職人であったことがしられる。そして中央では、仏具調度や刀剣の製作など金属の鋳・鍛造技術は、貴族・武士の需要に応えて早くから発達し、それぞれ専門の職人が現われていた。また中世には刀鍛冶のなかには招かれて地方に下り、在地の領主のもとに定住する者さえ現われた。けれども一般の農民・村人のために鋤鍬や鍋釜を製作した人々は、長いあいだ村々を徘徊する漂泊生活を営んできたし、彼らは村人から金屋とよばれ、鍛師と鋳物師の区別さえ不明確なほど幼稚な技術しかもっていなかった。彼らは旅先で注文をとって臨時の火所《ほど》を設け、燃料の炭から焼いてかかり、携えてきた同じ原料から打物も鋳物もつくったのである。

これら金屋のありかたについてはすでに柳田国男氏が優れた指摘をなされているが、(1)それによるととくに関東地方では近世初期貞享(一六八四〜八八)頃まで金屋の巡歴がみられた。今日でも埼玉県から神奈川県にかけての丘陵地帯にはカナクソ塚とよばれる塚があり、鉄の生産地でもないのに附近から多くの鉄滓が出てくる。これは明らかに金屋たちの仕事場の跡であり、カネ塚・カナイ塚といって小さな封土をもつ塚が無数にみられるのも、他地方にあるカネイ場という地名とともに、金を鋳る者の仮住の地であったと考えられている。こうした塚が残っているのは、金屋たちが単に既設の塚を利用したのか、仕事の必要から新たに構築したのか、あるいは別に信仰上の動機で築造したのかわからないが、ともかく金屋に関係した名になって残っているのは、彼らがやや長期にわたって滞在したばかりでなく、富山の薬屋のようにある期間を経て繰り返し同一場所に来たことを物語っている。そして柳田国男氏は『猿蓑集』(2)の附合にある「押合うて寝ては又立つ仮枕、たたらの雲のまだ赤き空」という句を引用され、老幼男女をともない、相当の人数で旅を重ねた金屋たちのキャラバン姿が、強い印象を村人に与えた結果、こうした地名が長く残ったのではないかといわれている。

農民が村ごとに同族的封鎖世界を構成していたように、金屋たちもそれぞれ特殊の集団をつくり、彼らなりに特有の神を奉じていた。関東地方におけるカナイ塚の築造、とくにそれが今日まで保存されて村人からある種の尊敬をうけていることの宗教的起源はわからないが、群馬県の山間部には金井神とか家内《かない》神社とよばれる神があり、東北の福島・宮城・山形の三県ではこの神の数はさらに多く、その内のあるものは金屋の子孫と称する家に由緒をもって祭られ、他の大部分は村の神社として祭られている。中国地方の砂鉄産地地帯には、金屋はいなくなった今も多くの村に金鋳護《かないご》とか金屋子《かなやご》とよばれる祠がある。また中部日本では金屋の神は、霜月八日の吹革《ふいご》祭に近所の子供が蜜柑を拾いに集まるだけのものになっているが、鹿児島県屋久島では槖籥神《とうやくじん》とか金山大明神とよばれる神が村々で信仰を集めている。そこでは白歯のうちに身持ちになる女があると必ずこの神に賽銭を納めて鉄滓をもらいうけ、それに唐竹と柳の葉を加えて煎じ、その婦人に飲ませる。そして魔性蛇体の種なら必ず下り、人の子であれば障りなしといっている。こうした神は、右にみた今日のありかたからしても、本来は金屋たちが奉じていた神であったことは容易にしられる。そして今日、これらが全国に分布し、村の神として信仰されていることは、金屋たちがその業をやめて帰農し、村人の中に埋没した結果であり、金屋たちがいなくなっても彼らの神が残って村人の信仰を集めた結果と考えられる。また心の素直な貧しい炭焼が女房の福分にあやかって黄金を発見し、長老になったという筋の話は、豊後（大分県）の炭焼小五郎伝説をはじめ全国に分布している。近世になって暖房用燃料として多量に使われ始めるまでは、炭は金属の冶金・鋳鍛造用の燃料であり、炭焼は金屋の仕事で、豊後地方では炭のことをイモジとよんでいた例もあるほどである。したがって同じ炭焼長者の話が主人公の名前を変えただけで全国にみられることは、それらが一つの源から発していることを示すばかりか、この話は本来は金屋たちのものであり、彼らによって全国に運ばれ、それぞれの土地に土着して伝説になったと推定する以外にないのである。しかも柳田氏はこの炭焼長者の伝説を遡源され、その背後にあるものは天火の相続と金属陶冶にからむ原始古代以来の信仰であると説かれる。詳細は省略するが天の大神の御子である別雷《わけいかづち》が天降りやがて天に還幸したという神話は山城（京都府）の賀茂別雷や播磨（兵庫県）の天目《あめの》一箇《まひとつ》の神をはじめ、多くの類話が残されている。天の大神である日は火であり、これらの神話は天火を盗んで人間に最初の火を与えたというギリシャ神話のプロメトイスに当たるものが、わが国では雷の神であったことを示している。そして眠れる火である炭によって天火を相続し、火の霊威を駆使して金属を産む術をもった金屋たちは、日をもって火の根源とする思想と、イカヅチと称する若い勇ましい神が最初の火を天から携えて降臨し、人間の最も貞淑なるもの・乙女の手に渡したという信仰をもち伝え、それを各地に運ぶなかで、今日みるような炭焼長者譚を形成したとされる。とくに賀茂別雷をはじめとする類似の神話群が、日の神の御子の話でありながら、同じ日の神である天照大神を中心とした記紀神話に収録されないで古風土記などに断片的に伝えられているのは、それが金屋の祖先という特殊な集団にもち伝えられたことを示すとされている。

ともあれわが国に金属器製作技術が伝えられたのは有史以前であり、紀元前後の頃に水稲耕作とならんで大陸から伝えられた。人々はこのときから文明の世界に一歩踏み出したのであるが、水稲耕作と違って鉄器の普及は一律ではなかった。五・六世紀の大和朝廷の時代には、鉄器の製作に当たった人々は他の工人と同様、金作部・鍛師部《かぬちべ》・要部《かなまるべ》などの部民に編成され、もっぱら製作品を貴族に貢納する専業者の集団をつくっていた。こうしたありかたは律令時代にも受けつがれ、彼らは品部《ともべ》・雑戸として集団ごとに朝廷に直属し、鉄鉱・鉄材とともに鉄製の鍬さえ、大部分は朝廷・貴族の手中にあった。こうした状態は平安初期頃まで続いたが、平安中期以後律令制度が崩れ始めると、朝廷に直属していた職人の集団はそれぞれ貴族や社寺に隷属し、名主《みょうしゅ》・武士の擡頭とともに地方の需要がたかまるにつれて諸国を巡歴するようになった。そして中世になると、以上の伝統の上に蔵人《くろうど》所《どころ》供御人《くごにん》としての鋳物師などが現われ、彼らの集団のあるものは、荘園領主である貴族・社寺のもとに座をつくり、多くの特権を得て活躍するようになった。しかしこのように貴族武士の需要にこたえたほどの高級な職人はともかく、いつまでも村々を徘徊し、一般農民から金屋とよばれた人々の集団は、幼稚な技術しかもっていなかっただけに、古い時代の姿を濃厚に留めていたであろう。彼らの生態は炭焼長者譚を遡源するまでもなく、部民時代、あるいはそれ以前からの名残りを久しくもち伝えていたと考えられる。

この問題について注目しなければならないのは、金屋たちの神が一般村人の信仰を集め、金屋がいなくなった後にも彼らの神が残っている点である。これは彼らのキャラバン姿が強い印象を与えたという以上に、彼らが村人に対してある種の宗教的な影響力をもっていたこととの結果であると思われるが、これを考えさせるものに福岡県糸島郡野北・岐志などのシガとよばれる女の行商がある。彼女たちは漁村のオカミサンで、それぞれ附近の農村に長年定まったトクイがあり、海産物をもって行って春秋二期にトクイでとれる農産物を受け取るのが通常の取引である。その他に暮にオトビといって魚類を配り、トクイから鏡餅をもらう例になっている。これだけでも古い時代の交易の姿を残しているが、注目されるのは、シガが海産物と交換にもらう穀物をクモツ（供物）とよんでおり、トクイでは秋の初穂をシガにあげぬと食べられないという風があったことである。またシガへのもてなしが悪く、シガが怒って籠を裏返して底を叩いて帰ると、その家は断絶するといわれており、昔、正月の田植神事と霜月のお丑様（田ノ神）の日にオシオイといって神前に供える海藻を配ったのが、シガとトクイの関係の始まりといっている。このようにみると、シガとトクイとの関係は単に古い時代からの交易であるばかりでなく、その背後にある種の宗教的な考えが潜んでいるのは明らかであり、金屋と村人との間柄も本来はこうしたものではなかったかと考えられる。

古い時代に村を訪れる人々が、村人に対してある種の宗教的権威をもっていたと推測させる例は、シガばかりではない。たとえば九州では塩の行商人は特異な地位にあり、子供の育ちの悪いときにシオトトといって塩売りをオヤに頼むとか、子供があまり智恵がつきすぎると塩売りが担っている笊にのせて隣りまで行って買ってもらう風があった。これなどもシガの場合と同様で、塩の霊力ばかりでなく、塩売り自身にある種の呪力を認めていることを示しているがこうした考え方の起源は古く原始時代に遡りうるのではなかろうか。原始時代の人々が塩などを手に入れる方法は想像以上のものがあったであろう。海辺に住めば海水を使えるが、内陸ではそれはできない。日本には陸塩は少なく殆んど海塩にたよってきたが、当時の製塩はいわゆる直煮で、全国の海辺で少量ずつ製塩され、軟体動物の皮膚呼吸のように内陸に運ばれたであろう。しかも氏族ごとに孤立した生活をしていた原始時代人にとって、外界は畏るべき悪霊に満ちていた。生きるためにそれを突破することはなみなみならぬことであった。したがってそこに原始的思惟が探くまつわるのは当然であり、外界から訪れるものは畏れ敬うべき霊の保持者であり、それを迎えるに値するものは、氏族内で人なみ優れた霊力をもつと信じられていた族長たちであったろう。氏族相互の分業と交換ということが厳粛な宗教的行為とされていたことは、各地に残る沈黙交易の風習がそれを物語っている。しかも繰り返し述べたように、原始時代を脱却し、原始氏族はなくなっても、長いあいだ村は親方を中心とする同族の自給自足の世界であり、人々は親方を通じて特約した特定のものと、特定の経路を経て必要最小限のものを手に入れる生活を余儀なくされてきた。そして村々に鍛冶屋ありという形にならない以上は、農業以外の生産に従事する人々も、それぞれ特殊の集団をつくり、彼らの神と神話を奉じて村々を徘徊しなければならなかった。したがって、こうした状態が続くかぎりは、氏族相互の分業と交換、それにまつわる原始宗教的な思惟は、いくらかの変形を受けながらも久しくも ち伝えられたのではなかろうか。

はじめに、村を訪れた非農民たちが村人から異端視され忌み避けるべきものとして扱われたことを記した。もちろんそれには封鎖的な村落生活がもっている排他性が加味されており、とくに彼らが村入りして村の一員になろうとした場合は、村の排他性から来る抵抗の力が強かったであろう。しかし一般に、忌み避けるとはタブーされたものに対して自らを慎しむことであり、未知のもの異質のものを畏れ敬う原始思惟に発している。このことは、村を訪れるものが村人に対してある種の宗教的権威をもっていたことの反面でもあり、村人から忌み避けられ、さらには蔑視されるまでになった金屋たちが、かつては村人に対して宗教的な影響力をもち、彼らの神が村人の神になったことも、この点から理解される。前記のシガたちも祖先についての伝承をもち、由緒を誇る風もあるが、自らの神を奉じて村々を巡歴した金屋の姿は、かつての時代に農業以外の生産に従事した人々の代表例である。そしてこうした人々が村々からみて異質の世界をもち、畏れ忌み避けるべきものとされていたことは、村人が親方を中心に封鎖世界をつくっていたことの反映であり、両者はたがいに異質のものでありながら、相互に依存しあう間がらであり、忌み避けるべきものは畏敬すべきものであった。したがって村を訪れる異人と、神の来訪に対する信仰のコンプレックスは本来はこうした相互感情の現われであり、以上にみてきた村人と来訪者との関連を基礎にして理解されるべきであろう。

人神の信仰

金屋の神は村を訪れた神々の代表例であるが、金屋の神が村の神になったのは村人がもっていた村外のものに対する畏怖と、それゆえにある種の霊威を期待する気持の現われであった。こうした感覚は、村人が低度の生活を余儀なくされ、自給自足をたてまえとする村落生活の封鎖性が強ければ強いほど原始的思惟がからみあい、より宗教的な形で表出されたのであって、金屋の神が村の神になったことの背後には、金屋たち自身が村人に対してある種の宗教的権威をもっていたことがあったのである。したがって村を訪れる神に対する信仰は、本来それをもたらす人に対する信仰と堅く結合しており、神は遊幸し、示現するものであるという信仰は、神を奉戴して遊行する人間に対する信仰・人間が神の言行を代理する人神（Man-God）の信仰と結合して考えられねばならないのである。

　神の遊幸と示現ということ自身は、固有信仰の根底にある祖霊の信仰にもとづいている。祖霊とは死者霊の浄化融合したもので、時を定めて子孫のもとを訪れ、子孫を祝福する一種の神性といえる。そして素朴な神祭の姿をのこしている頭屋の神事には、潔斎謹慎して祖霊の来訪を待つ原初的な信仰のあり方が最も直截な形で伝えられているが、このような信仰が村落生活の深部に存在してきたとすれば、それが神性一般の性格に反映するのも当然であろう。事実こうした信仰は個々の村落における実際の祭儀だけでなく、あらゆる信仰事象全般の中に存在し、わが民族信仰の大きな特質をなしてきた。たとえば皇室の祖先である邇邇芸命《ににぎのみこと》が高天原《たかまがはら》から天降ったという天孫降臨神話をはじめ、大国主命《おおくにぬしのみこと》などの神々が国土を遍歴して国作りをしたという話など、神々の遊幸と示現は、記紀神話の主要なモチーフをなしているし、古風土記に伝えられている各地の由緒を述べた話もすべて同様である。もっとも高天原の神々が天降りし、国土を巡幸して国作りをしたという話の筋は、全国統一をなしとげた大和朝廷の貴族たちが、彼らの全国支配を理由づけるための政治的述作であるといわれている。そしていわゆる古典神話は、すべて官人貴族の筆で書きとめられたものであり、天降りした神々が貴族たちの祖神として語られていることからしても、神話に託された彼らの政治的意図は十分にうかがうことができる。しかしこうした意図のもとに神話が記録されたとしても、すべてが架空の産物で、貴族の頭の中だけで創作されたものと考えることはできない。祖神尊《みおやがみのみこと》が新嘗の晩に富士と筑波を訪れ、一夜の宿を乞うたという先にくわしく引用した『常陸風土記』の伝説は、新嘗の夜に潔斎して祖霊の来臨を待つという伝来の信仰を最もいきいきと表現した物語であるが、天孫降臨、そして国土巡幸という日本神話の主要なモチーフも、こうした信仰を基礎にしてはじめて形を与えられたと考えられる。

伝来の神とその神話ばかりでなく、外来の宗教である仏教に対する考え方も、その例外ではなかった。仏教は渡来した当初から伝来の祖先崇拝と癒着し、仏は蕃神・新来の神《いまき》と して伝来の神と同列に貴族の信仰を集めたが、奈良時代の末頃から次第に神仏の習合が始まり、仏教が一般に普及するにつれて本地垂迹ということが信じられるようになった。本地垂迹とは久遠実成の絶対者として仏が人間を利益し、衆生を済度するために迹を諸方に垂れ、かりに神となってわが国に現われたという説である。この説の由来は法華経寿量品にあり、歴史上の釈迦、すなわち此世で仏教を創始した釈迦は久遠実成の釈迦を本地とし、久遠実成の釈迦が衆生を済度するために迹を垂れ、かりに人間の姿になってこの世に現われたのが歴史上の釈迦であるという思想を仏と日本の神の間に応用したものである。しかし教説はこのようにしてつくられたとしても、神と仏を同体とみなし、神は仏が姿を変えて此世に現われたという信仰が一般に普及したことの内には、それを肯定し、支持する考え―神の遊幸と示現という固有の信仰が潜んでいるように思われる。また平安末期から浄土教が盛行すると、阿弥陀が念仏者を極楽浄土に引摂するために来迎《らいごう》するさまをあらわした来迎図がさかんに描かれるようになった。来迎図は中国燉煌《とんこう》の壁画の中にその先蹤をみることができるが、高野山の二十五菩薩来迎図・知恩院の早来迎図、さらには山を前景に描き、山の向こうから阿弥陀が姿を現わすさまを描いた山越弥陀など、わが国独得の構図が生み出されたことの背後には、神の示現という伝来の信仰が潜んでいる。まして奈良時代における行基の活動以来、仏教の民衆への普及は次第に活発となり、外来の宗教である仏教が全国民に信仰され、近世に至るとすべての村に寺院が建立されるほどになったが、この間において村落を徘徊する旅の僧侶によって伝えられた仏法が、村ごとの封鎖世界のなかでそれぞれに伝来の宗教的中核をもっていた人々に受容された過程は、有名大社の神々が村々に勧請され、金屋の神が村の神になった過程と同様といわねばならない。鎌倉時代の「春日権現霊験記絵詞」（延慶二・一三〇九）に春日明神が貴女の姿になって庭上の松に飛来し、託宣を述べたという話が伝えられている。このように祭神が飛来したり、海や川から漂着した話は、いわゆる飛来天神・寄来明神の縁起として全国の神社に数多く伝えられているが、これと全く同じ内容で、空中から飛来したり海や川から漂着した仏像を本尊にして寺院を建立したという縁起は、東京浅草の観音をはじめ全国に伝えられている。一般の人々にとって仏教の教学は問題でなかった。仏も伝来の神と同等の次元で霊験あらたかな神性として迎えられたし、仏教もわが国に根を下すに当たっては固有の信仰と無縁ではありえなかったのである。

しかしながら、こうした信仰事象は祖霊信仰を基礎にするものであっても、それと同じ次元のものでないことはいうまでもない。仏教は伝来の祖先崇拝と癒着することによってわが国に根を下した。しかしその場合、子孫のもとを訪れ子孫を祝福する神性である祖霊も、仏の前では三界の万霊と同列に供養をうけ、仏の救済を受くべき霊にすぎない。近親者の死霊とならんで祖霊のために供養を行なうことは仏教伝来の当初から行なわれたが、仏は仏であり、祖霊とは次元を異にする普遍世界の絶対者である。また伝来の神にしても祖先神としての性格をそなえているが、けっして全面的に族的世界内部だけの神性ではない。古典神話においてさえ、天降りし遊幸する神々は氏族の祖神であると同時に、国作りした神として語られている。これは貴族によって、一定の政治的意図のもとに構想されたものといわれるが、古風土記に語られている大国主命《おおくにぬしのみこと》や少彦名命《すくなひこなのみこと》が諸国をめぐり、温泉を開発したり医薬を教えたという神話のモチーフは、政治的な述作以前のものであって、そうした神話の前提には、普遍的な人文神・文化神が存在していることが明瞭にうかがわれる。まして中世になって村々に勧請された有名大社の神々はもちろん、飛来し、漂着した神々はすべて村外の神・同族的封鎖世界の外の神であり、普遍的な神性としての神格をそなえている。それゆえ、遊幸する神、示現する仏といっても、それは祖霊的な形相を与えられているにすぎないのである。村ごとに親方を中心とする自給自足の生活が長く続けられた。血縁の有無にかかわらず、村内の有力者の支配とそれに対する村人の隷属関係をオヤコ関係としてとらえ、親方子方関係による家族的意識で結ばれた集団・同族の生活が古い時代の村落生活であった。祖霊信仰は第一義的にはこうした村落生活における信仰であり、それ故に固有信仰の中核に存在してきた。しかしこうした生活は、それ自身で全く孤立してなされてきたのではなかった。自給自足がたてまえでも、それなりに村外との交渉はあったし、それなしには村の生活を維持できなかった。ここに村人が村外の世界を知り、族的世界を越えた普遍世界と普遍的神性を認識し、また認識しうる根拠がある。そして親方を中心とする生活が維持されている以上は、外界との接触は親方を通じて特約したものと特定の経路を経てなされるものであったから、村内の体制が外界に投影され、村外のもの、したがって祖霊とは次元を異にした普遍的な神性が、形式的には祖霊と同様の機能を与えられてきたと考えられる。

祖霊は融合霊としての没個性的性格のために、それ自身の中に他のあらゆる神性と習合する契機をはらんでいる。しかし右のようにみるならば、諸神の勧請・神仏習合などの事象にみられる諸神遊幸の信仰を支えるものには、個々の村落内部の祖霊信仰とともに、それらを相互に結び合わせ、それなりに一つの普遍世界をつくりあげるものがあったといわねばならない。金屋の神が村の神になったと同様に、日吉山王・八幡・祇園・愛宕・熊野・伊勢・天満天神などの有名神の勧請が全国的に行なわれたのは、いわゆる御師《おし》・先達《せんだつ》などの旅の宗教家たちの活動によっている。村によっては現在は鎮守として諏訪を祭っているが、昔は同じ場所で日吉山王を祭っていたというような例が珍しくない。これほど彼らの活動は活発で、笈摺《おいずり》・六十六部などの宗教的な旅人が全国を遍歴した時代は長く続いた。彼らの後裔は後には金屋たちと同様に、下級宗教家としてある種の軽蔑の念をもってみられるようになったが、以前は彼らは神の使として、聖別された宗教的権威者として村人から畏敬され、歓待された。今日でも関東北部から東北地方南部にかけて農神・蚕神として信仰されているオシラ様・シンメ様は、旅に出たがる性質をもったあらたかな神として一般から認められているが、自らの奉ずる神の示唆により、神体を背負って旅に出た話は数多く伝えられている。伊勢の皇大神が倭姫命《やまとひめのみこと》を御杖代《みつえしろ》として大和から近江・美濃を巡歴し、伊勢に至って今日の場所に鎮座したという伊勢神宮鎮座についての伝承は『日本書紀』をはじめとする古代文献に伝えられているが、これは最も著名な例の一つである。これらの場合、託宣によって旅にでかけること自体には、その時その場における特殊の契機があろうし、ある神にかぎってしばしば神託を発して遊幸するということも、それなりに特別の事情があったであろう。しかしいまあげた例からもしられるように、こうしたことが数多く、長い時代にわたって絶えず繰り返されてきたことの背後には、封鎖的な村落生活を営み、祖霊に対する信仰をもち伝えながら、一方に村外のより強力な神霊の示現を待ち、神に誘われて漂泊の旅に出た人々を歓待し、見知らぬ旅人を神の使者として畏敬した人々のつくっていた社会があり、それがつぎつぎと宗教的な旅人を輩出させ、民族の信仰を多様に発展させてきたといわねばならない。遊幸信仰とよばれるものは様々の形をもってあらゆる信仰事象の中に存在してきたのであるが、それを生みだし、それを支えてきた基礎は、右のような社会と信仰であった。それは本来祖霊信仰に基礎をもつとともに、村々を訪れる人神に対する信仰と堅く結合していたのである。

遊幸神の成立

笈摺《おいずり》・六十六部などの専業的な旅の宗教家が現われたのは、古代から中世にかけてであった。また金屋などの職人の活躍も、一般に日用金属器や手工業製品の需要が生ずるほどになってからであった。これに対して海辺から塩・海産物などをもたらす人々や、山人《やまびと》・山民と総称される人々の活動は古く原始時代まで遡れるように思われる。

(一) 山人と山ノ神

山人については柳田国男氏[3]や折口博士[4]の優れた研究があるが、山人とは農民に対する山民、村人に対する山人というべき人々で、以前はもっぱら山中に生活資源を求めて隔絶した生活をし、平地に定住して農業に専従する村人とは交易以外に接触しなかったこの種の人々の数は意外に多かった。彼ら山民は近世初頭に幕府などの権力によって強い圧迫や大規模な殺戮をうけて散乱し、農民化したものも多く、今日ではどのような山奥の部落でもただ奥まった農村といった姿を呈している。それでも、山奥の部落には木地屋やマタギが土着して開いた村とか、鬼の子孫・山ノ神の末裔などと称し、一般の村とは気質・慣習を異にしている部落がある。もっともその中で木地屋は、山中の樹を伐り、轆轤《ろくろ》を使って椀や盆などをつくる相当に高度の技術をもった職人である。彼らは江州（滋賀県）愛知郡東小椋村を本拠にし、小野宮惟喬《これたか》親王を祖神と称し、木地屋文書とよばれる由緒書をもつ特殊の集団を構成していた。そして中世末から近世にかけて諸国に土着し、一般民にまじって漆器工業者や農民に転身するまでは、彼らは良材を求めて山から山へと全国を漂泊する隔絶した生活を営んでいたが、山中に生活資源を求めた人々の内でこうした職人が現われたのは、それほど古いことではないであろう。しかし同じ山民の中でも東北地方山間部のマタギの系譜は、もっとも古くまで遡れるように思われる。今日ではマタギの部落は半農半猟、あるいは炭焼・山林労働が中心になっているが、本来は狩猟が生業であった。これはマタギが開いたという部落の旧家の屋号に、しばしば山サキ屋―狩猟指揮者の家という意味のよび名がみられることからもしられるが、彼らの狩猟の作法は厳重で、山の中では山言葉を使い、これを秘伝にして外部には絶対に口外しなかった。

また彼らの間には「山立《やまだち》由来記」という名の巻物が伝えられ、それには元祖万三郎《ばんざぶろう》というものが日光権現を助けた由緒によって山の獲物を許されたと称している。一般に山立といえば野伏・山立と連称し、普通は野盗・山賊を意味する言葉になっている。それなのに彼らは自ら「山立由来記」といい、誇りをもってもっとも大切な由来書の名に書きあげているのである。これは彼らと一般人との間にもともと大きな感覚のズレがあったことを示し、彼らは一般とは隔絶した独自の世界を構成していたことを物語る。しかもマタギの中には近く売薬の行商となって諸国を歩くものが現われたが、元来彼らの移動力は想像以上に大きいものがあり、以前は獣を追い、雪の山を越えて信州（長野県）や飛騨（岐阜県）の村に米を買いに下りたことがあったほどである。それと符節を合わすようにして、彼らの由緒書にある話と同類の狩猟の起源を説いた磐次《ばんじ》磐三郎《ばんさぶろう》伝説は、東北・北関東ばかりでなく、九州や三河の山間部にも伝えられているし、マタギと同根のマトギという言葉が四国の山間部にあり、狩猟を意味する言葉に使われている。したがって彼らの仲間はかつて予想以上に数多く、全国の山間部にわたって移動しながら生活していたことがしられるし、その点で金屋のありかたと同様のものがあったのである。そればかりか彼らの生業が狩猟中心であったことからして、彼らの系譜は他のなによりも古く、ある意味では原始の狩猟採集の時代まで遡ることができると考えられる。

わが国に水稲耕作の技術が伝えられたのは紀元前二〜一世紀の頃であった。その後、水稲耕作は急速に普及したといわれるが、すべての祖先たちが直ちに農業に専従するようになったとは考えられない。むしろその後にも山間部にはいぜんとして狩猟採集の生活を営み続けた人々があり、そうした人々の存在が無視できない状態が予想以上に長く続いたように思われる。もちろん水稲耕作が伝えられることによって、農業は社会の生産の中心になった。農業のもつ高度の生産性に依拠して人々は原始時代から脱却したし、やがて族長が支配者となり、三世紀以降、大和の族長たちを頂点とする支配者たちは、農業と農民を支配することによって巨大な力を獲得し、古代国家を建設した。しかし古い時代の村落生活は想像以上に貧弱なものであった。農業が相当程度に発達していた中世でも、年貢を納めた後に米は殆んど残らなかった。雑穀はもちろん、山近い村では栃《とち》や楢《なら》の実も大切な日常の主食であるような状態が続いていた。こうした状態ならば山中で狩猟採集を営み、移動しながら切替畑（焼畑）を耕すマタギの祖先たちの生活と殆んど違いはないといわねばならない。したがって農業が社会の生産の中心であるといっても、定着農業の優位が最初から絶対的なものであったとは考えられない。、もちろん農業が始められた以上は、狩猟採集の生活に終止符が打たれ、そうした生活を続ける人々は歴史の進展にとり残される運命になったことはいうまでもないが、彼らの没落が決定的になるまでには相当以上の時日を要したのではなかろうか。マタギの祖先たちが誇りをもって独自の世界を構成し、定着農業に専従する一般の村人に対して大きな影響力をもっていた期間は思いのほか長かったと考えられる。

近世の記録に山中で異様な人にあったという話はしばしばみられるが、これらを綜合するとすべて幻覚の所産とはいいきれない。山男・山女とよばれたものの中には常人であったものが世間に憤りを抱いて山に入ったり、発狂状態で放浪したものもある。とくに出産前後の女性が発狂状態で山に入った場合が多かったらしいが、近世の村落にこうしたことがしばしばみられたとすれば、その原因を個々人の生理的なものだけに帰することはできない。むしろその背後には共通の潜在的な意識があり、それが種々の事情に触発されたとみるべきである。そしてこうした潜在意識こそ、かつて山中に異常の人が住み、その存在が村人に大きな影響を与えていたことの名残りではなかろうか。この他にも山人と村人が長いあいだ並存し、交渉しあったことを示す資料は数多く指摘されている。たとえば山男・山ワロ・山姥《うば》などの山中に住む妖怪についての伝説は全国的にしられているが、これらの妖怪たちは不思議に市と密接な関連をもっている。長野県の南北両安曇郡では、市に山姥が出ると相場が下るから買出しに行くとか、山姥が出ると市が終わるから出る前に行くなどといわれている。また山姥が酒を買いに市に現われ、二・三合しか入らない瓢箪に何升もいれて帰るという話もあるし、島根県の出雲地方では山姥の名を大市姫・市《いちき》杵島姫《しまひめ》などとよんでいる。もともと市が宗教的神秘性をもっていたことは、どの民族でもみられることであるが、わが国でも青森県三戸郡では歳末の市に隠れ座頭が出たり、親に似た顔が出るといわれ、八戸附近では暮の市に祖霊を迎える風があった。また鹿児島県肝属郡では新盆の家で七月十日の盆の市に精霊を迎え、日置郡では市風に当てると身が強くなるといって、生まれて間もない赤ん坊を市につれて行く風があった。これなどは市に神秘性を認め、市を聖別された場所とみなしていた時代の名残りであろう。山形県日本海岸の飛島の漁師たちが在方のものと鶴岡の町で取引きするとき、たがいに交易品を小脇に抱えて立ったまま取り替えあう風があったが、これは簡便というより、もとは警戒の念に発したしきたりであろう。シベリア東北部のチュクチ族では立ったまま向かい合うだけでなく、たがいに槍先に品物をつけてさし出したりするというが、それぞれ封鎖的世界を構成していた原始古代人が生活の必要から交易の場に立ち向かうことは、真剣に畏怖すべき行為であり、宗教的行為そのものであった。それゆえ、先の山男・山姥の伝説も、市と交易にまつわる原始宗教性によって、山人と村人との交渉が神秘化されて伝えられたのではなかろうか。平安時代の神楽の詞章を収めた神楽歌に、榊《さかき》・幣《みてぐら》以下九種の採物《とりもの》歌があり、その中に杓《ひさご》と葛《かつら》があげられている。採物とは神霊の依代で、それを持つものに神霊がのりうつるとされるものであるが、それに杓と葛が数えられているのは注目すべきことである。ヒサゴとは瓢箪・フクベの類の総称で、今日では好事家が酒をいれるくらいであるが、古くは容器としての用途は広かった。柄杓《ひしやく》はヒサゴの訛った言葉で、瓢箪を縦に切れば柄杓になるし、横に切れば椀になる。今日各地でヒサゴに関する伝承の多いことも、それが日常生活に密着していたことを示している。また葛も鉄釘が常用されるまでは重要な建築資材であり、鉄鎌が普及して稲の根刈りがはじまり、藁縄が常用されるようになっても、耐久力を要する個所には葛が使われた。これらのものが採物とされ、今日でも山ノ神の社で子育てのお守りに山杓子を授ける例を残していることは、それらが山人のもたらす重要な山の産物であったからではなかろうか。ヒサゴの場合は形体が神霊の容器という連想を生み易かったこともあろうが、これらのことは、基本的には山人との交渉・交易が厳粛な宗教的行為であったことの結果であり、時を定めて交易の場に現われる山人は畏怖すべき山の神霊をいただいてくると信じられ、彼らのもたらすものには山の神霊がこもっていると信じられていたことの結果であろう。

マタギの祖先・山人たちの影響力は大きなものがあった。朝廷の節会《せちえ》に吉野の国栖《くず》が召出されて奉仕したことは『延喜式』の宮内式などにみられ、山城（京都府）平野神社の四座御祭にも山人が奉仕したという。また先の神楽歌や『古今集』巻二十に「まきむくのあなしの山の山人と、人もみるかに山かつらせよ」という歌が収められている。大和（奈良県）纏向《まきむく》の穴師山の山人のようにとあることから、この歌は平安時代には神祭が儀式化し、宮廷の衛士などが採物である葛をもって山人の役を勤めるようになっていたことを示しているが、これらは山人との交渉・交易が厳粛な宗教的行為であったことから、山人との交渉の場が同時に神祭の場とされ、そこでの神祭に当って山人が山から神霊をもたらすことが行なわれ、それが宮廷の儀式になって定着したものと考えられる。

山に対する信仰が山人に対するこうした異類視・畏敬と深く結び合っていることはいうまでもないであろう。山は祖霊の居所であり、山ノ神は同時に祖霊と考えられてきたが、村落に定住する農民が接触をもった村外の非農民のうち、山人は最も古くから独自の集団をつくって密接な交渉をもっていた。それゆえ、一般村落の祖霊信仰が山人を媒介として山に反映されたのも当然であろう。そして、これとあわせ考えられるのは海に対する信仰、祖霊の居所を海表に求める信仰である。これは古代文献では大きな地位を占めながら、その後に姿を消している。これを以上にみた山の信仰と山人との関連から類推すれば、古代文献に海の信仰が大きな地位を占めているのは、かつては塩や海産物をもたらす海辺の人々・海民との交渉が山人の場合と同様であったことの現われであり、後に姿を消すに至ったのは、そうした信仰の媒介者・伝搬者である海民の集団が、地理的条件から早く独自性を失い、一般農村の中に埋没した結果ではなかろうか。塩や海産物が神祭に不可欠のものになっているのに、海辺の伝承に山間部のものほど独自性がみられないことは、それを暗示しているように思われる。

山に対する信仰は一般の祖霊信仰を基礎にし、山人の活躍を介して強化高揚されたと考えられるが、その場合、山人の間に信仰されてきた山の神霊と、村人のそれとの関係が注目されねばならない。一般に山ノ神は田ノ神であり、同時に祖霊でもあるが、それは山ノ神のすべてではない。マタギたちの山言葉が山ノ神の祟りを避けるための忌言葉であるように、奥まった山村における山ノ神は樹木の神・狩猟の神としての性格が強く、祟りやすい神として天狗・魔物のようにみられている場合が多い。この違いはそれを伝えてきた人々の違い、村人と山人との違いを現わしているのではなかろうか。平地の村の祖霊信仰でも、盆路つくりや盆花の習俗には精霊信仰の色彩は濃厚であるが、祖霊は基本的には子孫を祝福する神性である。これに対して、山間で狩猟採集を中心とするおくれた生活を営んできた山人の信仰に、精霊信仰の色彩が濃く、彼らの神が自然崇拝にもとづく霊威神であったのは当然のように思われる。したがって、山人の活動を介して両者が習合し、山の信仰が高揚されてきたとすれば、村人の信仰が山に投影されている面と同時に、山人の信仰が村にもち込まれた面も評価されねばならないであろう。しかも山人の神は祟りやすい霊威神で、神性としては未熟であっても、それが自然崇拝にもとづく以上は、祖霊と異なり、族的世界からは比較的自由な神性である。したがって山の信仰の高揚は祖霊信仰の強化であると同時に、族的世界を超えた神性を生みだすことを意味し、遊幸信仰と遊幸する神の原質は、有史以前に始まる村人（農民）と山人の交渉の中に胚胎していたと考えられる。

(二) 天つ神と国つ神

国家の形成が行なわれた一・二世紀までは、遊幸信仰とよぶべきものが確立する時期であった。一般に原始時代からの脱却は在来の狩猟採集にかわって農業と牧畜が分立し、さらに手工業者が現われるのが普通であるが、わが国には牧畜はなかった。そればかりか紀元前後から広まった定着農業も従来の狩猟採集を直ちに払拭してしまうほど強力ではなかった。もちろん大和の族長を中心とする支配者のもとでは農業は急速に発展し、彼らはそれを基礎に全国統一をなしとげた。三・四世紀以降に築造された巨大な古墳は彼らの支配権の強大さと、彼らのもとでの農業の急速な発展を物語っている。しかし山間部で狩猟採集中心の生活を営む人々はその後も思いのほか数多く、定着農業に専従する人々に大きな影響力をもっていたことからみれば、一般的には農業は未熟で原始社会の名残りは濃く、氏族ごとに定着農業の営まれる一方に、在来の狩猟採集を続ける氏族が存在し、両者が並存しつつ交渉しあう状態が長く続いたと考える以外にない。部民制や氏姓制度にみられるように、わが国の古代国家は血縁を紐帯とする原始氏族の体制を温存し、それを統合するやりかたで形成されたが、そうした体制は以上のような社会の実状に出発しているのではなかろうか。そして水稲耕作と並んで伝えられた金属器製作の技術も一部の集団（氏族、ないしその後裔）に封鎖的に継承され、部民制のもとに支配者に直属するに至ったのも、右の実状にもとづくものであり、同時にそれが金属器の普及を不均等なものにし、右の実状を固定化する主要な原因となったと考えられる。したがって山人と金屋に関する伝承がきわめて類似しており、両者がともに一般の村人とは別個の世界を構成しているのも、また金屋の神が山ノ神と同一の論理によって村人に臨んでいたのも、歴史的にはこうした連関にもとづいているといえよう。

しかし、こうした連関は、原始社会の体制の単なる延長としてあったのではない。それが古代国家の形成過程になされたものである以上は、原始的な姿の中に新たな内容が盛られ、より強力に高揚された結果とみるべきである。すなわち、大部分の場合は長く未熟な段階に停滞していたとしても、定着農業の開始は原始時代脱却の第一歩であった。『常陸風土記』行方郡の条に箭括氏麻多智《やはずのうじまたち》というものが草原を開拓したところ、夜刀神《やとのかみ》が耕作の邪魔をしたので大いに怒り、甲冑を着、戈をもって打ち殺し、山口まで追い詰めて境の杭と堀を設け、

此ヨリ上ハ神ノ地ナルコトヲ許サム。此ヨリ下ハ人ノ田トスベシ。今ヨリ後、吾神ノ祝トナリテ永代ニ敬ヒ祭ラム。冀クハ祟ルコトナク、恨ムコトナカレ（原漢文）

といって社をつくり、麻多智の子孫が相承して祭りをしているという話が伝えられている。夜刀神とは蛇であるが、このように農業の開始は新しい世界の開拓であり、凶悪な精霊に囲まれ、その祟りを避けるだけで精一杯であった人々が逆に悪霊を圧倒し始めることであ

った。そして、そのときに当たってなによりも勇気と自信をふるい起こさすものは、皆の先頭に立って進む麻多智のような族長の姿であったろう。彼らは山麓にうずくまっていた原始人の臆病さを破り、邪悪な精霊を呪縛しつつ平野に美しい水田をつくりだす強烈な霊能の保有者・人神であった。それゆえ、こうした過程を通じて族長が支配者になり、他民族を圧伏して政治支配の頂点に立つと、彼らは最も強烈な霊威をもつ人神として君臨するのは当然であろう。古代の祭政一致といい、天皇のことを現人神《あらひとがみ》とよび、天皇の威霊《かしこきみたま》とよばれることはけっして無意味な修飾語ではなく右のことの結果として理解されるのである。しかもこうして出現した霊は、最も強烈であるというだけではない。『常陸風土記』久慈郡の条に、祟りある神を鎮めるために朝《みかど》に請うて片岡大連《おおむらじ》というものを派遣してもらったという話が伝えられているが、族長の保有する霊は国家の形成とともに在来の族的世界を越え、それなりに政治社会全体の神霊に上昇し、族長に体現されつつ配下の村や国を訪れ、その霊威を発揮する強力な遊幸神に上昇するものである。

『万葉集』巻十四に相聞歌として、

鳰鳥《にほとり》の葛飾早稲《かつしかわせ》を饗《に》へすとも、その愛《かな》しきを外《と》に立てめやも（三三八六）

誰ぞこの屋《や》の戸押そぶる、新嘗《にふなみ》に、我が背《せ》を遣《や》りて斎《いは》ふこの戸を（三四六〇）

という二首の東歌《あづまうた》が収められている。これは当時の東国の刈上祭のさまを伝えたもので、かの『常陸風土記』の祖神来訪譚と同じく新嘗の夜の物忌に家人が出払って特定の女だけ残る風があったことを物語っている。家に残るものは処女である場合も主婦のときもあったであろうが、家人が外に避けるのは「神」の来訪があるためである。この来訪する神は祖霊であるのはいうまでもないが、それは同時に人であり「人神」であった。これは今日に残されている正月・小正月の来訪者の習俗——秋田男鹿のナマハゲをはじめ、多く異様な風をして村の各戸を歴訪し、饗応をうけ、神に代わって予祝・年占などをして帰る来訪者の習俗から容易にしられ、こうした来訪者はもとは族長自身かその後裔・眷族たちであった。延暦十七年（七九八）に、出雲の国造や筑前（福岡県）宗像《むなかた》の神主が神事に託して部内の百姓の子女を娶ることを禁じられている。(5) 彼らは国造としてその地の旧来の支配者であり、その地の族長の後裔であることから、これは豊年を予祝する神祭などが族長たちによってなされていたことの名残りであろう。奈良時代後半期の建立と推定される常陸国（茨城県）新治郡の新治廃寺は、その地の族長の後裔で、当時郡の大領などをしていた新治国造《くにのみやつこ》の建立したものであるが、その廃寺跡から出土する文字瓦には郷名を示すと思われるものがある。そしてその郷は新治郡を中心に同国の筑波・茨城両郡や、新治郡に隣接する下野芳賀郡にわたって八郷まで数えられる。(6) 文字瓦にみられる郷名が新治郡中心に相当広般に散在しているのは、寺院建立に当たって広く浄財が公募された結果ではなくそのまま新治国造の旧来の支配圏＝宗教圏の状態を示すと考えるべきであろう。族長たちの支配圏の拡大は封建領主の領土拡大とは違っていた。それは自己の氏族を分枝させたり、他氏族を服属させることであり、服属氏族との間にも同族的系譜関係を結ぶことであった。それに大規模な開拓ができなかった当時では、広大な山林原野のなかに適地を求めて点々と集落を営む以外になかったことを考えれば、族長の支配圏が一円地にならないのは当然であり、個々の集落は点在したままで支配氏族の族長に統轄され、彼に体現される神霊・祖霊を軸にして領導されていたであろう。したがって廃寺跡の文字瓦にみられる郷も、かつて新治国造の祖先のもとから分枝し、またそれに服属した氏族の村々であり、奈良時代の後半という時期に国造が寺院を建立したことも、国造個人の信仰だけでなく、彼が領導していた伝来の宗教圏と仏教の結合とみるべきで、祖霊をいただく同族的祭祀と仏教との習合ということの古代的表出といえるであろう。

以上は奈良時代に地方の族長の後裔が行なっていたことから、国家形成過程に現われた族長の領導する支配圏＝宗教圏の内容を考えたのであるが、三、四世紀以降に全国統一をなしとげた天皇を中心とする大和の族長貴族は、右にみた体制をふまえてその神権政治を確立していった。たとえば先にあげた出雲の国造が神事に託して行なっていたのと同様のことが、大和朝廷の時代に天皇を中心に行なわれていた。それは律令時代になって采女《うねめ》貢進という名で制度化されたが、地方族長の娘を采女として中央に貢進させることは、元来は天皇の霊威を地方族長の率いる支配圏・宗教圏の内部におし及ぼすことであり、これは祟りある神を鎮めるために片岡大連を派遣したという『常陸風土記』の話のように、天皇の分身・ミコトモチを地方に派遣することと表裏の関係をなしていた。そして古代文献にしばしばみられる天つ神・国つ神という表現は、こうした事態の反映であった。もちろん、これは律令時代貴族によって書かれた神話の中の表現で、そのまま実際の信仰を示すものではないが、こうした表現は族長の行動を通じて出現した神霊が、国家の完成とともに到達した最後的なあり方の反映と思われる。天つ神・国つ神とは各氏の祖神と称するものの分類で、一般的には高天原から降臨し、各地を遊幸して国作りをした神を天つ神とよび、それに対して各地方の土着の神が国つ神とよばれている。しかし文献上の事例では、この分類は必ずしも一貫していない。大国主命《おおくにぬしのみこと》をはじめ、国つ神とされるものでもしばしば遊幸し、国作りをしている。むしろ個々の族長のもとに成立した神霊のうち、国の統一が進展するなかで服属者のそれが局地的な非遊幸の神になり、天皇を中心とする大和の族長貴族の奉ずる神霊が全国を遊幸する強力な神霊に上昇した歴史上・信仰上の展開を物語っているように思われ、遊幸信仰は古代国家形成とともに確立したといえるのである。

遊幸信仰の展開　有史以前の村人（農民）と山人の交渉に胚胎した遊幸神は、政治的社会成立とともに最も強力な形で出現した。しかしこうした神霊はどのように強力なものであっても、人々の生活と信仰のすべてを充足するものではなかった。むしろそれは、国家形成という歴史的時点において、支配者の行動をめぐって出現したものであるだけに、民族生活の深部に存在する各種の遊幸神の活動に左右されるものであった。『日本書紀』崇神天皇七年の条に、疫病流行のために大田田根子《おおたたねこ》をして大物主神《おおものぬしのかみ》を祭らせ、同時に長尾市をもって倭大国魂神《やまとのおおくにたまのかみ》を祭らせたと伝えられ、垂仁天皇二十五年に大倭大神《おおやまとのおおかみ》を祭るに当たり、磯城《しきの》長尾《ながお》市宿禰《いちのすくね》をして神地《かむところ》を穴磯邑《あなしのむら》に定め、大市の長岡岬《ながおのさき》で祠《まつ》らしめたと伝えられることは、この意味で注目すべきものを含んでいる。すなわち、これらの神はその名からして一般に信仰された霊威神で、疫病流行とからんで族長貴族たちの政治・宗教的統制の埒外のものである。しかも、それらを祭るに当たって市が祭場に選ばれ、市に関与するものによってなされているが、市といえばそれぞれ封鎖世界を構成していた人々が外界と接触する場であり、それ故に宗教的神秘性をもって神祭の場とされたことは先に述べたとおりである。そればかりか、そうしたものは一般の生活が上昇し、多様になるにつれて自然に形成されるものであることを考えるならば、市のような場所すなわち封鎖世界相互の接触点をめぐって存立する神霊こそ、有史以前の山人と村人（農村）の交渉に胚胎していたものを正しく継承しているといえよう。そして、そうした場所は族的世界を越えた公共の場であるだけに、村内の祖霊祭と異なり、必然的に専業の民間宗教家・呪術者を出現させた。ミコ（巫女・神子）のことをイチコ（市子）とよぶのは、そうしたことの一つの現われである。

律令制のもと、天皇の神権政治の原初的な形が残されていた奈良から平安初期までは、貴族の手で書かれた史書には、民間宗教家の活動は常に疫病・天災とからみ、政情不安・社会の動揺と関連をもって記録されている。著名な例をあげれば、皇極天皇二年（六四三）に蘇我氏の専権とからんで巫覡《かんなぎ》の予言がなされ、同じく三年には駿河富士川の畔りで常世神《とこよのかみ》の使者として虫を祭ることをすすめた大生《おおふ》部多《べのおお》なるものが、民を惑わすものとして処罰されている[7]。また文武天皇三年（六九九）には大和葛城の呪術者で、神験をもって称された役小角《えんのおづぬ》が百姓を妖惑したとの故で伊豆に流されている。さらに養老年間（七一七〜七二三）には、官寺仏教の弊風を破って民間に仏教を広めた行基が、同じく百姓を妖惑するものとして厳しい禁圧をうけ、その後も民間の私度僧・呪術者の行業に対する政府の禁令は、しばしば繰り返されている[8]。これらはいずれも民間宗教家と、その奉ずる神性のありかたを示すものであろう。彼らは村落相互の接触、農民や非漁民の個々の封鎖世界相互の交渉が頻繁になるにつれ、自然に出現するものであるから、彼らの行動が天つ神の霊威のもとにすべてを領導してきた貴族の眼に、不穏のものに映るのは当然であった。平安時代における律令制の衰退と時期を同じくして地方における日用金属器・手工業製品の需要のたかまり、金屋をはじめとして職人たちが村落を徘徊しはじめるが、御師・先達・修験者以下の民間宗教家の数と種類が激増しはじめるのも同じ時期であったことは、右の事情を物語るものである。

中世における民間宗教家・呪術者の群行といってよいほどの現象は、個々の村落の自立性の増大と、外界との接触の恒常化によっている。常陸風土記の箭括氏麻多智《やはずのうじまたち》の話からしられるように、かつて族長の指導と支配を仰がねばならなかった時代に、族長に体現された神霊は彼の現実の支配力に支えられて村々に臨み、選択の許されない畏るべき霊威神であった。これに対して民間宗教家に背負われて村を訪れる神霊は、畏敬すべき霊格であっても、村人の信仰によって選択され、加護を祈られるものであるし、村を訪れる「人神」も、自らの奉ずる神の示唆によって漂泊の旅に出た「宗教家」であった。ここに神の勧請・寺堂の建立をはじめ、本章の最初に述べたように遊幸信仰が多様に発展する根拠があったし、遊幸信仰の所産として今日に残されているものの殆んどが、この時期に現われたものであった。そればかりか、この時期には村落に伝えられた呪術的行事の中に芸能化するものが現われ、民間呪術者の中には芸能を専業とするものさえ現われた。それは当時の念仏聖《ひじり》の行動などに代表されている。彼らは空也・一遍ふうの踊念仏をもって村落を徘徊し、人々は彼らの鉦鼓にあわせて踊り、念仏を称えて法悦にひたったが、そこには原始以来の疫病鎮送のための輪踊の名残りが濃厚に存在し、今日に残されている念仏踊の習俗からも、それが死霊鎮送・虫送りなどの意図をもっていることは明瞭にうかがわれる。しかし当時の踊念仏はこうした側面だけではなかった。鎌倉時代の末（元亨元年・一三二一）に編述された『元亨釈書』に

「或ハ曲調ニ資シテ抑揚頓挫、流暢哀婉、人性ヲ感ゼシメ人心ヲ喜バシム。士女聞クヲ楽シミ、雑沓駢闐、愚化ノ一端ト為スベシ、然レドモ流俗益々甚シク、動モスレバ伎戯ヲ衒ヒ、燕宴ノ末席ト交ル」（巻二十九）

とあり、都市で遊芸化しているさまを伝えている。同様に本来は豊年を予祝する村落の厳粛な神事であった田楽を母胎に田楽能が生まれ、芸能化して都市に流行し、田楽法師といって宗教家・呪術者の風貌を残した芸能者集団の現われたのも同じ時期であった。

中世末から近世にかけては、京都・奈良などの都市を中心に現われていた右の傾向が、社会の全面におし出される時期であった。十七世紀初頭に念仏踊の系統から出雲大社の巫女阿国の念仏踊が現われ、近世の歌舞伎の源流になったことは著名であるが、遊幸信仰の多様化といえるこうした現象は、基本的には村落内部の変質にもとづいていた。繰り返し

述べてきたように、中世後期には村の自立性が増大して外界との接触・交流が頻繁となり、村落を徘徊する職人・商人・宗教家・芸能家の数と種類は激増したけれども、村落生活そのものは親方本家に領導される同族的協働生活であり、封鎖的な小世界であった。これに対して、この時期以降に村落内部で同族組織の解体がはじまり、家の分立が開始されたことは、基本的には農業が発展し、村人が村内の有力者・親方本家の厄介にならなくても自前で生活できるようになったことの結果であった。したがってこの時期に村落生活が急速に多様化しはじめたのは当然であろう。本来は最も厳粛な畏れ多い氏神祭自体が今日みられるような村の祭礼に変わり、村人にとって一年で最も楽しい慰安の日を兼ねるようになったことは、その端的な現われである。村落内部におけるこうした変化は、村を訪れる神・それをもたらす人、村人とは異種の集団をつくって村落を徘徊する漂泊生活者の側にも当然おし及ぼされるものであった。

職人たちはこの時期に漂泊生活をやめ、都市、とくに当時成立した各地の城下町に定住して新たな職人集団をつくり、分枝的に村落に定住してその業を続けたが、一方では村落に入ってそのまま帰農したものの数も多かった。こうした変化を金屋を例にとってみると、旅先の村で火所《ほど》をたてる金屋と都市に定住して製品を売り出す鋳物師との違いは、出職と居職という形式的な違いだけではない。鋳物の品質を決定するものは原料と鋳型の砂であるが、旅先で火所をたてていては思うように良質の砂を手に入れることはできない。今日でも東北や四国の山間部に、飯を炊くときに途中で煮汁を絞り流し、あらためて炊く湯取りの方法が残っている。この由来についてはいろいろ説かれているが、これは煮汁に出るカナケ（鉄錆・鉄滓などの不純物）を途中で捨てなければならないほどに鍋が粗悪であった時代の名残りと思われ、旅先で火所をたて、幼稚な技術と不十分な鋳型でつくった金屋の鍋は、こうした炊き方をしなければならないほど粗悪なものでなかったかと考えられる。それゆえ、村人が各自自前の生活ができるようになれば、次第に都市に定住する職人の製品を買うようになり、古い技術とやり方にたよるものは姿を消し始めるのは当然であろう。中世末から近世にかけて帰農した金屋たちは時勢におくれてやむなく村入りした人々であって、木地屋たちその他の非農民の帰農・村入りも、各地に成立した都市において新しい形と技術による生産がなされはじめ、村人たちがそれと交渉をもつようになった結果ではなかろうか。村入りした非農民に対する蔑視は村の排他性の現われだけでなく、もともと彼ら非農民に対して抱かれていた畏怖の念の裏返しであったが、そのことの背後には、村入りした彼らがいわば社会の落伍者であったという点も作用しているように思われる。

漂泊生活を営んできた非農民の側に起こった右の変化は、同族組織の解体を通じて生まれた新しい村落をふまえて大名領国側が全国的に確立し、各地に城下町が現われて村と町との交渉がはじまった結果であり、農民と非農民とがたがいに別個・異種の世界を構成しながら接触してきた在来の体制が、根本的に変わったことを意味している。もちろん、この過程は自然になされたのではなく、大名たちの権力によってなされたこともあった。職人集団を強制的に城下町に移住させ、山間部で独自の世界をもっていた山民の多くが、大名の権力で散乱させられ、農民化したことなどはそれである。また戦国時代とよばれる長期の戦乱で流亡・移住が繰り返され、村落の大規模な改編分合がなされた結果でもあったが、ともかく、こうした体制になることは、生活圏の内と外という感情はあっても、村外のものを畏怖し、非農民を別種のものとみなすことの基礎をなくすることであった。山口県玖珂郡余田村の「うんかんの森」は虫祭森ともよばれ、ここで虫送念仏がなされ、太鼓・打鐘・銅鑼などの鳴物で村中を廻ったが、享保十七年（一七三二）の大旱のときの「虫共への訴状」という文書が残っている(9)。

今度虫祭森と名付け、役人より木一本宛出植え、虫飯として祭候間、此森へ悉く集り候え、後年作物をさわり不申候へは、二季に両度祭り申す可く、尚又虫共仏縁のため、此の度僧方相頼み百万べん御念仏執行仕候と中聞かせ候事。

稲を喰い荒らす害虫の襲来は、村外からの畏るべき悪霊の来襲であり、それを追うことは最も厳粛な呪術であった。しかしこのユーモラスな文面にみられるものは、そうした考えを背景にするものでありながら、一面で村外のものへの畏怖といった感情をのりこえた人々の、ある種の余裕が認められる。したがって村落内の生活にこうした変化がある以上は、当然、村を訪れる神と人に対する信仰にも大きな変化がもたらされた。簡単にいえば、村外のものへの畏怖感がなくなるということは、来訪するもの一般に対する畏れ、神を背負って訪れる人に対する信仰が失われることである。それは金屋のいなくなった後にも、その神だけが村の神として祭られることに端的に示されるが、村落生活の多様化につれて村の氏神には専業の神官が常住し、村内に各家共同の菩提寺が建立され、僧侶が住職として住むようになると、従来の漂泊生活を営む宗教家・呪術者は下級宗教家として蔑視されるようになり、人神の信仰と訣別した神仏はそれ自体として来臨が願われ、勧請され祭られる神性として、今日一般にみられる形に姿を整えはじめる。すなわち、神霊は村落内部の祖霊信仰に支えられ、神は生活圏の外から来臨するものという一般的な固有の信仰のもとに、豊かな内容をもつに至るのである。

（1）「炭焼小五郎が事」（『海南小記』所収）
（2）芭蕉『俳諧集』元禄四年
（3）「山立と山臥」（『山村生活の研究』所収）・「山の人生」

(4)「古代研究」民俗学篇

(5)『類聚三代格』

(6)高井悌三郎『常陸国新治郡上代遺跡の研究』

(7)『日本書紀』

(8)『続日本紀』

(9)堀一郎「民間信仰における鎮送呪術について」(『民俗学研究』第三輯)

山と稲と家の三位一体——日本民族信仰の根幹

民族信仰は一定の教祖や教条を欠き、長い民族生活の中から自然にかもし出されてきたものだけに、一般にきわめて錯綜した形をとり、これを厳密な一つの組織にまとめることは困難というより不可能に近い。しかし日本民族の生活を内外から終始規制してきたいくつかの根本要因は明らかに存在し、民族生活そのものがある意味で歴史を超えた統一性を保っていたことに対応して、それらの要因は個々独立にあるのではなく、その間にある種の関連が存在するのは自然であろう。換言すれば、それはルーズな意味で一つの構造的性格とみてよいであろう。信仰の面にも当然この事情は反映し、一見すれば錯綜そのもののようにみえる民族信仰も、その表皮を一枚はげば、そこにはいくつかの渦巻の中心のようなものがあり、それらの間にある種の関連が存在している。我々はそうした渦巻の中心として、山・稲・家の三つをあげることができそうである。この三つはある意味で日本人の生活とそれに立脚する信仰を、一貫して最も基礎的に規制し続けてきた要因であるが、それらが三位一体の構造的連関をなしているところに、わが民族信仰の背骨《バックボーン》をみることができるように思われる。

象徴的に山・稲・家といったものは、それぞれ日本人のもった所与の自然と、食養資源と、社会組織の中心にあるものであった。地理的環境・主食生産・社会構造の三者が民族の生活と信仰を根源的に規制することは、むしろ自明の理といってさしつかえない。周知のように世界で米が主作物として栽培されるのは、東南アジアのモンスーン地帯というかぎられた地域であるが、その中で日本列島は特有の屈曲に富む長い海岸線と重畳たる山谷に包まれ、その地理的位置から必然にもたらされる一定の気温・雨雪量・季節風・四季の循環など年々繰り返される気象条件の下に置かれている。日本民族はそれらの自然地理的環境に対応しながら、東亜米作民族の一環につらなってその稲作農耕生活を展開してきたし、それと分かち難く結びついて「家」を基軸とする社会組織を形成してきた。したがって日本人の信仰が、こうした風土的条件に深く規制されて成立したのはきわめて当然であったばかりか、そこにまた、日本の民族信仰の、単に民間信仰・原始信仰一般をもって律することのできない特性もあるのである。

家の祖先に対する信仰は日本人の信仰の中枢をなすものであるが、それは一面において特有の霊魂観に立脚すると同時に、他面ではなによりも日本の社会が一貫して家を基軸としているというすぐれて社会的な事実をその契機としている。そしてこの先祖がまた年穀の神である年神と同体異名であるのは、稲の生産が現実には家を基盤として営まれてきたことの信仰面への反映であったが、先祖に看護祝福される家の幸福とは、結局、稲の豊稔以外の何ものでもありえなかったところに、こうした家に対する信仰と稲に対する信仰が結合する契機があった。そしてこの農耕は田ノ神という名と姿で秋冬と春夏を区切って田里と山とを去来し、山にあっては山ノ神になるのであった。この山ノ神・田ノ神の転身去来の観念は山に対する信仰と稲に対する信仰の見事に結びついたものと考えられよう。これはまた山をもって家の祖霊の常在所とみる想念、山に対する信仰と家に対する信仰の結合と表裏をなし、相よって山に対する民族的神聖観念を打ち立てる根本契機をなすものであった。列島の地勢からして山が常に人々の視野を去らない存在でありながら、しかも一般の生活圏から一種の隔絶性をもっていることと、家と稲作の根源に超人間的な存在が想定されることから、山はそうした神聖なものの在所として最もふさわしい場所とされてきたのであった。人間生活の汚穢から離れた所という意味では、天上こそ神霊の住所として最もふさわしいかもしれないが、少なくともそこに至る階梯としては山が最も好ましい所であった。

神霊が人間の穢れから隔絶されたものでなくてはならないと同時に、これが一方で家と稲作の生活に密着した存在であることが、神の遊幸という観念を成立させる基本的契機であった。神は、本来の居所から時を定めて人間の前に示現して祭りをうけ、終わればもとの居所に還幸するという考え方であるが、とくに稲を中心とする農耕定住生活が村落協同体に強い封鎖性をもたしめたことが、神が村人の生活圏の外から訪れてくるという遊幸の観念を一層きわだったものにした。神は必ず生活圏内の聖所である祭り場に訪れるものであり、そういう性格を除外しては神も祭りも考えられなかったことが、一般に神祭がなんらかの形で必ず遊幸という方式をもって行なわれなければならない理由であった。とくに村落の封鎖性・孤立性が強ければ強いほど、神が生活圏の外から訪れるという観念は、外から訪れるもの一般に対する神聖視と結びつき、両者は互いに表裏の関係を形づくった。神聖なるものは生活の俗穢から峻別されねばならないもの、俗穢との混交が最も忌まれるべきものである。忌《いみ》という言葉の語感がよくあらわしているように、神聖性の観念には最も尊ぶべきものということと、最も忌むべきものという相反する両極端の観念が一体になっている。死は最も忌むべきものであるとともに、死者は最も丁重に葬り祭らなければならないものであり、やがて死霊の忌が晴れて聖化し、神性と一体化してなによりも尊崇されるに至る可能性を内在させている。神聖性の観念がもっているこうした二面性と、神が生活圏外から来訪する遊幸性とは、村外から来るもの一般に対しても、これを忌みしりぞけつつ、同時にこれを畏怖尊崇させることになったのである。

現在の民間伝承がその複雑さの中にも右のような一種の構造性を内在させていることは、それが民族的規模のものだけに到底昨今の成立とは考えられず、民族の長い精神史の中でつくりあげられてきたものであることは誰しも異論はなかろう。そして単に現在の伝承の中に徴せられるだけでなく、これに対応するある種の形跡は古く古代の神話の中にも存在しており、そこに古今を貫く民族固有の信仰類型というべきものを考えずにはいられない。『古事記』・『日本書紀』の神代史の神話が天皇を中心とする古代貴族の支配が確立した後、その体制を正当化するために貴族によって述作されたものであることは、今日では常識とさえなっているが、そうした天皇＝皇室の権威・権力の正当性を根拠づけるためにとられたのが、ほかならぬ「神」からの出自と、その系譜を示すという仕方であった。卓抜な系譜をなしていることがいちじるしい説得力をもち、他者から対抗の根拠を奪うほどの政治的効果を収めえたのは、その社会が系譜的な「家」を基盤として成立していてこそ始めてありうることであった。天皇と皇室の尊厳を説明する神代史の神話が、結局、系譜神話とならなければならなかったところに、明らかに「家」に対する信仰が潜んでいる。また皇祖神である天照大神は、君臨・尊貴・栄光を象徴する太陽神であるとともに、営田《みつくだ》をもち、「新嘗《にいなめ》きこしめす」農耕的性格をもつ神であった。家と稲作との結合は、天皇家といえども「家」であるかぎり例外ではなかった。天照大神における祖先神的性格と農耕神的性格の合体は、現行伝承における祖霊と農神の合体と無縁でありえない。天皇＝皇室の統治は地上の現実であるが、その統治権の神聖不可侵である理由が、天照大神によって象徴される天なる神からの出自をもつことにおかれているのであるから、物語の上で天上と地上を連結する場面が全体のクライマックスであることはいうまでもない。ところで皇祖天照大神の孫瓊瓊芸命《ににぎのみこと》が高天原《たかまがはら》（天上の神界）から大八洲《おおやしま》（日本）に降臨するに際し、初めて足跡を印した所が日向（宮崎県）の高千穂峰であったとされている。これが古代統一国家発祥の地である大和でなく、遠い西辺の日向であることの理由はわからないが、それはともかくとして、祖神の代位者が天から降臨して来た所がほかならぬ「山」であること、換言すれば「山」を階梯とし、これを通じて祖神の権威と恩寵が地上にもたらされるという形をとっていることは、民間伝承における山への神聖視と対応するきわめて含蓄深きモチーフといわねばならない。山に祖霊が宿り、神霊がこもるとする一般の信仰的基礎なしには、こうした神話が作為されることも、また一定の説得力をもつこともありえなかったはずである。常民的な固有信仰は、個々のデータとしては古典神話の中にあまり顕著ではない。しかしそれ以上に、神話の全構想の基本的契機として、最も大規模に織り込まれており、その意味で、神話を生んだものはやはりどこまでも日本人であった。

詩的な表現としてではなく、現実に「山」は日本人の魂の故郷であった。死ねば霊魂のゆくところであり、それ故に、また協同体の結節点をなす祖霊・氏神の常在所であり、生産と幸福の原理が宿るところであった。「海」もそういう場所であったらしい痕跡はあるが、「山」に対する信仰との関係はまだ明らかではない。しかし日本民族全体としてみるとき、常に農民は漁民より格段に数多くまたそれだけ重いウェイトをしめ、農民とその信仰が、日本民族とその信仰の根幹をなしてきたことだけは疑いない事実である。

死生の忌みと念仏——専修念仏と民間信仰

一

親鸞が亡くなって三十三年をすぎた永仁三年（一二九五）に、藤原有房が著わしたと伝える『野守鏡』は、和歌の徳を論じるとともに、当時、新興の宗旨であった禅宗と、専修念仏の徒を批難しているので知られている。

この書は、播磨国書写山でたまたま面晤したという一人の僧の談話という形で、和歌の徳から論じはじめている。作歌の心得として「心を種として心を種とせず」「詞をはなれて詞をはなれず」「風情を求めて風情を求めず」などと、老荘的な不即不離を説いたうえ、日本では和歌が仁義礼智信の五徳を兼ねて礼楽をたすけ、礼楽を整えるから国が治まり、夷狄に破られることがない。仏法が中国よりもよく流布したのも和歌の徳であり、中国の宋朝では和歌がなく、礼楽をたすけるものがないために、八宗は姿を消し、宋朝は元に亡ぼされたといっている。

このあと、禅宗に対して十カ条、専修念仏についても十カ条をあげて非を論じ、その立場は、旧仏教とよばれる顕密諸宗の擁護である。論旨は禅と専修念仏の二宗が、自ら他宗に優越すると称することの批難に終始し、それぞれ最後の第十条は、伝来の神祇信仰の立脚する不浄観からの立論で、禅宗には、

「さかひ（界）に入りて風をとふは古賢の教ふるところ也。しかるを禅宗のともがら（輩）神国に入りながら死生を忌まざるが故に、垂迹の誓を失ひて神威皆おとろへて其罰あらたならず、是につきていよ〳〵憚らざるが故に、鬼病つねにおこり、風雨おさまらずして、人民のわづらひをなす。是、その誤りの十なり。」

とある。専修念仏批難の第十条もおなじ趣旨で、論理はいちだんと鋭い。

「専修も禅宗のごとく死生を忌まざるが故に、みな神国の風をうしなふ。神明のこれを忌みたまふこと、ただ世間の義にあらず。この時、生死を忌みて、ながく衆生輪廻の業をも止めんがためなり。しかれば、我身はたとひこれによるべからざる義をさとるといふとも、化度衆生のため、心ざしを神明におなじくして是を忌み侍らば、いよ〳〵生死を離れんこと、その障りあるべからずといへども、一向専修と号して神慮をはばからず、済度を思はず、是、その誤りの十なり。」

とある。

死生の忌みとは死穢・産穢の忌みである。死穢を黒不浄、産穢を白不浄、血穢を赤不浄とよび、この三不浄を忌むことは、伝来の神祇信仰の基礎となっている。現在は、さすがに産穢、血穢の忌は下火になっているが、死の忌みは、かなりの拘束力を残している。年末、喪中にあるものが来る年の賀詞を欠礼する旨、知友に通信する風は、けっして衰えていない。むしろ国民生活が向上し、お年玉はがきの発売で賀状交換の風の拡大するにつれ、増大してきた気配さえある。血穢、産穢の忌みにしても、太平洋戦争中、超国家主義と結んだ偏狭な神道思想の横行のもと、女子挺身隊や女学校でも神社への団体参拝がなされたが、狂信的な指導者のいるばあい、生理期間中のものは服喪中のものと並んで社頭に参入するのを遠慮し、鳥居の前で参拝の終わるのを待たされた。中年以上の女性には、この屈辱の記憶は残っている。わずか三十年前のことである。

この死生の忌みは、中世には諸社の服忌令（物忌令）とよばれるものの先頭にあげられて、単なる宗教習俗の段階にとどまっていない。より積極的に意識化され、伊勢神道、山王神道、両部神道など、この時期に理論化と体系化のはじまった諸種の神道説の中核に位置づけられていた。まさに神国の風儀である。日本を神国とよび、神のいます国とする思想は、鎌倉時代、蒙古襲来を契機に急速に強まった。神は非礼をうけずとの言葉にあるように、神の恩頼をねがうには、なによりも不浄を遠ざけねばならない。神は祭りのたびに祭りの場への来臨を願うもので、如在之礼奠といわれるように、神は眼にはみえないけれども、あたかも眼前にいますかのように供物を捧げ、奉仕するものとされてきた。神を迎える祭りの場と、祭りを行なうものとにかずかずの禁忌の課されるのは、自然の帰結である。禁忌を厳格に維持することが、至心をもって神明に奉仕する現われであり、死生の忌みは、その筆頭にあげられてきた。

しかも、『野守鏡』の説くところは、こうした禁忌意識を世間の義の範囲でとらえてはならないという点にある。社会常識の次元では禁忌は神を祭るものの作法で、弥陀一仏に帰依するものには無縁の規範である。だが、神明の生死を忌む本旨は衆生を生死の輪廻から解き放ち、出離の道を得させるにあると考えるなら、自らは神の冥助にすがる意志はなくとも、衆生を済度するために生死の忌みに従わなければならない。それをしたとしても、自身の出離と往生に、障害のあるはずはない。ひたすら弥陀の慈悲にすがり、念仏を修するだけで神の本意を考えず、衆生済度を考えないのが専修念仏者の欠陥というのである。

鎌倉時代に中国から伝えられた禅宗に対しては、『野守鏡』は郷に入れば郷に従えというにとどまっている。新来の禅宗の徒は神国に入りながら死生を忌まないため、神威が衰え、神罰が下り、鬼病、風雨がおさまらないとのべている。この程度なら、『野守鏡』の拠っている旧来の顕密諸宗と、見解の相違、信仰の違いといってすませる。これに対して専修念仏著の行為に対する批判のほうは、それだけですまないものを孕んでいる。

周知のとおり、日本では念仏は円仁が比叡山で創修した四種三昧のうち、常行三昧（念仏三昧）にはじまる。これがその弟子相応によって不断念仏法となり、山の念仏として上下の尊信をあつめた。のち、山にあって源信が『往生要集』を執筆しはじめたころ、空也が都鄙を巡って念仏をすすめ、山の念仏に対する郷里の念仏がはじまった。法然、親鸞の専修念仏は、この流れの先端に位置する。おなじ時代の禅宗のように、新たに中国から船載され、接木された宗旨とはちがっていた。旧仏教の胎内に芽をもつものが、日本の風土のなかで新しい樹木に成長し、自立したものである。それだけに、旧仏教の側からは、いいたいことが沢山あったはずである。死生の忌みをめぐる上記の議論は、その典型である。

二

『野守鏡』は和歌が礼楽をたすけ、楽の歌と和すことに、国家の治乱と仏法の興廃がかかっていると説いている。円仁の伝えた音律声明の道が、十一世紀末年から十二世紀前期に大原に隠棲した良忍の手で大成され、かずかずの奇瑞を現じたあと、曲調が次第に乱れはじめたのと、専修念仏の抬頭とが軌を一にするとのべている。声明の曲調の変質は、蓮入房というものが良忍の口伝をうけず、節博士とよぶ音律の譜点だけをたよりに、声にまかせて思うままに歌ってからで、その赴くところ、呂の曲が律となり、律の曲が呂になって、陰陽が逆となり、そこへ専修念仏の曲が流行するにいたった。

かくて専修念仏の曲が栄えて正道の仏事がすたれ、後鳥羽院のとき、法然、親鸞ら流罪の原因になった安楽、住蓮の事件で頂点に達した。この亡国の声によって承久の乱が起こり、王法衰滅の徴が現われたとある。十四世紀初期の『元亨釈書』は、念仏の遊芸化した情況を次のように描写している。

「或は曲調に資して抑揚頓挫、流暢哀婉、人性を感じて人心を喜ばしむ。士女の聞くを楽しみ、雑沓駢闐、愚化の一端と為すべし、然れども流俗ますます甚しく、動《やや》もすれば伎戯を衒い、燕宴の末席に交わり、盃觴の余瀝を受け、瞽史倡妓と与《とも》に膝を促して互いに唱す。痛ましいかな真仏の秘号、蕩として鄭衛の末韻と為る」（巻二十九、音芸志、原漢文）

『野守鏡』によれば、専修念仏の盛行は、右のような声明の変質にともなう念仏の遊芸化と、本質をひとしくしていた。不愉快な社会風俗解体の現象であった。正統を自負するものからみると、専修念仏はことの本然の意味をはきちがえた異端の所業であった。彼らは念仏の功徳は十分に承知し、尊重する意志があるからこそ、逆に専修念仏の徒が念仏だけに一身を委ね、他を拒絶する態度に出るのが許せなかった。専修念仏の徒が専修を説くあまり、一般の社会通念になっている死生の忌みを無視する態度をとると、鬼の首でも獲ったかのようにして非を鳴らした。その異端ぶりを指弾するのに最適の話題を提供するからである。

ほかでもなく平安時代以来、念仏が比叡山での不断念仏から離れて一般に流布した過程には葬送と死者霊追福、鎮送の儀礼が深くかかわっていた。早く延喜八年（九〇八）十月十日、醍醐天皇を醍醐寺北山陵に葬送したとき、諸寺の念仏僧が道中で八十六カ所、路を挟んで幕を設け、鐘を撃って念仏を手向けたという。別に宇多院の命で、醍醐寺、勧修寺の僧を山陵に侍せしめ、念仏を奉仕させたと伝える。天暦六年（九五二）八月二十日、朱雀上皇葬送のとき、鹵簿は郁芳門を出て南下し、七条の路から鴨河を渡って陵所に至ったが、このときも諸寺が路を挟んで幕を設け、念仏を廻向している（『醍醐寺雑事記』）。このころから、貴族のあいだで葬送念仏が一般化し、病者が息を引きとると、それまで病気平愈を祈禱していた験者の僧と交代して念仏僧が参入し、臨終念仏を唱える。やがて敷設をあらため、中陰追薦、四十九日までの念仏のなされたことは、多くの記録が伝える。

いっぽう、民間に念仏を勧化した空也が、路傍に放置されている人骨を集めて回向した話は有名である。彼の活動も、おなじ十世紀のことであった。そして民間に普及しはじめた念仏は、個々の死者霊への追善回向にとどまらなかった。都市、村落を通じて忘れる間もなく襲来する災害や病魔は、怨みを遺してこの世を去ったもの、非業の最期をとげ、子孫の供養をうけることのない亡霊の所業と信じられたから、そうした不特定多数の亡魂の追善と鎮送の儀礼にも、念仏が加わることとなった。鉦鼓を打ち、集団で足を踏みとどろかす念仏踊り、それに発する各地の民俗芸能は、亡魂鎮送のための古来の呪術に念仏が参加することで成立した。十世紀に空也が創始し、十三世紀に一遍が弘めたと伝える念仏踊りは、古代後期から中世にかけ、念仏の普及につれて民間に自然発生したものであった。

中世に戦乱が各地で起こると、多くの念仏僧、のちには時衆の僧徒が、戦場を馳駆して亡魂の回向にあたった。こうした事情から、社会の上下を通じて念仏に葬送のイメージと、死者霊追善、鎮送の呪術的雰囲気が、濃くまつわることになった。鎌倉時代の仏教説話集である『沙石集』には、鎌倉の町のさる富者の家に召し仕われていた下女が、日頃の信仰から正月一日に思わず南無阿弥陀仏と唱えてしまった。主人がこれを聞きつけ、

「イマ〳〵シク人ノ死ニタル様ニ、今日シモ念仏申ス」

と怒って、その下女を折檻した話がある。この主人はべつに排仏主義者ではない。屋敷内に持仏堂をもち、金色の阿弥陀仏を本尊にして、日頃、定期に仏事を営むどこにでもあるような阿弥陀信仰者として語られており、正月一日という神事の日に念仏するのを不吉と

して忌んだにすぎない（巻二、第三話）。

正朔の日に念仏を忌む例は、早く十二世紀初頭、大江匡房の著わした『続本朝往生伝』にみえる（小槻兼任伝）。いずれも念仏に葬送と亡霊供養のイメージがつきまとい、死穢の影のみえることから発した禁忌意識である。『野守鏡』における専修念仏者批難の十番目の個条は、明らかにこの意識を背景にしている。専修念仏の徒が同信者の集まりに力を得て、ともするとこの禁忌を犯しがちであったのをとらえ、その非を鳴らすことで社会的に孤立させようとした。そして、不時の念仏を不吉とみる意識は強い力をもっていたから、専修念仏の運動が一般の念仏信仰と重なり、ある程度の拡がりをもつと、自ずと右の禁忌意識をもって彼らの活動の前提とすることになった。この点では、旧仏教の態度と区別のつかないものになっていった。

その初期、法然在世のころは、世俗でいう浄と不浄の別は、念仏の場や念仏する者には係わりないという程度の議論が、門弟との間でなされていた。これが鎌倉末・南北朝に生きた存覚の『破邪顕正鈔』には、

「仏法ノナカニハ生死煩悩ヲモテ穢トシ、功徳善根ヲモテ浄トス、
世間ノ儀ニハ、死生等ノ禁忌ヲモテ穢トシ、コレヲサル（去）ヲモテ浄トス」

といっている。さらには、

カクノゴトキトモガラ《（輩）》、タトヒ仏法ノナカニハ死生浄穢等ノ差別ナキコトヲシルトイフトモ、イカデカ世間ノ風俗ヲワスレ《（忘）》テ、ミダリガハシク触穢ヲハヽカラ《（憚）》ザランヤ

とある。おなじ存覚の『諸神本懐集』（末）に、

（神明ノ）フカク生死ノケカレ《（穢）》ヲイム《（忌）》ハ、生死ノ輪廻ヲイト《（厭）》フイマシメ《（戒）》ナリ、

とある。

ここにいたると、『野守鏡』にみた論法と異なるところはない。弥陀への絶対の信順を説くことは変わりなくても、運動の拡がるにつれて、死生の忌みの壁がより厚く、教団の内外に立ちはだかったためというべきだろう。この事情だけをとりあげるなら、早くから神祇信仰と結びついていた旧仏教、顕密諸宗と変わらなかった。いずれの立場に立つにしても、本来は仏教と無関係であったこの禁忌を、広大無辺の仏意の現われとみる以外に、その壁を越える道はなかったからである。

三

死生の忌みのなかでも、産穢、血穢を忌む思想が、久しいあいだ女性に不当な忍従を強いてきたことは、いまさら説くまでもない。山・漁村を歩けば、四、五十年前までは産穢や血穢による別火の風習は、いたるところで現実におこなわれていた。

別火というのは服忌中のものと、おなじ火で煮炊きしたものを食べないということで、神祭を前にして精進するものが、穢れを避けて別火するばあいと穢れあるものを別火させ、穢れを他に移らせないものとがある。生理期間や産褥期の女性の別火は、一般に後者の意味でなされてきた。そのため、月小屋とか産小屋とよぶ別屋を用意し、そこへ移り住んで服忌した村も多い。そうした施設がなくて、母屋で家族と同居するときは、いちだんと過酷な忍従が強いられた。なによりも板の間のイロリの火を神聖視し、炉端という家族団欒の場に近づくのを禁じられ、土間に設けられた別のカマドで煮炊きしたものを土間のすみで食べた。出産もしばしば土間の別火のそばでなされた。昔は坐産であったから、ワラを敷いて周囲をムシロで囲い、積み上げたワラ束によりかかって産んだ。女に生まれた業が身にしみたといって、昔の体験を語ってくれた老人は、最近まで多く残っていた。

業縁という言葉は、これを他人に向かって説くときは、不当な忍従を強要し、非人間的な差別を肯定し、糊塗する論理となる。これを自らの主体に即して受けとめるときは、鋭い宗教的自覚に転化する。仏教のなかでも浄土教、専修念仏にあっては、業縁深く、罪障深いものほど弥陀の慈悲にあずかると説いてきた。女性は月のものと出産という、自分たちにしかない性の神秘と、その恐ろしさを通して自己の罪障をとらえ、ある種の誇りにも似た性の自覚に支えられて、別火精進の苦行に耐えてきた。不浄と教えられるだけで、あれほどの禁忌が維持されるはずはない。生の忌みも死の忌みと同様に、まさしく仏のはからいとして把握されている。

しかし、これは仏教が仏教以前からの禁忌意識を、みごと自家薬籠中のものにした結果であるけれど、それ自身は、依然として仏教以前、仏教以外のものであることに変わりはない。そして、この意識から人間が解放されるには、近代における自然科学の発展にまつほかない。その近代になっても、たしかに医学の進歩により性の神秘、出産の危険は大幅に減退し、それをめぐる諸種の禁忌は姿を消しはじめたかにみえるが、死と生の忌みの根源的な基礎は、けっして失われていない。旧仏教と専修念仏が平等な立場で如上の禁忌をうけとめたことの背後には、歴史を越えて存在する理由のあったことを、第一に確認しておく必要がある。

しかし、歴史を少し詳細にみると、死生の忌みは、死と生に対する人間の万古不易の感覚を基礎にしているとはいえ、その発現のしかたは、時代によって濃淡の差がある。以下にのべることは多くの論証を要するが、結論部分だけを要約すると、墓制や葬制をめぐる各地の民俗は、死の忌みをあらわす点で一様ではない。京都の東北郊の高野川流域では、下流に鎮座する下鴨社に遠慮し、山を越えた向こうの谷に墓地をもっている。安芸の宮島でも厳島明神に遠慮し、海を渡った本土に埋葬してきた。いっぽう、日本海側を北へ行くと、おなじ境域といってよいほど隣接して神社と墓地の並んでいる例は珍しくない。

民俗学で両墓制とよんでいるものは、遺体を埋葬した個所とは別のところに墓碑を建て、そこで多く墓前の供養を営む。これは死穢の観念と深いかかわりがあるとみられている。ところが、家居から離れたところに埋葬するのではなく、反対に屋敷の一隅に遺体を埋め、めじるしの木を植えて屋敷神のようにした名残りが、東国の両墓制のみられない地域で存在する。両墓制の分布の濃い畿内にあっても、中世の住居地の発掘により、屋敷の一隅に遺体を埋めた例が報告されている。民間では、昔ほど死穢の観念が強かったとはいえないし、近い時代まで、それほど死穢を忌んだように思えない例も少なくない。

これに対して文献史料によると、奈良末、平安初頭のころから、貴族のあいだで諸種の禁忌意識の異常に高揚した形跡がある。平安京の造営にあたり、その地の農民たちが家居近くに死者を埋葬してきたのを厳禁する法令の出されているのは、象徴的である。以来、王朝貴族たちがきわだって死穢過敏症になっていったことを示す事例は豊富である。彼らはいわゆる律令的神権政治の体制のもと、ある種の聖別された司祭者的機能をもって現実政治を担当した。彼らのあいだで禁忌意識が異常に発達したのは、十分に理由のあることであった。

平安貴族は祖先の祭り、死者の供養は手厚く行なったが、墓参はにがてであり、ために親の墓さえよく所在を知らないくらいであった。そして平安後期から中世にかけて、念仏が民間に普及したころ、貴族たちの禁忌意識もおなじように民間に受容され、普及しはじめた。というのは、これも多くの論証を要することであるが、ひとくちに地方民間といっても、この時代のそれは現在の常識とは、およそかけ離れた姿をしていた。もちろん、定着水田農耕が主軸になっているにはちがいないが、その農業は、まだまだ未熟であった。村落の耕地はどれも毎年耕作できるほど安定していなかった。必然的に村落民の地位も不安定であり、流動的であった。

豊年満作という言葉がある。満作とは村内の田にすべて稲が稔ったという喜びの表現であり、現在では至極あたりまえのことが珍しく、祝うべきことであった。今年耕作できても、来年おなじ調子で耕作できるとは限らなかった。わずかな災害ですぐ耕作不能になる田が多かったから、耕すほうも不動の耕作者としての定住民になりきれず、退転と流浪、適地への入住を重ねるものが多かった。それが中世になると、ようやく永年の労苦がみのり、毎年、ほとんどの耕地を連続して耕作できる安定した村々が増加しはじめた。そうした地域では、やがて名主層を中心に、成長した中小農民が横に連合し、荘園の秩序を越えて惣結合とよぶ地域村落的自治機構の結成にまで進んだことは、よく知られている。

しかし、この動きは、もちろん全国一斉になされたのではない。最初は畿内とその周辺の先進地域の、立地条件をはじめ全ての面で恵まれたところから、少しずつ実現していった。そのため、いちはやく新しい展望の開けた村々は、沙漠のなかのオアシス、大海のなかの島のように、周辺に対してきわだった地位をもつことになったが、それはまた、油断するといつもとの木阿弥になるかわからないような、そういう状況下での必死の営みであった。当然、そこではよりよい明日を拓こうとする意識といっしょに、ようやく獲得した地歩をなんとしてでも維持しなければという意識が人々の心をとらえていたと思われる。

『一遍上人絵伝』をはじめ、中世の絵巻物をみると、村の入口や村内各戸の門口に、注連縄をはじめさまざまの外敵防御のための呪物の下げられている例が多い。村境の注連縄というと、現在、畿内や周辺域の村々で勧請縄などとよんでいるものの直接の祖型であるし、ともに村内の清浄を維持し、不幸の原因となる悪霊、悪疫の入ってこないための措置である。惣結合がいち早く強固に形成され、その体制が近世の郷村制にうけつがれた地域では、村落ごとに鎮守の宮を奉斎する宮座とよぶ村落民の自主的祭祀組織が構成されている。これもまた、農業生産力の向上につれて、自主自立の地歩を確保しはじめた地縁村落の、自己防衛の意志表示とみてよい。

中世の惣結合以来、村落に伝えられる村民の掟書の類をみると、他所者に対する異常といってよいほどの警戒心が披瀝されている。永年の労苦、つねに流離と背中合わせになってきた苦闘のすえ、ともかく自分の村だけは安定した再生産が可能になったのだから、なににも増してそれを守らねばならないという村落民の、悲願にも似た気持がそこにこめられている。したがって、これが彼らの宗教心に直接に反映したのは、当然の結果であった。かつて王朝の貴族は、聖別された権力者としての地位を維持するため、諸種の禁忌意識を異常に高揚させた。彼らが整備し、さまざまに理論づけた禁忌のかずかずが、そのまま古代末、中世以降の地方村落に受容された根拠は、十分にあったといわねばならない。

これまで「死生の忌み」という言葉で総括してきた各種の禁忌が、王朝の粉飾をこらしたまま念仏信仰とも重なり、民間に流布してきたことの背後には、上記の歴史があった。念仏自身がそうした粉飾物の、有力な部分を構成していた。村々に悪霊が入ってこないよう、あるいは子孫の供養が受けられないために災害を起こすような、不幸な人たちの恐ろしい亡霊を鎮めて送るには、念仏がもっとも有力な手段とみなされた。法然、親鸞にはじまる専修念仏も、それが念仏運動の形をとるかぎり、右の事情を避けて村落内に根を降ろすことはできなかったはずである。もちろん、めぐまれた村の成員になることを拒否された人たちに立脚しつづけるならば、禁忌の問題も神祇のことも、考慮の外に置くこともできたろう。しかし近代ならともかく、中世という時代に、それは歴史的に不可能なことであり、社会的に少数者として孤立することであった。蓮如の指導した一向一揆以降の、村落民の宗教として展開する以上は、死生の忌みをめぐる問題は旧仏教以上に、その教団内部に当初から存在したと考えられる。

現在の民俗に示されている死穢の観念が、地域的にかなり濃淡の差のみられることは先にのべた。このことは、近代化の結果とみられる部分もあるが、中世から近世の歴史のなかで、中央文化の受容が全国一律でなかったことの結果であるようにも思われる。中世の惣結合から近世の郷村制への歴史は、地域によってさまざまである。そうした在地の状況の差が、主として王朝貴族の手でつくりあげられ、粉飾された禁忌意識の受容にも、濃淡さまざまな差違をつくり、地域的な偏差を生みだしたのではなかろうか。一方的な論断はもとより危険であるけれども、「死生の忌み」をめぐって民俗から歴史へつなげる糸口は、このような視角のなかにあると思われる。

地蔵菩薩と民俗信仰

一

古代後期以来、奈良の春日明神の本地は地蔵菩薩とされてきたが、正確にいうと春日社は四所明神とよんで第一殿に鹿島神の武甕槌命、第二殿に香取神の斎主命、第三殿に天児屋根命、第四殿に比売神を祀る。地蔵菩薩を本地とするのは、このうち第三殿の天児屋根命である。

第一殿の武甕槌命は不空羂索観音または釈迦如来などを本地と伝え、第二殿の斎主命は薬師如来、第四殿の比売神は十一面観音または大日如来などを本地としてきた。これらに対してとくに第三殿の本地である地蔵菩薩を重視し、これをもって春日明神の本地仏の代表のようにしてきたのは、第三殿の天児屋根命が藤原氏の祖先神だとみられている。そして、鎌倉時代中期に成立した仏教説話集である『沙石集』（巻一の六）や、おなじく末期に成立した『春日権現験記』（巻十六）に次のような話が伝えられている。

それは奈良の興福寺の東、春日明神の鎮座する春日野の下に地獄があるという話で、むかし南都仏教復興者として有名な解脱上人貞慶の弟子に、少輔僧都璋円（障円）というものがあった。生前には碩学のきこえが高かったが、死後どういうものか成仏できず、魔道に堕ちたらしい。あるときその璋円の霊がさる女性にとり憑き、いろいろと死後の世界の見聞をのべた。なかでも春日明神の方便の利益は大きなもので、生前、興福寺の僧などとしていちどでも知遇をえたものは、どのような罪を犯したものでもけっして他の地獄にやるようなことはしない。春日野の下に地獄を特別にしつらえ、亡者たちをそこに収容するようになっている。

明神は毎朝晨朝に、天児尾根命を祀る春日の第三殿から地蔵菩薩の灑水器《しゃすいき》をとりだし、これに水を入れ、加持につかう散杖をそえてその水を灌ぐと、そのしたたりが地獄に堕ちて苦しんでいる亡者の口に入り、彼らはふしぎなことにしばらくのあいだ地獄の苦患をまぬがれることができる。すると明神は亡者たちが正念にもどっているあいだに大乗経の要文や陀羅尼などを唱えて聞かせ、それを日々に怠りなくつづけるので、この方便の功徳によって亡者たちはようやく浮かぶことができるようになっている。

また明神は、春日の奥山の香山《こうせん》（高山）というところに、生前に興福寺の学生であったものを集めてみずから般若を説き、論義・問答などこの世にあったときとおなじようにしている。こうして明神の説法を直接に聴聞できるのはまことに忝いことだと、璋円の霊が語ったという。地獄といえば罪あるものが死後に堕ちるところである。極楽とはその反対で、信仰あつきものの往生する彼岸である。そこにはこれ以上に特別の差等が本来あるはずはない。まさに唐・天竺・日本と三国に弘通する仏教の説く普遍的な宗教的真実である。にもかかわらず、そこに特別の差等と依怙贔屓をもちこみ、なんらかの形で特別の結縁をしたものは地獄に堕ちるにしても特別の地獄に堕ち、そこから脱出できるてだても特別に用意されているという。そのような恩恵が、地蔵菩薩の垂迹としての春日明神、その第三殿の天児屋根命の神徳というのである。

おなじく『春日権現験記』巻八の六に、

> 昔、興福寺僧、住持の縁かけ(缺)てあづま(吾妻)の方にすみ(住)わたりけるに、あるとき秋夜耿介として月光清朗なりければ、心をすまして春日の御宝前のありさまを観念してなみだをながしけるに、ゆめうつゝともなく大明神けだかき御すがたにてかげらせ給て、汝は我をはなるれどわれは汝をすてず、我寺にしばしもすむ人になりぬれば貴賤一子のごとくおもふ。後生もまたおなじと仰せられけり。

とある。ここでも春日明神は、いちど興福寺に住んだことのあるものはたとえそこから離れることがあっても、けっして見捨てるようなことはしない、地蔵菩薩のこの世での化現として後生までみとどけるといっている。明神の慈悲とはこのような内容をもつところの、この神の冥加の利徳であり、それが神徳の眼目としてあまねく宣揚されたものであった。

　この種の事態について、かつて柴田實氏は「衆生擁護の神道」と題して論じられ、これが神仏の融和にもとづく和光同塵のはからいであるとされた[1]。それは平安後期以来、荘園領有の発展や武士階級勃興の過程において、とくに顕著となった主従関係間の恩顧忠誠の一体的結合にみられる心的傾向が、神と人とのあいだに投影されたものと説かれている。中世芸能のひとつの狂言では、シテの太郎冠者にはかならずワキに「頼うだ方」が配されている。「頼うだ方」のなかの「頼うだ方」の徳は、神や仏の慈悲であった。春日明神はひざもとに住むことができずに東国に下ったひとりの元興福寺僧に対してさえ、最後まで見捨てることなく後生の善所を約したという。明神の慈悲とはこのような、「頼うだ方」の「頼み甲斐」としてあらわされていた。

　したがって、これは春日明神の徳だけとはかぎらない。柴田氏の指摘されているように、おなじ時期に八幡神の託宣として「人の国よりわが国、ひとの人よりわが人」という言葉がよく知られている。現在も日常会話のなかで使われているとおり、ヒトという言葉は時と場所により、きわめて主観的な意味が付加されている。「ヒトの気も知らない」とか、

「ヒトミシリする」というときのヒトは、客観的名辞としての人間ではない。他人のことをさしている。ヒトはワレの対立概念で、ワレはヒトのなかにふくまれない。必然的にその延長として、神にとってもヒト（他人）の国の人は、わが国の人とおなじにならない。春日明神のばあいとおなじように、ここでも神の加護はみうちを重視する選別的なはたらきを示していた。それだけにまた、神の庇護はありがたく、たのもしくみられていた。

だが、こうした神の恩頼のありようは、封建的な主従関係という当時の社会の基本的な骨格部分と不可分の関係にあるのはまちがいないとして、ことはそれだけにとどまらないように思われる。というのは、先の東国に住むようになった元興福寺僧のもとに春日明神が影向した話は、たんに明神が姿をあらわして後生を約したというだけではない。奈良の御蓋山の、その背後に控える春日奥山のうえに満月が姿をみせ、春日野が月光に白く浮きだされている寂光土は、中世を通じて描かれた春日曼荼羅の基本的な光景である。東国に住んだ元興福寺僧も秋のよく晴れた月明の宵、はるか離れた彼のふるさとというべき御蓋山のふもと、春日権現の社頭のさまを心のなかに描いていたそのときに、明神の影向という奇蹟の体験があらわれた。

天の原　ふりさけみれば　春日なる
　三笠の山に　いでし月かも

の感懐は、阿倍仲麻呂ひとりのことだけでなかった。いちど春日明神に結縁したものはことあるごとにその月明下の社頭の光景を反芻しつづけ、明神の恩頼はそのことと不可分の関係にあった。その状況のもつ実感がヒトごとではないワレ自身の回心の根幹であり、神とワレとの恩頼のきずなになっていた。逆にいうならば、そのような実感に支えられてない信仰は、まことに絵に描いた餅以上にはかないものと感得されていたにちがいない。

景山春樹氏は著書『神道美術』(2)のなかで、中世の神道曼荼羅または垂迹曼荼羅とよばれるもののもっていた機能について、さまざまな角度から論じていられる。それによると、たとえば比叡山の諸堂では諸種の修法や儀式のときにその道場に山王曼荼羅を奉掲し、日吉山王とよばれる一山守護の鎮守神をその場に勧請し、それに対して法楽をなしたあとに道場の本尊である仏菩薩にむかって主眼とする修法や儀式がなされた。このとき道場に掲げられた曼荼羅は、日吉山王の神々の本地仏や菩薩を種子であらわすもの、その像を図絵するものもあるが、いわゆる宮曼荼羅の形をとり、比叡山東麓の小比叡峯（八王子山）と、そのふもとに建てられた山王七社、二十一社のたたずまいを図絵するものもあった。この種の宮曼荼羅を掲げ、その図様を通して日吉大社の社頭のたたずまい、その結界の浄域をまのあたりに思い浮かべることが、その神をその場に勧請するゆえんであったことが知られる。

景山氏が引用されているところであるが、『後鳥羽院宸記』(3) 建保二年（一二一四）四月八日条に、

今日、熊野三御山御宝殿、幷ニ御正体等、之ヲ図絵セシム。御正体ニ於テハ各造リ奉リ、半バ出シテ之ヲ懸ケ奉ル。是レ毎々月十八日ニ祈念シ奉ランガ為ナリ。仍テ今日、之ヲ供養セシム。廻廊以下、悉ク之ヲ模シ、一モ之ニ違ナシ。

とあり、おなじ月の十八日条に、

辰剋沐髪、子ノ二点、熊野礼拝例ノ如シ。新ニ写シ奉ル熊野三御山、御正体、之ヲ礼シ奉ル。

とある。

このとき後鳥羽上皇が図絵させたのは、熊野三山の宮曼荼羅であった。御正体はその本地仏をあらわし、懸仏の形になっていたようである。宮地直一氏の『熊野三山の史的研究』によれば、この院は生涯に通計二十八度の熊野御幸をしている。譲位した年、建久九年（一一九八）を初度として、右の記事の前年の建暦三年（建保元、一二一三）閏九月から十月にかけて二十度目の参詣をはたしている。熊野三山の浄域は細部にわたって十二分に知悉されていたはずである。こうした知識をもとにして、その宮曼荼羅には「廻廊以下、悉ク之ヲ模シ、一モ之ニ違ナシ」というほどの正確さが要求され、それによる臨場感が、

信仰心意をいちだんと高揚させる根拠になっていたことが窺われる。ゆえあって東国に住んでいた元興福寺僧が、秋の月明下に奈良の春日社のたたずまいを心に描いていたときに春日明神の影向があったという先の話も、この宮曼荼羅製作の心意と根拠をおなじくしているといいえよう。

『大乗院寺社雑事記』明応二年（一四九三）十月二十七日条に、

夜前ノ夢想、三笠山之浄土ヲ見ル、山上二宝塔以下殿閣之レ在リ、菩薩、天人之レ在リ、惣テ山之様、心モ詞モ及バズ。

とある。『雑事記』筆者の興福寺大乗院門跡尋尊大僧正の夢想感得の記事である。こうした形で春日山に浄土を観ずることはすでに見たとおり、中世にはひろく知られた信仰であったが、とくに尋尊が夢にみたその浄土は、大和長谷寺の能満院所蔵の「春日来迎図」と符節をあわせたように一致するといわれる。

その図様を景山氏の前掲書の解説にしたがってみると、書面の下半分はいわゆる春日の宮曼荼羅で、御蓋山とそのふもとの春日野に営まれた春日社の浄域が、詳細に描かれている。上半分は五尊の楼閣を中心に寂光浄土の内院を描いている。五尊は中央に釈迦、右上に弥勒、左上に十一面観音、右下に薬師、左下に阿弥陀の仏菩薩を配し、前の宝池では歌舞菩薩が管絃をしている。このうち中央の釈迦如来は春日第一殿の本地、右上の弥勒菩薩は『春日権現験記』で春日第二殿の本地とされており、左上の十一面観音は第四殿の比売神の本地である。そして第三殿の本地の地蔵菩薩は図中央の左寄り、第三殿から立ちのぼる一条の白雲の上に立ち、後に一人の僧形の往生者を従えて、これを浄土に導いている。その往生者は、おそらくは興福寺の僧をあらわすとみられている。

先の『権現験記』の話では、春日野の下に地獄が設けられていたが、この曼荼羅では春日野と御蓋山、その奥山の上空に、浄土があらわされている。先の尋尊大僧正の夢想もこれを示している。この種の曼荼羅を拝するもの、したがって実際に春日野の参道を歩き、明神の社頭にぬかずき、参籠した人たちは、その場に地獄があり、そこに浄土があらわれるから、その間に立つ明神の第三殿とその本地である地蔵菩薩の霊験がとりわけありがたかった。その慈悲を実感をもってその身にうけとめたと思われる。

明神の恩頼とか菩薩の慈悲といっても、それはけっして抽象的、一般的な形で観念されていたのではなかった。春日明神なら春日野と御蓋山、熊野権現ならば三山の地の具体的なたたずまい、月夜の浄域の神々しさとか深緑の森と谷、飛瀑の神秘を通して、それらの具体的な実感によって感得されていた。でなければ、あれほど多くの宮曼荼羅は製作されなかったろう。とくに熊野のばあいなど、宮曼荼羅の礼拝だけでは気がすまず、長途行路の険阻をものともせずに、むしろそれをもって宗教的な試練と甘受しながら、あれほど多くの人の群参はなされなかったろう。霊地、霊場に参詣するのはその宝前にぬかずくよりも、その前にその地のたたずまい全体のなかに自らを投入させ、臨場感とよべるような具体的で実感的な法悦境にひたることが先に立っていた。春日野と御蓋山に化現した地蔵菩薩あるいは春日明神の霊験譚も、その有力な事例のひとつであった。

二

地蔵菩薩の霊験を語るもののなかに、田植地蔵とよばれるものがある。たとえば十二世紀末に成立した説話集である『宝物集』には次のような話がみえる。

比叡山西麓の西坂本に住む老女が五寸ほどの地蔵尊を念持し、いつも供物をささげていた。彼女は二反ほどの田をもって暮らしていたが、その田を耕してくれるはずの作男が仕事をせず、田植もできないありさまであった。老女はその作男をうらみ、年ごろ頼むところの地蔵尊にむかって、「もし人間ならば田植してほしいものを」といった。すると彼女の夢のなかに若い僧があらわれ、「汝、いまだ田を作らざることを悲しむ間、われ作りて与えん」と告げた。目がさめると道ゆく人たちが「昨日まで作らざりし田を、夜のほどに植えられにける不思議さよ」と語りあっていた。いそいで自分の田に行ってみると一夜のうちに植付けがおわり、田のなかにねずみの足跡のようなものがみえた。きっと年ごろ念持する地蔵尊のしわざと気づいて家にもどってみると、はたして尊像の足に泥がついていたという。

こうした霊験譚は泥付地蔵とか土付地蔵の話などともよばれ、さまざまな形で伝えられている。室町時代、十四世紀末につくられた『伯耆国大山寺縁起』には、僧になってあらわれた地蔵菩薩が「牛の鼻を引け」「田を植えよ」「苗を運べ」という三方からの要求を身ひとつで同時にこたえた話がある。その縁起絵は当時の田植風景、田楽を奏するさまなどを描いているので知られるが、十六世紀後期の天正年間の旱魃に田に水を満たして田植した筑後正覚寺の水引地蔵とか、牛の鼻をとって田を耕してくれた鹿児島の鼻取地蔵など、おなじ趣旨の話は各地に伝えられる。地蔵は外に声聞を現じて内に菩薩を秘めるといわれるように、内に菩薩の大誓願を秘めながら外形は僧の姿をとり、庶民のあいだに親しまれてきた。上記の話はその一端を示すものである。

ところが、これらの説話類は文字に書き写され、書物の形になっているものを読むかぎりは、地蔵菩薩の広大無辺な慈悲を一般的な形で説いているという以外にないが、そうなる以前のものは、けっしてそれだけにとどまらない。霊験・縁起の物語となって書物や絵巻物となり、世間に喧伝されるようになる以前の、常民生活の内部にあって語りつがれているものは、ことの内容がはるかに具体的であり、特殊的である。

たとえば京都市の東南、宇治市の北部にあたる炭山は、醍醐寺の奥の院で西国三十三か所の第十一番の札所である上醍醐のふもとの、山間の小盆地の村である。西国巡礼の人たちは十番の三室戸寺から、黄檗、木幡の村をすぎ、長坂峠をこえて炭山に入る。ここから上醍醐の准胝観音を登拝して十二番の岩間寺にむかう。上醍醐は修験の山で女人禁制であったため、以前は女性は炭山の女人堂に参籠して次の札所にむかった。巡礼の姿は第二次大戦直後のころまでみられ、ここは他にくらべて宗教的雰囲気の濃い村であるが、その炭山のうちの上炭山というところに地蔵田とよぶ田があり、そこに田植地蔵の話が伝えられている。

それによると、むかしこの村に親孝行な息子がいたが、ある年、折あしくいちばん忙しい田植の時期に親が病気になり、その看病に手をとられて、仕事がおくれてしまった。日ごろその息子の親孝行ぶりをみていた地蔵さんがそれを哀れにおもい、一夜のうちに田を植えてくれたという。その場所は地蔵田という名で現存し、山からひいた小さな灌漑用水路と道路にはさまれた狭い三角形の田であるのに、所有者の多田家ではこの田をマル田とよんできた。近年、国の減反政策によって休耕地に指定され、耕作放棄されているが、それまでは多田家の手で耕作されてきた。多田家での伝承によると、この田はむかし地蔵さんが田植を手伝ってくれた尊い田であるから、植付けは一日ですませなければならない。

もしも途中でやめて帰ると、その夜のうちに地蔵さんがまた田植をしてしまう。それでは畏れおおいから、この田は植えはじめたらどんなに遅くなっても、その日のうちに植え終えてしまわなければならない。多田家ではこういう老人の言葉を忠実にまもり、休耕田の指定をうける前年まで実行してきた。

地蔵さんが手伝ってくれるとか、くれないという話はひとまずべつにして、田植のとき植えはじめたらその日のうちに植え終えてしまわなければならないという田は、全国に多く例がある。飛驒や佐渡で車田とよんでいるものがそうであるし、中国地方山間部から近畿北部の山間に分布している大田とか花田植の行事のなされる田がそれである。車田というのは家の所有田のうちの特定のもの一か所だけにかぎり、車のような形でまるく放射状に苗を植えるのでその名がある。田植のとき、その田だけ中央に苗三把を植え、この周囲に円周状に植えつける。これは明らかに自分の持田に田の神を迎えて祭るための神座である。大田とか花田植とよぶものも、それをおこなうと定められた田に多くの人手をあつめ、美しく飾った牛を使って代掻きをしたあと、笛や太鼓、鉦と唄ではやしながら、色だすきをかけた早乙女たちが並んでいっせいに植えつける。早乙女の手にする稲苗は田の神のよりしろであり、苗を植えつけること自身が神を迎える作法でもあったから、大田、花田植も田の神を迎え祭る作法としての田植であるのは明らかである。

とすると、一日のうちに植付けをすましてしまわないといけないという田は、田植にあたって田の神を迎える特別の田ということになるし、そのような神事としての田植であるから、この田にかぎって一日で植付けをすましたわけである。宇治市上炭山の地蔵田のばあいも、道路と灌漑用水路にはさまれた小さな三角形の田であるのにマル田とよばれ、むかしは車田のようにまるく円周状に苗を植えたのではないかと思われる。そこは真言宗醍醐派総本山醍醐寺の守護神である清滝権現と、西国十一番の准胝観音を祀る上醍醐の峯を目のまえに仰ぐ位置にある。春の農事開始にあたって山の神を田に迎え、田の神として祀る風はさまざまな民俗となって全国に分布する。この地蔵田も地蔵さんが孝行息子を助けたという話はあとからの付着物で、おそらくそれ以前には田植のときに神を迎えた聖なる田であったということが、そのもとになっているものと考えられる。

時代が下って古い信仰が忘れられ、神迎えを意味したもとの行事が消滅したあと、人々のあいだにこの田は他とちがってわけはわからないが、なにか尊いことのある田だという意識だけが残った。それにもうひとつ、古い神事にまつわる作法の名残りとして、この田は植えはじめたらその日のうちに完了しなければならないという義務感のような禁忌意識だけが残った。この二つのことを説明するには、だれがいいだしたかしれないが、昔、地蔵さんが孝行息子を助けたという話はまことに好都合である。これでこの田を特別に神聖視する意識も、ここだけは一日で田植をすますという慣例も、うまく解釈できる。そしていっぽう、地蔵菩薩に期待されてきた菩薩の慈悲行や、その恩徳讃嘆の念も地蔵田のような実際にそれが発現されたという舞台をもつことで、いちだんと話に現実性を帯びることになった。実感に支えられた説話、伝説として人々のあいだに語りつがれることになった。

民間における地蔵信仰というとき、先にあげた『宝物集』の例にあるような一般的な知識として伝えられた話よりも、上記の地蔵田のようにその村の人がみなよく承知している場所を舞台とし、一日のうちに田植をすまさなければならないといった伝承的行為に支えられた話のほうが、説話としてははるかに本来的な姿をしている。そこには興味本位の知識とはちがう土着者の信仰の、村落生活に根ざした生命力がこめられている。

京都府の南部、相楽《そうらく》郡和束《わつか》町撰原《えりはら》の村はずれにある石地蔵を、撰原の人たちは子安地蔵とよんでいる。その場所は撰原から旧道つたいに東隣りの大字の長井へ行く途中の、小字松ノ尾というところである。この石地蔵の背後の叢地は、小規模であるが数基の後期古墳がみられ、明治末年から大正初年のころまでは、この地蔵さんのうしろのあたりを子墓とよび、七歳にならないうちに死んだ子供を埋葬した。ここは古い時代からの葬地であり、一種の霊地とされてきたことが窺われる。

この石地蔵は石龕の高さが約二メートル、鎌倉時代中期の文永四年（一二六七）に造立したとの銘があり、造立者の名は僧実度（または実慶）と読める。これは奈良盆地東端の奈良市帯解から天理市福住にむかう途中の、七回り峠にある建長年間（一二四九～五五）の石地蔵と同型同大で、石造美術史上も優品とされるものである。七回り峠は奈良から興福寺領の山辺郡都介野《つげの》荘（都祁《つげ》村、現在は奈良市に編入）に行く街道である。和束のほうは木津川の支流である和束川のつくりだした谷と野からなり、古くは南都に木材を供給する和束の杣とよばれた。のちに和束の庄となり、近世には禁裏御領として近隣に羽ぶりをきかせたが、古代末から中世にかけては興福寺の荘園であった。都介野も和束も南都の有力な僧侶たちがしばしば往復したろうし、なかにはこの地に庵室を構えて止住したから、これが機縁となって他の地ではみられないような立派な石地蔵が造立されたのだろう。

それはともかく、和束の撰原の人たちはこの石地蔵を子安地蔵とよび、子育てと子授け、ならびに安産に霊験ありとしてきた。毎年八月二十四日の地蔵盆には、子供のある家では地蔵盆のコロコロ団子とよぶ小さな団子をつくり、重箱につめて持参し、石地蔵にそなえて子供たちの無事成長をいのる。帰るときに団子をたばる（賜わる）といい、先に参詣した人が供えておいた団子のなかから自分が持参してそなえただけの数の団子をおさがりとして頂戴し、家にもどって親類や近所にもおすそわけする。この石地蔵の裏手にあった子墓には、以前は死んだ子を埋葬したしるしに小さな石地蔵がたてられていたが、子供も大人とおなじ墓地に埋めるようになってから、めじるしの石地蔵もそのほうに移され、子安地蔵だけが昔からの村はずれの道にそった場所に残され、もとのままの信仰がつづけられている。

もともと私たちの祖先は、人が死んだときにかならずしも村から遠くはなれた場所に葬るとはかぎっていなかったらしい。距離的にはなれていても生きているものの日常から完全に隔離された場所をわざわざ葬地にするということもなく、反対に家居にちかく、日常の営みとなんらかの形で連続するところに埋葬することが多かったとみてよさそうである。それが時代とともに人々の宗教心があつくなり、仏教のおしえも心にうけとめ、死んだものの魂を遠くあの世に送りとどけようとする考えに重心が移った。それに人口稠密な都市ではじまった作法が一般化し、人の遺体に対する素朴な原始以来の畏怖感を、死の穢れを忌避するというある種の宗教思想的な情念にまで飛躍させ、さまざまな葬送儀礼をいくえにも架上することになった。その結果、いま一般化しているように葬地の選定が、こうした考えの延長線上になされるようになった。集落内での日常の家居から隔離され、絶縁された場所を葬地とするのが常態となった。

だが、この間に子供のばあいだけながく例外的にとりあつかわれ、古い葬法が残留した。子供の身体にやどった「若葉の魂」は大人のそれとちがってこの世の汚れに染まることが少ないため、いったん子供の身体からはなれてあの世にもどったとしても、すぐに別の身体にやどってこの世に生まれてくることができるし、そうあってほしいと願われた。七歳の氏子入りまでに死んだ子は大人たちのように遠く離れたところに送ろうとせず、なるべく近いところに休ませてやり、もういちど生まれかわってくるのにきやすいようにはからってやった。いちばん極端な例では、早産などでこの世の光もみないで、息も吸わずに死んだ赤ん坊は家の床下に埋めたという村もあった。そして一般の墓地は集落と耕地を中心につくられている日常の生活圏から離れた場所につくり、大人たちをそこに埋葬するようになっても、子供たちは村はずれなどとよばれる集落の出入口の、道路にそって道祖神や石地蔵などの祀られているような場所の近くに埋め、村の日常から離れているようで実際は密接に結ばれている場所を子墓とし、子三昧、ワラベ墓などとよんできた。

村ごとに相互に隔絶し、自給自足をむねとする生活をしていた時代に、人々にとってあの世に対するこの世とは、その人が生まれつき、現実に住みついている村里そのものであった。だからまた、その村里から外にむけて一歩ふみだしたところから、見知らぬあの世が奈落のように暗くひろがっているようにも考えられていた。村の出口にあたって道祖神を祀っている場所などは、まさしくこの世とあの世との境目であり、両者のであう「賽（境）の河原」であった。そうしたところに行路の安全を守り、あわせて人の生死を宰領する道祖神が祀られ、やがてその機能を継承しながら、その場所に六道能化の地蔵尊が祀られたのも必然のなりゆきであった。

先の和束町撰原の子安地蔵のそばにも、石灯籠の奥に男女一対の道祖神が四角い石に刻んで祀られている。ここは撰原の人たちにとっては村の境目であるが、同時にこの世とあの世の境目であり、この世に突き出ているあの世の露頭といえる場所である。八月二十四日の地蔵盆に、参詣者たちが持参したのとおなじ数の団子をたばって（賜わって）帰るというのも、村はずれというこの世とあの世の接点から新しい生命を頂いて帰るという古い信仰を象徴する行為とみることができる。したがって、ここでも地蔵菩薩は子安地蔵と名づけられたことで子育てと子授けに霊験があるのではない。村はずれという特定の場所に祀られることで、子安地蔵の名にふさわしい霊験が期待されてきたわけである。

三

われわれの日常におけるハレ（晴）とケ（褻）の交代は、ふつう時間の系列のなかで指摘されている。

人は幸福の絶頂にあるときに神を想い、永遠を考えるというが、ことは不幸のどん底でもおなじだろう。生涯を顧みていちばん長かった日、一日が千秋の思いであったといえる体験は、人それぞれ自身のなかに秘めている。そのように濃縮され、緊迫した時間帯は、民俗にあっては村落や同族団、家族や職業団ごとに定められた聖なる時間、儀式の日として存在してきた。人は生まれてから死ぬまでいくつかのハレの日があり、仲間や親類縁者の祝福をうけながらそれらの聖なる関門を通過する。また、人生行路のうえに設定されている通過儀礼とよばれるもののほか、年間には大小さまざまな祭礼行事が村や家、同族や近隣を単位におこなわれ、春耕秋収という伝来の水稲耕作の手順に基礎をもつ一定のリズムにもとづいて、正月から年末までの年中行事がなされてきた。

だが、こうした時間の系列におけるハレとケ、聖なる時間と俗なる時間の交代のほかに、空間的にも聖と俗のちがいがあり、ハレとケの変化がある。永遠を感得するような濃縮された時間帯があるのとおなじように、そこに立てば全世界に通暁できるような濃縮された空間、そこだけ特別に密度の高い場所も存在してきた。近代に入るにつれてそのような場所は、時間のばあいとおなじように個々人の内面に無限に細分化されてきた。民俗にあってはそのような空間は、村や町における特定の聖所、神聖空間として随所に存在してきた。先の宇治市上炭山の地蔵田などはその例であるし、村はずれの道祖神を祀る場所など聖地のもっとも一般的なものである。

人々はそのような場所に立つと、おのずから平素とはちがう改まった気持になる。祭りの日に祭りの場に行くのは聖なる時間帯に聖なる場所に立つことで、これは通常どこにでもあることである。しかしこれとは反対に、聖なる場所に立つと自然に平素とちがう改まった気持になり、聖なる時間帯に入ることも珍しくない。たとえば先にのべた春日の宮曼荼羅のあらわしているような光景は、この瞬間を示すものといえよう。満月が春日奥山のうえにさしのぼり、御蓋山から春日野一帯が白く月光に照らしだされるとき、明神の影向があって衆生済度と後生善所の奇蹟があらわされると信じられた。これをもっと民俗的な形でいうならば、村はずれのようなこの世におけるあの世との接合点を通りかかると、それが夕暮れどきなどであればよりしばしば、人々は怪異にであい、異常な体験をした。

愛媛県の南部の村々では、この世でのしあわせ薄く、非業の死をとげた幼児の亡霊をノツゴとよんで怖れてきた。これは「野つ子」の名が示すとおり、村はずれの淋しい野道に住み、姿はコウモリに似て赤ん坊のような泣声をたて、通行するものに「草履をくれ」といってねだる。このとき、草履をはいていたら鼻緒をちぎり、ワラジなら緒を通すチ（乳）をちぎって投げてやらないといけないといった。この地方では死んだ子を埋葬するとき、会葬の肉親たちは履いてきたワラジのチ（乳）や草履の鼻緒をちぎり、棺にそえて埋めてやった。そうしないと死んだ子の霊魂は、すぐにも生まれた家にもどって親の身体にまつわりつき、いつまでも離れようとしないからといった。ノツゴに対しても、これとおなじことをしたわけである。

草履の鼻緒をちぎるまじないは、婚姻習俗のなかにもみられる。花嫁が婚家に到着すると、ふたたび実家にもどらないように花嫁のはいてきた草履の鼻緒をちぎって屋根に投げ、下駄なら花嫁に入念に水洗いさせる。あるいは花嫁は最初から履物なしで、足袋はだしのまま馬に乗って輿入れしたところもある。いずれも花嫁の履物は実家からやってきた道筋を知っているので、その魔力にひかれて花嫁が実家にもどってしまわないようにとのまじないである。子供を埋葬するときも、ノツゴにであったときも、おなじ理屈で使えなくした履物を供えたのだろうか。しかし、これだけではまだ十分に説明しきれない部分があるように思われる。

というのは、

〽こうもり　こうもり　草履をやるから　はやくこい

という種類のわらべ唄は全国に分布し、子供たちに歌われた。夏の日の夕方、暮れなずむ空を飛び交うコウモリをめがけ、こうした唄を口ずさみながら草履を投げた子供たちのあそびは、おそらくはコウモリの姿のなかにある種の妖怪をみとめ、それを追い払おうとした古い時代の大人たちの呪術に発するものかもしれない。コウモリの姿をして草履をくれとねだったノツゴの伝承も、これと一連のものとみてよいだろう。

しかも、これのなされた場所は村からはなれた野中の一本道のようではあるが、人里から完全にはなれたところではない。まして子供たちがコウモリをみつけて草履を投げたようなところは、村の辻でなければ村はずれの子供たちのあそび場所であった。いわば村里のターミナルであり、遠い見知らぬ世界にむかう道のはじまっているような、石地蔵や道祖神の祀られているところである。そうした場所にはしばしば外界からやってくる悪霊を威嚇し、退散させるために大きなワラジを掛けることがある。村の入口だけでなく寺院の入口である仁王門にもおなじように大ワラジを掛け、このなかにはこのように大きなワラジをはく男がいるといって、悪霊をおどすのだと説明されている。だが、これはもちろん後世の変化であった。山の神の祭りにワラジを奉納する例のあることからみて、村はずれの樹木にワラジを掛けるのは、ワラジという旅行用の必需品を捧げることで、遠くからやってくる神々を歓迎し、歓待する気持をあらわしたのが本来の趣旨であったという。神を迎える儀礼としての沓掛信仰である。

村はずれの一本道は、それを通って見知らぬ遠い国から尊い神がやってくる。邪悪な霊魂や、おそろしい神霊も訪ねてくる。村ごとに自給自足をむねとし、たがいに隔絶しあった生活をしていた時代には、人々の思念はおのずから主観的なものにならざるをえない。先に日本語の日常的用法ではワレとヒトはしばしば対立概念となり、ワレ（我）はヒト

（人）のなかに含まれないことを指摘したが、村ごとに完結した小宇宙が構成されているかぎり、他者とは定期・不定期に村を訪れるヒトであり、それ以上に外界を客観できる機縁はなかった。ほんとうは島をとりまく海のようにして広い外界が存在しているのに、それが村の辻や村はずれからはじまっている細い一本の道の先にしか想定されないために、広いはずの外界がその一点に凝縮してしか観念されないことになる。必然的にそうした外界は実在から遊離した想念の所産となり、村のなかに住む人たちの重い日常を内面から支える心の原点ともいうべき役割を、そのまま兼ねることになる。

古代文献に伝えられる常世の郷のイメージは、さまざまな貴種流離の物語の説くまぼろしのみやこ、花が咲き、紅葉の水に映えるそのたたずまいにつながっていた。祖霊が住み、死者の赴く先もこれとおなじように、地上性を払拭しきれないまま村はずれの道の先に考えられてきた。そして、村のなかの生活がまずしく、外界から隔絶されているほど外にむけてのあこがれは強かった。外から訪れるものを村はずれで迎える儀礼も手厚いものがあった。やがてそのような時代が終わり、村のなかの生活が少しずつ向上すると、外からやってくるものに対する警戒心のほうがたかまった。村はずれの沓掛の信仰にほんらいの趣旨が忘れられ、邪悪な霊魂を威嚇し、排除する意味が強まったのもそのためである。

とすると、村はずれの野中の一本道でノツゴにワラジをやり、夏の日の夕方、空に飛び交うコウモリに草履を投げ、子墓に埋葬する子供の棺にワラジをそえてやるといったことも、そのもとを辿っていくと古い時代の沓掛信仰にまで遡るのではないかと思われる。村はずれの道にそったところにワラジを捧げて神を迎え、あるいはこれを遠い国に送った信仰には、そこにあらわれる神的なものに対する村の人たちの、複雑な心意がこめられていた。このましいもの、反対に来てはこまるもの、惜別して送り、慰撫して遠くへ放ちやる必要のあるもの、あるいは断固拒否し、忌避し、威嚇して排除するなど、そのときどきで人のこころのはたらきは千差万別である。やってきたものの真意を知ろうとして託宣をもとめ、心すべきことを聞いたうえで祭りを行なおうともした。そのような行為のすべてが村はずれでなされたわけである。そして六道能化の地蔵菩薩もしばしばこのような場所に祀られ、この世とあの世の境目に立って衆生を済度するとされたから、この菩薩に祈られたことの内容も、おのずと多様なものがあったはずである。

古い時代の京都を例にとると、平安時代の御霊会は神泉苑のような水辺だけでなく、早い時期から八坂や北野、紫野、船岡山など平安京を一歩外に出たところでなされている。悪疫流行のもとになるような、この世に怨みを残して死んだ人の霊魂である御霊《ごりょう》は、慰撫して水に流すこともあり、京の郊外に出るようなところで祭って遠い国に送りだした。『本朝世紀』元慶元年（九三八）九月条には京中の大小路衢に木を刻んで男女一対の神像を祭り、幣帛や香花を捧げて岐神といい、御霊とよんだとある。岐神はふなどの神であり、道祖神である。おなじく正暦五年（九九四）五月条には疫癘攘除のために宮中で臨時の仁王会を修するのにあわせ、京内でも辻に高座を設けて仁王経を講ぜしめたとある。京内の大路小路の交わる辻のようなところも、そこから見知らぬ地に旅立ち、遠い国から見知らぬものがやってくるターミナルであった。そこで道祖神や御霊を祭り、疫病防除の法会がなされたのも理由のあることといえよう。

こうした信仰をふまえて平安時代末の『梁塵秘抄』をみると、貴船に詣る道筋に御菩薩池《みどろがいけ》（深泥池）、畑井田（幡枝）があげられ、石清水へは淀から船に乗り、嵯峨の法輪寺に行くには内野、西ノ京、常盤林を通る。比叡山へは下り松、西坂本、雲母谷、清水寺へは五条から六波羅、八坂を通るように歌われ、太秦の広隆寺への途中の木島明神では、巫女が遊女となって道行く人をまねくとある。これらの地点は京の出口にあたるところとして、物詣でに行くにしても疫神を送るにしても都に住む人たちに印象ふかい場所であったろう。そして『源平盛衰記』には、後白河院の近臣西光法師（藤原師光）が山科四宮河原、洛南木幡の里、鳥羽の作り道、西七条、蓮台野、みどろ池、西坂本に地蔵尊を祀った話が伝えられている。

近世以降の京都で六地蔵とよぶものは、東海道の山科四ノ宮（山科区四ノ宮泉水町徳林庵）、奈良街道の六地蔵（伏見区桃山西町大善寺）、大坂街道の鳥羽（南区上鳥羽恋塚町浄禅寺）、山陰街道の桂（西京区下桂春日町光林寺）、周山街道の常盤（右京区太秦馬塚町源光庵）、鞍馬街道の御菩薩池（上京区鞍馬口寺町頭上善寺）である。『源平盛衰記』に伝えられる七か所の地蔵尊は、おそらくこの六地蔵の原形とみてよいだろう。それらはいずれも京都をはなれて諸国、諸地方に向かう出口にあたっており、そこに地蔵菩薩が祀られてけっしてふしぎでない場所柄である。いわゆる七口に囲まれた中世の京の町の外縁は、古代末期に令制都府としての平安京が解体する過程で、説話の主導する信仰世界のなかでその姿をあらわしはじめ、のちに近世社会へとつながってきた。

『今昔物語』によると、平安時代の末ごろ京都祇陀林寺の地蔵講に人々が集まったことが知られる。鎌倉時代にはその南、六波羅蜜寺の地蔵講が盛んとなった。京の町とその周辺には霊験を競う地蔵堂や寺院が数多くあらわれたが、『当道要集』などによると中世以来、京都を中心に諸国を歩いた琵琶法師たちは、鴨川の四条河原や山科の四ノ宮河原で石を積み、村や町のはずれで道祖神を祭る作法でもって彼らの座の神事をしたという。道祖神は地蔵菩薩の姿をとることもあり、明治のころまで各地を巡歴した越後の角兵衛獅子は毎年六月二十日に本拠の越後西蒲原郡月潟村に帰り、一夜、村はずれの地蔵尊を祭ってその前で秘芸をつくし、翌朝はやばやと旅わたらいに出発した。いずれも旅に生きた人たちの共通の信仰にもとづいている。

東北地方などに伝承されていた子供たちの「地蔵あそび」というのは、「かごめかごめ」の遊びとおなじように、子供たちが輪になってそのなかに一人の子を坐らせ、「おのりやれ地蔵さま」とか「南無地蔵大菩薩、おのり申せば、あそばせ給え」などと唱えながら、ぐるぐると周囲をまわる。明らかに神霊の憑依をねがう作法であり、地蔵の尊霊を人間によりつけ、その託宣を聞こうとする大人たちの行事が、子供のあそびになって残ったものとみられている。桜井徳太郎氏の「本邦シャマニズムの変質過程」(4)はこの問題を詳細に追究されているが、それによると大正の末ごろまで、「地蔵つけ」ということが実際に行なわれていた。福島県相馬地方などでは病人がでたり紛失物があると、村の老婆が集まって輪になり、中央によりましになる子供を坐らせて御幣をもたせ、地蔵菩薩の名をよんで神憑りの状態にさせ、病気の理由や紛失物のありかを尋ねた。おそらく民間を歩いた山伏・修験の徒がもたらした巫術のひとつと考えられるが、一般にみられる神霊の憑依ではなく、あの世とこの世の境目に立つ菩薩として地蔵尊をよびだし、憑依させるというところに、かつての地蔵信仰のありようを考えさせるものがある。

六道能化と抜苦の菩薩としての地蔵に対する信仰が、平安時代に浄土教の隆盛と表裏の関係をなして進展したことは、あらためて指摘するまでもない。『文徳実録』によると嘉祥三年（八五〇）五月、新造の地蔵像を清涼殿に安置し、仁明先帝四十九日忌の御斎会が修されている。そこは仁明先帝崩御の殿舎であったが、浄土に往生して如来の迎摂をうけるためにも、地蔵菩薩の引導が願われたわけである。そしてこうした地蔵菩薩に対する信仰は、民間では浄土教の展開過程と並行しながら、山岳修験の僧徒たちによって推進されたらしい。

田中久夫氏の論文「地蔵信仰の伝播者の問題」[5]によると、『今昔物語』巻十七に集中している地蔵信仰に関する説話では、地蔵信仰の布教者とみられるものに蔵満とか蔵海など、地蔵にちなんで蔵の字のついた名のものが多い。彼らはまた、その信仰のゆえに地蔵君とか地蔵聖などのあだ名でよばれた。窮迫した生活をしていたのが地蔵信仰によって富貴になった話もあり、同時にこれらの僧徒が苦行者であり、山岳修験の行者として語られているものが多い。その行場として越の白山（加賀・越前）、越中の立山、伯耆大山などの名がみえる。京都の愛宕山にも伯耆大山から地蔵信仰が移された形跡があるというが、こうして山岳修験の僧徒の手で地蔵信仰が民間に宣伝されたとすると、『扶桑略記』天慶四年（九四一）三月条にみえる「道賢上人冥途記」の記述が思いあわされる。

この「冥途記」は道賢上人日蔵なるものが吉野大峯山中の笙の岩屋で修行中に冥途に赴き、蔵王権現の導きで太政威徳天と名乗って火雷天以下多数の眷属神を従えていた菅原道真の霊にあい、帰りに地獄に堕ちていた醍醐天皇から抜苦のため一万の卒塔婆をたててほしいとの伝言をえたというものである。これは十世紀中葉に大きく飛躍した道真の怨霊をめぐる天神信仰の内容を示すものとして知られるが、道賢こと日蔵が山岳修験中に冥界と往復したという点では、地蔵信仰に関連するものがある。一般にシャーマニズムには憑霊possessionと脱魂tranceの二形態があるが、道賢のように山中の洞窟にこもって断食修行すれば容易に脱魂の状態になり、そこで体験されるものは多く自己の霊魂の冥界めぐりである。そして道賢は冥界で道真の霊に面会し、当時、流行のきざしをみせていた天神信仰を高揚させる重要な一翼を担ったわけであるが、一般に冥界を訪ねて地獄・極楽めぐりをすれば、道賢が蔵王権現の導きをえたように、地蔵菩薩の化導をうけることになる。『今昔物語』にみえる民間での地蔵信仰の布教者が多く山岳修験者らしいということは、これを示しているのではなかろうか。

現在でも民俗信仰のなかには、憑霊や脱魂の手段によって死者の霊のあの世での消息を聞こうとする風はひろく分布している。民間を行脚した地蔵信仰の布教者たちは、山中修験中の自己の特殊体験によってその信ずべき所以を説き、村はずれとか町はずれなど地蔵菩薩を祀るにふさわしい場所で憑霊の行為を実演し、彼の所説の証しとしたのではなかろうか。先の地蔵つけの伝承であるとか、民間での葬送儀礼と死者追善儀礼のなかに地蔵信仰が深くかかわっているのも、こうした人たちの足跡を暗示するものではないかと考えられる。

（1）『中世庶民信仰の研究』（昭和四一年　角川書店刊）
（2）昭和四八年　雄山閣刊
（3）『史料大成』一
（4）『日本歴史』第二六二号　桜井徳太郎著『日本のシャマニズム』下巻　第七章「地蔵信仰とシャマニズム」（昭和五二年　吉川弘文館刊）
（5）『日本民俗学』第八二号

信仰の風土——天川弁才天

一　神妻の形見

天野信景の随筆『塩尻』（巻二）によると、「吉野天の川の弁才天祠」に、白拍子静御前の髪という長さ八尺の髪の毛があったらしい。

静御前は文治元年（一一八五）十月、義経に従って都を投落し、吉野までやってきて女人禁制の結界にはばまれた。泣く泣くここで義経と別れ、蔵《ざ》王権現《おうごんげん》の宝前で法楽の白拍子舞を奉納したあと、ひとり都に戻ったと伝えられ、天川まで足をのばしたことにはなっていない。まして八尺の髪といえば二メートル半に近く、なにか細工しないと、これだけのものはありえない。おなじ話は『塵塚物語』（巻三）にもみえ、天川坪内《つぼのうち》の弁才天では、こういう品を宝物のうちにかぞえ、参詣者にみせていた時代があったらしい。やがて『塩尻』の書かれたころから百年と少したって明治維新があり、神仏分離と廃仏毀釈があって、吉野・熊野の修験道も大きな打撃をうけた。天川坪内の弁才天が市杵島姫《いちきしまひめ》を主神とする天河神社となり、弥山《みせん》山頂のそれが弥山神社になったのは、このときであった。旧幕時代のいかがわしい神宝類も、そのとき整理されたのだろう。

いかがわしいというと、『塩尻』（巻二）は、奈良の興福寺の宝蔵にも光明皇后の髪という長さ一丈余の髪があり、天の川の弁才天祠には静御前の髪のほか、七難という名の女性の陰毛で、長さ五丈もあるものがあり、尾張の熱田神宮にも同類のものがあると記している。三メートルから十五メートルもある毛髪やら陰毛となると、まさに荒唐無稽、化け物、妖怪の類である。ところが、昔はこの種のものが各地の神社仏閣にみられた。天川とならんで弁才天で有名な近江竹生島にも、名もおなじ七難の毛というのがあったらしい。『扶桑略記』治安三年（一〇二三）十月十九日条に、藤原道長が高野山参詣の途中に奈良から飛鳥を巡り、本元興寺（飛鳥寺）の宝蔵で此和子の陰毛というものをみた。まるで蘰《かつら》のように輪状になっていて、その長さはわからないとある。

女性の毛髪、それもむやみに長いものを珍重し、宝物として神社仏閣で保管する風は、古い時代からあったらしい。これと関連するものに髪長姫の伝説がある。昔は髪の長いのが美人の規準になっていて、髪の長い娘がふとしたことで都に住む帝に知られ、迎えられて妃になったという話である。反対に沖縄では、ある日、男が一日の仕事を終えて泉で手足を洗おうとしたら、七、八尺もある髪の毛がひとすじ水面に浮いていた。ふしぎに思って近くに隠れてみていたら、一人の天女が現われて衣服を木の枝にかけ、泉で髪を洗いはじめた。男はその衣服を隠して天女にいいより、妻にして一女二男をもうけたが、やがて天女の妻は隠された衣服をみつけだし、それを着て天に帰ったという羽衣伝説に属する話がある。

髪長姫は女が玉の輿に乗る話であり、沖縄の羽衣伝説は天女が人界に降り、人間と結婚する話である。前者は上昇、後者は下降と方向は正反対であるが、いずれもなみはずれて長い髪というのが、話のたいせつなモチーフになっている。女の髪は大象をもつなぐというが、その女の髪をめぐって帝の妃とか天女という、人界を絶した存在とこの世との交流が語られている。女性の髪に神秘な力をみとめ、髪の毛で象徴される女性の霊的な能力を信ずる古い時代の信仰が、これらの話の背後にあるとみるべきだろう。女の髪がたいせつにされたゆえんである。

女は縁側に出て髪を梳くものではない。庭に落ちた抜毛を鳥が拾い、巣にもち帰ったら気狂いになるといった。女がその命である髪を切って神前に捧げたら、身も心も神に捧げたしるしとされた。こうして神の妻となれば神のよりましとなり、神憑りすることになる。それをみさかいもなく行ない、抜毛を鳥が拾ってとんでもないところに運んだら、邪神がのりうつって気狂いになるわけである。夫が死んだとき、妻が髪を切って夫の棺に納めるのも、神の妻となる行為で夫との二世の契りを表わそうとしたと解してよいだろう。寺院の建立のとき、多くの女性の奉納した髪の毛で綱をつくり、それで用材を曳く例がある。これもおなじ趣旨に発すると思われる。

京都の東本願寺にある毛綱は、明治初年の伽藍再興のおり、諸国の門徒婦人の奉納した髪でつくられたものである。当時の女性はみな髷を結っていたが、髪を切ると髷ができないので、髪を切ったものは手拭いで姉さん被りをして不格好なのを隠した。町でそうした女性の姿を多くみかければ、それだけ一般の募財合力の気運を醸成したという。毛綱は用材を曳いたり棟上げするのに、物理的、工学的に有用であったのではない。門徒たちの信心をつなぐ綱として、はるかに大きな意味をもっていた。人間の髪の毛を太く長く縒りあわせたその姿は、まことにうす気味わるく、グロテスクそのものである。藤原道長が飛鳥寺でみたものは、蘰のごとしと形容されているが、より巨大であるだけに、鳥肌のたつほどの凄まじさがある。明らかにその背後には、女性がその髪を神に捧げることで、身も心も神に委ねた古い時代のデモーニッシュな信仰が、なおも生命を残しているとみるべきであろう。

とすると、天川の弁才天にあったという静御前の髪、七難の陰毛と称するものも、荒唐無稽の品として無視できなくなる。反対に、かつてはこの社にも、他の神社仏閣とおなじように、神や仏に自らを捧げきった女性が住み、神妻としての巫女をめぐる信仰の存在したことが、まわりくどい形ではあるが暗示されている。おそらくりっぱな箱に納められ、たいせつにされていた古い髪の毛のかたまりは、古い信仰が形骸化し、ミイラ化したというにふさわしい姿をしていたろう。けれども、それの生きていた時代がかつてあったはずである。天川坪内の弁才天は、いうまでもなく弥山山頂のそれの里宮であり、天台系の本山派、真言系の当山派の別はあるが、とにかく吉野・熊野の連峰を本拠とする修験道に、明治の神仏分離まで所属してきた。吉野・熊野の修験といえば、女人禁制の結界で知られている。その膝もとにあって、女性に霊的な資質をみとめ、神の妻となって霊能を発揮するという古い信仰の形跡が、たとえかすかであれ存在しているのは、注目すべきことといわねばならない。

二　女人結界の碑

吉野、熊野をむすぶ大峯の連峰は、女人禁制の地として喧伝されてきた。天川村洞川《どろかわ》の龍泉寺の山門前には、昭和三十五年七月十日に女人禁制が解かれるまで、「従是不許入女人」の碑が立っていた。女人とは数え年で十三歳以上の女性をさしている。大峯山上ケ岳の登拝道では、吉野側からは奥の千本、青根ケ峯の愛染の宿の先に「女人結界」の碑があり、洞川のほうでは母公堂におなじ碑が立っている。第二次大戦直後の昭和二十一年の夏、占領軍関係のアメリカ人女性が、〝不当な戒律〟打破のため入山を強行しようとしたが、洞川で修験者や村人たちが人垣をつくって阻止し、キリスト教国にも男性だけの、あるいは女性だけの修道院があるではないか、ここは男性だけの行場であると説得し、断念させた事件があった。以来、講和条約発効のころまで、青根ケ峯の結界石のわきに、「マッカーサー司令部は、伝統に従ってここから先の女人禁制を支持する」との標示がなされていた。

明治の廃仏毀釈の余燼がおさまってから、山上ケ岳の復興に尽力した洞川の龍泉寺は、真言宗醍醐派の当山派修験として、吉野側の天台宗聖護院末の本山派修験の喜蔵院、第二次大戦後に金峯山修験本宗となって独立した東南院と桜本坊、おなじく単立寺院となった竹林院といっしょに、山上ケ岳頂上大峯山寺の護持院となり、多くの修験の講社や地元民の協力のもと、女人禁制を維持してきた。それが経済の高度成長がはじまると、道路の新設と整備や、ハイキングコースの設定など、観光開発は急ピッチとなった。そのうえ、どこの山村もおなじ過疎現象で、山仕事も女性に頼る面が多くなり、聖なる山だから女性を締めだすというわけにいかなくなってきた。「結界」はこのあたりから有名無実化しはじめた。かくて昭和四十五年五月三日、大峯山寺総会は一部山伏の反対を押し切り、結界区域を縮小した。吉野側の青根ケ峯では十六キロ後退して五番関に、洞川側では母公堂から二キロ奥の清浄大橋に移され、他の二カ所と合わせて四カ所に、新たに「女人禁制結界」と表示した山門が建てられることになった。

なかでも吉野側から入った五番関での結界というと、大峯山寺まであとわずかというところまで「結界門」が迫ったことになり、そのわきに女性専用の礼拝所の建設が計画された。近年になってようやく進行しはじめた上記の経過をみても、これまで千余年のあいだこの地に女人禁制の伝統を維持してきたことの重さは、否定できない事実である。中国の唐朝の滅んだあと、五代の最後の王朝である後周（九五一〜九六〇）の時代に書かれた『義楚六帖《ぎそろくじょう》』の巻二十一、「日本国」の条に、

「日本国の都城の南百余里、金峯山あり、頂上に金剛蔵王菩薩あり、第一の霊異なり。山に杉、檜、名花、軟草有り、大小の寺数百、節行高き道者之に居る。曽て女人上るを得たること有らず。今に至りても男子の上らんと欲すれば、三月酒肉欲色を断つ。求むる所、皆遂ぐと云う。菩薩は是れ弥勒の化身なること五台の文殊の如し。」

とある。この地の霊場としての殷賑ぶりと女人禁制のことは、早くから海を渡って中国にまで聞こえていた。日本でいうと平安前期から中期に入るころ、村上天皇の天暦から天徳

の時期、十世紀中ごろのことである。

だが、五来重氏がその著『山の人生』で指摘されているとおり、右の『義楚六帖』の記事はすこし誤解を含んでいる。金峯山の名で奥の大峯まで含め、そこがあげて女人禁制であるかのように書いている。日本でも、古く金《かね》の御嶽《みたけ》、のちに吉野大峯というと、この連山全体をさすことがある。しかし女人結界の意味では、青根ケ峯を主峰とする吉野金峯山《きんぷせん》と、奥につらなる大峯山上ケ岳とは区別されねばならない。女人結界は青根ケ峯の、いまの金峯神社の先、五〇〇メートルのところに設けられてきた。その手前の愛染に古く安禅寺蔵王堂があり、そこを中心として、その手前の水分《みくまり》神社近くの岩倉とか、さらに下っていま蔵王堂のある金峯山寺《きんぷせんじ》のあたり、また、宮滝から象川《きさ》にそって青根ケ峯に向かう喜佐谷の中腹に、『義楚六帖』にあるとおり、多くの僧坊が並んでいた。

金峯山における蔵王権現信仰の根本は、もと安禅寺蔵王堂にあった。のちにそれが山下《さんげ》の金峯山寺蔵王堂と、大峯山上の山上ケ岳蔵王堂とにわかれ、宿坊の多い山下蔵王堂周辺が繁栄をうばった。中世以後は吉野というとこの金峯山寺蔵王堂を中心に考えるようになり、安禅寺のそれは早く滅んでしまった。そのあとは安禅の訛った愛染の名でよばれるだけとなったが、古く蔵王権現の本地とされ、当来導師たる弥勒《みろく》の兜率《とそつ》の内院をかたどるとされ、『義楚六帖』に「大小の寺数百、節行高き道者之に居る」と記された場所は、明らかに安禅寺蔵王堂を中心とするものであった。そのころ、大峯山上の行場は開かれていたろう。だが、そこには多数の僧坊を建てる余地はないし、夏季以外は居住できない。そして安禅寺蔵王堂のあたりまでは、いわゆる金の御嶽の霊場として、古くから女性にも開放されていた。

たとえば平安末の歌謡集である『梁塵秘抄』（巻二）の「四句神歌」のなかに、

金《かね》の御嶽は一天下《いちてんか》、金剛蔵王・釈迦・弥勒、稲荷も八幡《やはた》も木島《このしま》も、人の参らぬ時ぞなき、

金の御嶽は四十九院《ゐ》の地なり、嫗《おうな》は百日千日は見しかど得領《えし》り給はず、俄《にはか》に仏法僧達の二人おはしまして、行なひ現《あら》はかし奉る、

金の御嶽にある巫女の、打つ鼓、打ち上げ打ち下ろし面白や、我等も参らばや、ていとんとうとも響き鳴れ、響き鳴れ、打つ鼓、如何に打てばか此の音の絶えせざるらむ、

などとある。『源氏物語』（夕顔）に、

御嶽精進《みたけそうじ》にやあらむ、南無当来導師とぞ拝むなる。

とあるように、安禅寺蔵王堂を中心とする金の御嶽＝金峯山は、弥勒の住む兜率の四十九院をかたどっていた。そのにぎわいは伏見の稲荷、石清《いわし》水《みず》八幡、木島明神に匹敵していたことが知られ、雑多な参詣者にまじり、巫女たちも活躍していた。嫗《おうな》と自称する年老いた

巫女が、弥勒菩薩の化身である蔵王権現の示現について語り、妙齢の巫女がおもしろく鼓を打つ姿が、その調べを口移しにして描かれている。おなじ蔵王権現の霊場でありながら、女性の参入をみとめるかどうかという点で、前山である金峯山と、奥につらなる大峯とでは、明らかに異質のものがある。

吉野・熊野の山岳霊場というと、吉野大峯とよぶにしても、金の御嶽、金峯山の名で総称するにしても、とにかくこの連峰全体がひとしく結界厳重な行場と考えられやすい。後世に整備された七十五靡《なびき》とよぶ霊地の巡拝を、順峯《じゅんぶ》とよんで熊野本宮からはじめると、七十三番の吉野山をすぎ、紙手《しで》(幣)掛けで入峯中に首にかけていた紙縒《こより》製の輪袈裟を木の枝にかけ、いまの吉野神宮にあたる七十四番の丈六山、吉野川六田《むた》の渡し(柳の渡し)の南、七十五番の柳の宿の行者堂で終わる。逆峯《ぎゃくぶ》はこの反対であるが、どちらも序の部分があり、順峯では熊野本宮、那智山、新宮を巡拝したあと、本宮の東、熊野川を渡った四番目の吹越山で入峯の基礎を授けられ、その試みを経たものが入峯を許されたという。逆峯のほうは金峯山寺の銅の鳥居を「発心門《ほっしんもん》」とよび、ここから本番がはじまる。

大峯山上の蔵王堂に対して金峯山寺のを山下蔵王堂とよぶが、山上ケ岳とその先の、いわゆる奥駈け行場を中心に考えるなら、山下蔵王堂発心門の鳥居から、熊野吹越山までは一貫して等質の行場であるべきである。ただ世間との交渉の多い吉野側では世俗と妥協し、女人禁制の結界は一歩後退して青根ケ峯の、愛染の宿の先に設けてきた。それが近年になってさらに十六キロ後退し、五番関を結界にしたと考えられなくもない。この観点に立つと、先にあげた『義楚六帖』の記事も、金峯山が吉野・熊野の霊場の一環であるならこうあるべきだという姿を描いたものとして、まったくの誤りとはいえなくなる。実際はともかく、たてまえはそうあってほしいという話だけが中国に伝わり、先のような記事になったのかもしれない。

大峯連峰での抖擻《とそう》・奥駈けに最大の価値をみとめ、ここに価値の基準をおく立場からすれば、青根ケ峯の愛染での結界は俗界との妥協の結果であり、両者の力関係によってそこに定まったものといえる。大峯修験とか吉野・熊野修験とよばれるものの立場からは、このようにいえるだろう。しかし、この考えは明らかに歴史的に後次の産物であった。というのは、吉野・熊野の山岳霊場は、最初からひとつにまとまって存在したのではない。はじめ七世紀の末、壬申の乱直前から吉野が、次いで八世紀末、奈良時代末から熊野が霊場として史上に姿を現わした。両者を結ぶ奥駈けルートの出現は、平安時代の九世紀末、十世紀初頭とみられている。

吉野が仏道修行の地として史上にみえるはじめは、壬申の乱に先立つ天武天皇の、吉野潜幸に関する『日本書紀』の記事であるが、熊野と結びつけられる以前の吉野は、青根ケ峯に対する伝来の神奈備信仰のもと、その聖性が思念されていた。農耕に依拠するものの山の神と水の神の信仰に加えて、山間に生活源をもとめるものの採鉱冶金にかかわる金山神の信仰があり、ここから金の御嶽、やがて金峯山の名が現われたとされる。いずれにしても仏教以前の伝来の信仰にもとづいている。したがって、そこには仏教がもたらしたような宗教活動に女性の参加するのを拒む思想、宗教的資質に男女の差を設け、女を穢れたものとする考えはもともと存在しなかった。反対に女には神の妻となって霊界と交流する能力があり、巫女として神を祭る資質があるとする古来の信仰があった。先に指摘したとおり、平安末期にこの地に多くの巫女のいたことを示す『梁塵秘抄』の歌は、さまざまな仏教的粉飾の加わったのちも、古い信仰が依然として濃く残っていたことを物語っている。

修験道は伝来の山岳信仰に仏教が習合し、中国の民族宗教である道教の知識が加味されて成立した。その内部に仏教以前の伝来の信仰が継受され、それを土台に教義の構成されていることは、あらためて説くまでもない。だが、それの宗教としてのたてまえ、表面の論理は、明らかに仏教のそれによっている。なかでも最大のものは仏教的出家主義のもと、女性を修行の障害とみなし、戒律として行場より排除する体制である。敬神と尊仏は清浄を旨とし、女性は穢れた存在であるという思想は、仏教の受容とともに一般化しはじめたが、こうした立場の仏教的山岳修行者は、吉野と熊野では八世紀末、奈良時代後期から次第に数を増した。やがて彼らは、それぞれの地での伝来の神奈備の範囲を越え、より強力な呪験をもとめ、修行の地をいちだんと奥へ拡大していった。

平安初期、九世紀末から十世紀初頭と推定されている奥駈けルートの出現は、こうした努力の結果であった。したがって、そこにつくられた新しい行場の連鎖は、吉野と熊野という古来の霊地のあいだにかけられたブリッジではない。古い神奈備の延長ではあるが、同時にそれとは異質の仏法による修行の場であった。女性の参入を拒否する男性のみの宗教として、新しい神聖王国の出現であり、修験道と修験の場の誕生であった。吉野金峯山の、青根ケ峯の愛染の先の女人結界の碑は、ここから奥にむけてほんとうの修験道の世界がつくられたという標柱である。この碑から手前は修験道建設の土台であり、峯中での修験を支えるたいせつなベースキャンプの役を果たすけれども、自身は最後まで完全に修験化することなく、修験以前の古い神奈備の姿を色濃くとどめてきたということができる。

三　奥駈け道の周辺

奥駈けルートの峰々や谷間に、古い山岳信仰がないというのではない。修験道の霊場である以上、その存在を前提としている。しかし、そこは女人の参入を拒否しているというだけで、独自の宗教世界へ自らを鋭く突出させているのは明らかである。古来の神奈備、仏教と習合して修験道を形成する以前の伝来の山岳信仰は、出家とか出離の思想とは無縁であり、この世での人間の営みにもっと寄り添い、形影相伴う関係にあった。金の御嶽に集まっていたという巫女の姿はもちろん、天川弁才天にあったと伝えるなんとも不可思議な女の髪の毛などが、そのことを象徴している。

弘法大師空海の詩文集として著名な『性霊集』（巻九）に、弘仁七年（八一六）六月十九日の日付で「紀伊国伊都郡高野の峯にして入定の処を請け乞はせらるる表」というのがある。紀州高野山に寺地を賜わるよう嵯峨天皇に願い出た上奏文で、金剛峯寺の建立はここにはじまったが、そのなかに、

空海少年の日、好むで山水を渉覧せしに、吉野より南に行くこと一日にして、更に西に向って去ること両日程、平原の幽地有り、名《なづ》けて高野と曰ふ。計《はかりみ》るに紀伊国、伊都郡の南に当る。

とある。空海が青年時代、吉野の金の御嶽や伊予の石槌山など、名山大山をめぐって抖擻したことは自伝的著述『三教指帰《さんごうしいき》』などから知られる。当時は吉野、熊野を結ぶ奥駈けルートはなかったが、吉野から大峯山上への峰づたいの修行路は開けていたかもしれない。空海の上奏文で吉野より南行一日とあるのがこの修行路をさしているとすると、彼は吉野から一日かけて山上ケ岳より天川村の洞川に向かい、そこから天ノ川の谷を西行し、大塔《おおとう》

村の坂本、野迫川《のせ》村の柞原《ほそはら》、陣ケ峯をへて二日がかりで高野に行ったことになる。

山上ケ岳への道がなかったとすると、金峯山・青根ケ峯から黒滝村の鳥住に出て、中戸から小南峠を越えて洞川に出るか、扇形山、深谷の旧道を通って天川村の川合に出て、坪内から天ノ川の谷を高野に行ったかもしれない。伝説によると、大峯の奥駈け道は修験道の開祖の役小角が開き、一時中絶したあと理源大師聖宝が再興したという。小角はもちろん、聖宝のことも確証はない。聖宝が吉野川に渡船の設けをしたことだけはその伝記に明らかで、彼の生きていたころ、九世紀末から十世紀初頭に奥駈けがはじまったと推定されている。そして、聖宝の弟子の貞崇は、寛平七年（八九五）、鳥住に鳳閣寺を建立したと伝える。この寺は真言系当山派修験特有の恵印灌頂の道場とされ、後世、吉野側が天台系本山派修験の拠点になると、こちらは真言系の本拠となった。天ノ川の谷を通じて高野山に通じる地理的条件から、当然のなりゆきであったと考えられる。

それはともかく、空海の時代には吉野から大峯登拝の道はまだ開けてない公算が高いとすると、彼はたぶん鳥住から天ノ川の谷に出て、高野に向かったのだろう。この道ははるか後世まで、大峯の奥駈けルートのようなきびしい抖擻の道とちがい、ゆるやかではあるが別の意味で、宗教的色合いの濃い巡礼道として生きてきた。近世畿内の村落では、青年は多く若者成りに大峯参りをした。先達につれられて吉野から大峯に登ると、奥駈け道に入らずに天川弁才天から高野山の天狗茶屋、奥ノ院に向かった。明治初年の神仏分離による打撃のあと、明治中期からの大峯修験再興のなかで洞川が大峯登拝口として繁栄しはじめると、天川村で上り客とよばれた人たち、高野山から天川を通り、洞川から大峯に登って吉野に出る人が多くなった。やがて吉野下市・洞川間に新道がつきバスが走るようになると、それを利用して洞川から大峯に登るようになった。明治維新までは、大峯から高野山に行く人が多かったらしい。

天川の旧道ぞいには、広瀬の数珠掛けの柳とか鏡岩をはじめ、これが巡礼道であった時代の跡が残っている。また、野迫川村の柞原にある野川の弁才天は、天川坪内の弁才天の遥拝所という。むかし弘法大師が天川の弁天さんで千日の修行ののち、高野山に帰り、その後は野川の弁天さんから天川の弁天さんを遥拝した。だから、そこを天ノ川の天を省略し、ただの野川というのだといっている。おなじ野迫川村の今井には泣き坂というところがある。むかし弘法大師が高野山にもきれいな水が湧くように、天川の弁天さんに水をもらいに通っていて、弁天さんのたいせつにしていた水晶の玉を盗んで逃げて行った。弁天さんは必死に追いかけ、泣き坂のあたりで追いつきそうになったところ、大師さんは口から霧を吹き、それにまぎれて逃げてしまった。弁天さんは泣き泣き帰ったので、そこを泣き坂とよぶようになった。おかげで高野山ではきれいな水が湧くようになったが、天川の弁天さんはいまでも大師さんをうらみ、社殿は高野山のほうをむいているという。たわいのない民話といえばそれまでであるが、これらもまた、天川から野迫川村の今井や柞原を通り、高野山につづいていた巡礼道のうえに成立した話といえよう。昔、天川の弁才天にあったという静御前の髪の毛などといった品も、おなじような民俗信仰の所産というべきだろう。金峯山にいたという巫女たちもふくめて、それらは女人結界した大峯奥駈け道の、きびしい修験世界には包括されなかったような、その周辺に残留した民俗信仰そのものとして、もっと常民の日常によりそった信仰である。

大峯奥駈けの道は、登山ルートを開設するようにしてできたのではない。すでにのべたとおり、吉野、熊野の神奈備の山々で修行していた人のなかからいちだんと真摯な行者が現われ、さらに厳しい行場をもとめ、めいめいが奥地にむけて手探りで進んだ。こうして自然発生した行場が連繋し、熊野から吉野、吉野から熊野に跨る修験世界が成立した。峯中の行場や霊跡を巡歴する奥駈けの行は、その結果として現われた。峯中の難路を踏破して秘所を巡拝することも、山中抖擻の重要な課題であるが、そのために奥駈けルートができたのではない。古い時代ほどめざす行場に止錫《ししやく》し、長期の籠居に重点がおかれている。道はそれをめぐっておのずと生じたので、登山をしたり通りぬけるための巡礼道とは、発生的に異質のものがある。

大峯山上ケ岳の東南、大普賢岳の東側にある笙《しょう》の岩屋は、七十五靡のうちの六十二番になっているが、もとは旧暦九月九日の重陽の節供から、翌年三月三日の上巳の節供まで、半年間を冬籠りするのが大峯修験の名誉とされた。谷に向かって高さ一五〇メートルほどの大巌壁の、入口の幅が十二メートル、奥行八メートル、入口の中央で高さ四メートルほどの半円形の岩屋のなかで、雪中、孤立して越冬するわけである。平安末の保安四年（一一二三）に天台座主になった平等院僧正行尊は、『撰集抄』（巻八）に収められている歌の詞書によると、大峯修行中、この岩尾に三年籠居したことが知られる。また、行尊は『金葉和歌集』に次のような歌をのこしている。

もろともに哀れと思へ山桜はなよりほかに知る人もなし

これは釈迦ケ岳の西南側、胎蔵界曼荼羅の中台八葉とよばれる深山《じんせん》（神仙）の秘所に、彼が三十五日とどまったときのものと推定されている。これほど山中に孤絶して死に直面する捨身行が、峯中修行のそもそもの姿であった。

笙の岩屋では、天慶四年（九四一）、道賢上人というものがここで修行中に一時気絶し、冥界を往復した話が「道賢上人冥途記」の名で『扶桑略記』にみえる。『法華験記』には、これより早く延喜年中（九〇一～九二三）、叡山西塔の宝幢院陽勝というものが、大峯修行中にこの岩屋に籠居している僧侶にであった話がある。大峯山中の行場に関する古い記録が笙の岩屋に集中していることから、五来重氏は大峯の行場は笙の岩屋から開かれたと推定されている[1]。たしかに、吉野の青根ケ峯から尾根づたいに南下する奥駈け道は、簡単に開けたと思えない。それより吉野川の谷を遡り、伯母ケ峯峠から北山川の谷に出る道は、いわゆる東熊野街道として、古くからそれなりに人の往還はあったろう。それを通れば標高一七八〇メートルの、大峯山系最高の大普賢岳は、もっとも印象深い山である。吉野川上流川上村の柏木や、伯母ケ峯峠を越えた北山川筋の天ケ瀬（上北山村）の人たちにとり、たいせつな神奈備山のはずである。この村の人たちの援助で修験者たちが大普賢岳に登り、笙の岩屋をみつけて行場にした経過は、五来重氏の指摘どおり十分に想像できる。

　どれほど勇猛な山伏、修験者でも、山中で霞だけ吸っているわけにいかない。食糧をはじめなにくれとなく便宜をはかり、道案内もしてくれるような、現地での檀越《だんおつ》というべき人たちの村が、山の麓にあるのは望ましい。のちに完成された峯中奥駈けの行にあっては、団体を組んだ修験者たちは、ときに荷物持の強力を伴って尾根づたいの奥駈け道を通り、山中の霊跡や秘所を巡歴する。そのとき、山中の宿や行場は、それぞれ麓の村の支援と補給をうけた。文化六年（一八〇九）七月の醍醐三宝院門跡高演法親王入峯のときの記録によると、釈迦ケ岳の深山《じんせん》（神仙）の秘所や周辺での行のため、北山川支流の前鬼《ぜんき》川渓谷の奥の前鬼では、そこに住む五鬼の家のうちの鬼熊将監が命をうけ、門跡の同勢二百八十人の飯米として、白米八十石を前年から手配していた。それが日本有数の多雨多湿地帯であるため、前鬼を経て深山などに運ぶ途中で雨や霧にあい、俵が濡れて米にカビが生え、麴のような腐れ米になって困惑した話がある。

釈迦ケ岳や深山の宿、大日岳などでは前鬼の村の補給をうけ、大普賢岳、笙の岩屋は柏木、天ケ瀬に、山上ケ岳は天川村の洞川、弥山《みせん》は弁才天社のある坪内の支持をうける。この体制は奥駈け道の出現する以前、修験者たちがそれぞれの村を基地としてその山に登り、行場を開いたことにはじまると考えられている。弥山《みせん》とは御山《みせん》であり、これが天川の谷、なかでも坪内の人にとっての神奈備の山であったことを示している。山頂の弁才天は坪内のそれの奥ノ院であり、この山と坪内の人の深い結びつきを現わしている。坪内は吉野から南下し、高野に向かう若き日の空海も通った古い道に沿っている。それを通って入ってきた修験者たちが、坪内の人の支持をえて弥山の行場を開いたのが、この山の神を弁才天とし、その麓の里宮を弁才天社にしたそもそものはじまりだろう。

四　門跡入峯と鬼の子孫

近世の奥駈けは順峯が廃絶し、吉野から入る逆峯だけとなった。それも釈迦ケ岳の深山(神仙)から上北山村に属する前鬼に降り、二十九番の前鬼山、二十八番の三重滝の裏行場からはかなり省略し、下北山村の佐田から二十番の怒田、十八番の笠捨山に登り、十津川村の葛川から十番の玉置山を経て熊野に向かった。先にあげた三宝院の高演法親王の文化六年（一八〇九）の入峯は、七月四日に吉野の蔵王堂に入り、鳥住の鳳閣寺や宮滝（川上村）までふくめて諸所を歴拝したのち、十四日、従者のうちから精選した同勢二百五十名（のちの記事では二百八十名）をもって奥駈けに入った。百丁茶屋、洞辻《どろつじ》、油こぼし、鐘掛け岩をすぎて午後七時ごろに山上権現を参拝、夜半十一時ごろ小篠《おざさ》の秘所（宿）に到着、十五、十六両日は山上で護摩の行などですごし、十七日払暁に山を下って洞川の龍泉寺で休憩し、坪内の弁才天社に参詣している。

坪内に到着すると神社の居館で食事、供の山伏にも料理が下された。そのあと拝殿で能があり、「三番叟」「志賀」が演じられ、狂言は「不見不聞」「花見」などであった。門主の座は弁才天の前、高天寺の正先達や家司は左右に並び、御役の山伏はその前に坐った。このあと六十歳あまりの神主が烏帽子狩衣に威儀を正し、湯神楽を奉納した。終わって霊宝の開帳と本殿の開扉があり、後醍醐天皇の守り刀や、平重盛、織田信長奉納の太刀などを見てから、夜更けに洞川にもどり、龍泉寺で一泊した。翌朝ここでも霊宝をみたり林泉をみたあと、行列をととのえて山上ケ岳の小篠の宿にもどり、八月三日に玉置山をすませて熊野本宮に入るまでの奥駈けの行をしている。これは宮門跡一代一度の峯入りとよぶ盛儀で、明治の神仏分離まで聖護院でも行なわれた。

天台宗の聖護院は、おなじ逆峯でも真言宗の三宝院と少し異なり、吉野を出て黒滝村の中戸から、天川村との境の扇形山を越え、深谷を下って天川の川合に着いた。これが八月四日で、一行はつづいて坪内に向かい、夜は弁才天社の護摩堂で大護摩を焚き、本地堂では社僧が経文を、社司が祝詞をあげた。翌日、川合の杉浦家を「聖護院宮御茶屋」として休憩し、洞川から山上ケ岳に登って奥駈けに入った。一行はたいへんな威勢で、川合から坪内に滞在中は川合の北のはずれの大門に下馬札を掲げた。峯入りは、もとは夏五月と秋七月の二度あったが、門跡の入峯は両院とも秋であった。そして、一行が坪内の弁才天を参詣するとき、天川谷の天川郷、三名郷の村々のオトナ衆は、平素は農民であるが麻裃《かみしも》に帯刀で、洞川と川合、坪内の往復の警護役を勤仕した。それにより、堀井右京とか南帯刀といって官名を称するのを許されることもあったらしい。天川の人たちにとっても、雨宮門跡の入峯は一代の盛儀であった。

オトナとは乙名などと書き、村を代表するものの称であるが、天川ではこれを傅御と書き、正月には現在の大字にあたる各村から、オトナ組の代表が坪内の弁才天社に集まり、後南朝の伝承をもつ吉野郡川上村とおなじような御朝拝式を営んできた。傅御とは付添役のことだから、南朝勤仕の故事を踏まえて、いつの時代かにこうした文字を宛てたのだろう。このオトナ組のなかで、中越、川合、沖金は三村位衆傅御《いしゅうおとな》と称し、位衆は湯守《ゆしゅ》とも書いて、南朝諸皇子来往のとき、御所の風呂番をしたといっている。位衆・湯守とはユイ（結い）の衆のことで、漢字で書けば一結衆というのがもとの意味だろう。オトナ連合のことである。もっとも、京都東北郊の八瀬の竈風呂の例があるように、山伏、修験者は洞窟での籠居から蒸風呂による医療と関係深いといわれる。中世の大社寺が山間の荘園に風呂役を課したこともあり、そうした記憶が湯守の文字の背後にあるかもしれない。いずれにしても、位衆傅御は三村のオトナの結合として、中越の水分神社の祭祀や、早く廃絶したが南朝と縁の深い河合寺にも関係して、郷内でその由緒を誇ってきた。

いっぽう、坪内の弁才天社は社家十八、社僧六カ寺あり、社家は明治維新のころ十二家に減じていたが、三村の位衆傅御に対して一位傅御と称した。一位の意味は不明である。この社家たちは仲間内を血衆《けつしゅう》とよんでいる。本来はユイの衆という意味の結衆《けつしゅう》であったはずだが、特別の血筋ということで、血衆と書くようになったのだろう。昔はこの中から交代に社司と社僧を務めたといい、能楽の座もこの人たちである。大峯、弥山の修験に関していえば、彼らは御師《おし》とよばれた大先達であった。トクイ（得意）の旦那にしていた先達たちは、主として関西各地に居住し、寺住みのものと、在家のものとがあった。毎年五月と七月の峯入りには、登拝客を引率してきた先達たちを迎え、小篠の宿など山上の小屋を手配して、登拝の便宜をはかった。上北山村前鬼に住んでいた五鬼の家とおなじような、いわゆる妻帯修験であり、一代限りの行者とちがってその職を世襲した。聖護院・三宝院両門跡の入峯には、峯中の案内にも立ち、五鬼の家とおなじように峯中の食糧や、荷物持の手配もしたらしい。吉野から大峯に登った客は、先記のように洞川に降り、坪内から野川（野迫川村）を経て高野に向かったが、坪内の社家を御師とする登拝客は、聖護院門跡の通った道、吉野から黒滝村の中戸、扇形山、深谷を通り、川合から坪内に着き、ここから大峯、弥山に登ったようである。

坪内の社家たちは、トクイにしている先達のいるところを旦那場とよび、そこへ出向いて祈禱の札を配り、初穂を集めることもした。そのとき小さな桶を持参し、フクオケとよんだ。もらった家では正月に米や銭を入れ、鏡餅をのせて飾った。一種の縁起物である。祈禱の札は大和郡山の柳沢、高取の植村、柳生や紀州、松江の殿さまにも配ったという。こうした旦那場の権益は、一種の財産として世襲され、山上の小屋の権利とともに売買譲渡されることもあったが、明治の変革は、これらの旧秩序をすべて解体した。世俗的にも宗教的にも権威のシンボルであった三宝院・聖護院両宮門跡は復飾し、入峯のことはなくなった。のちに民間出身の僧が門跡を称して入峯は再興されたが、洞川や吉野から登拝して坪内にたち寄らなくなった。神仏分離で山上の仏教色は排除され、修験と修験の寺の組織が崩れて登拝者が激減した。坪内の弁才天社でも廃仏がなされ、市杵島姫を祀る天河神社となった。弥山頂上も聖宝の宿が廃され、弥山神社だけとなった。弥山とともに坪内の支配下で、大峯山上の奥ノ院とよばれる小篠の宿も、おなじ運命となった。この荒廃をくぐったのち、明治中期以後、大峯山上と小篠の宿を中心に修験道の再興がはじまったとき、いちばん尽力したのは洞川の龍泉寺と、洞川の人たちであった。吉野と洞川を拠点に大峯修験が再生し、弥山と坪内はその圏外に出ることとなった。

現在の天川谷、とくに坪内あたりには、明治以前の修験道とのかかわりを示すものはほとんど消滅している。明治以後、洞川だけが登拝の拠点になって繁栄をとりもどしてから、のぼり客とよんで高野山から天ノ川の谷を洞川に向かう登拝客の多い時代があった。当時は塩野、広瀬、山西、和田、坪内に各一軒、中越に二軒の宿屋があってにぎわったが、それも四、五十年前までで、いまはすべて下市からバスで洞川に直行している。現在では、坪内の社家に鬼の子孫という伝承の残っていることだけが、古い信仰の最後の名残りといえそうである。

天明七年(一七八七)七月、幕府に提出した書上げのなかに、天川社家十六戸、外に特殊神裔二家と合わせて十八戸とあるという。特殊神裔とはなにかわからないが、現在、社家のなかで井頭氏と交代で宮司に任ずる柿坂氏では、大峯修験開祖の役小角に仕えた五鬼のうち、前鬼鬼童の子孫と伝えている。釈迦ケ岳、深山（神仙）の宿などでの練行を支援してきた上北山村前鬼の、前鬼山金林寺での五鬼熊《くま》（不動坊）、五鬼童（行者坊）、五鬼上《じよう》（中之坊）、五鬼継《つぐ》（森本坊）、五鬼助《すけ》（小仲坊）の家と、おなじ伝承である。役小角の供には前鬼と後鬼があり、前鬼が上北山村前鬼、後鬼が天川村の洞川を開いたというが、前鬼を後鬼と関係なしに善鬼というところもあり、柳田国男も『山人考』で、五鬼の家を前鬼というのが古い形といっている(2)。

それはともかく、坪内の柿坂家では鬼の子孫ということから、節分の晩に鬼が泊りにくるという。その夜は一番座敷に夜具を一人分用意し、枕もとに握り飯を鉢に盛り、箸とお茶をそえ、べつに手桶に水を張り、傍に置いた。用意がすむと弁才天社に行き、社頭で「福は内、鬼は内」と唱えて豆をまく。家にもどり、おなじ唱えごとをして家中で豆まきをし、便所を最後にする。翌朝になって座敷の手桶をみると、鬼が手を洗ったのか足を洗ったのか、底に砂が沈んでいる。ふとんにもだれか寝たあとがあり、子供は鬼がきたといっておどされた。秋田のナマハゲは、小正月の晩、村の青年が鬼の面をかぶって家々を訪ねるが、それとよく似ている。

節分に鬼が泊りにくるのも、例がないことはない。兵庫県北部、城崎郡香住町の旧家の前田家は、節分の晩に「鬼迎え」といって奥座敷の床の間に「鬼の膳」をそなえ、「鬼の寝床」を敷いて一晩泊める。前田家の本家は修験の家筋の小野木氏で、同町三川の蔵王権現の祭りには、前鬼・後鬼に扮して行列に供奉するという。(3)ことの趣旨はまったくおなじである。奥座敷にふとんを敷いて鬼を迎えるというと、祭主が寝所に忌みごもりして神霊を迎えた古い神祭の作法、真床覆衾《まどこおふすま》とよばれるものを思わせる。いっぽう、敷いたふとんの枕もとに握り飯と水を供えるというと、人が亡くなったときの通夜の作法も連想される。ひろく民俗信仰のなかでは、あの世から尊い神や祖先の霊を迎えるときと、この世から死者の霊をあの世に送るときと、儀式の基本は相互に類似している。節分の晩にくる鬼とは、本来は盆とならんで大切な祭りの日である正月に、子孫の家を訪れた祖先の霊であったと考えられる。

坪内の柿坂家で、節分の晩に弁才天の社頭で豆まきし、それから家で豆をまくのは、新しい年を迎える日の夜、弥山という神奈備山と、その里宮を通して祖先の霊を迎えた古い信仰の名残りである。だから、鬼は「鬼は内」とよんで迎え入れる必要があるわけである。名山大山とよばれるところは、どこでもその山麓には、こうして大昔からその山の神を祖神として祀る氏族が住んできた。すでにのべたとおり、奈良・平安の昔、伝来の山岳信仰に依拠しながら仏法による出離の道をもとめた修験者たちが、名山大山の麓に住む人たちの協力をえて、その神奈備山にわけ入ったとき、彼ら山岳抖擻家たちは、山麓土着の人からみれば、遠い国からやってきた、尊い宗教的なまれ人であった。その手で諸仏菩薩が神奈備山に化現すれば、それは必然的に山麓土着の人たちをも摂取し、彼らがその神奈備山を背景に、伝統的に身につけてきた宗教性を、いちだんと鋭くしたと考えられる。

鬼の子孫といい、五鬼を称する家筋は、諸国の山岳霊場周辺に分布している。柳田国男の『鬼の子孫』にくわしいが(4)、それによると京都の東北郊、比叡山西南麓にあたる八瀬の村も、鬼の子孫として知られている。伝承によると、むかし天台座主が、法華八講や法華懺法のために比叡山に登るとき、北野天満宮に寺務が発向するとき、山内の大会に勅使の参向するときなど、八瀬の村から駕輿丁《かよちょう》が出て、奉仕したという。天川の人たちが、聖護院、三宝院の宮門跡入峯にあたり、行列の供奉、警護、峯中案内を勤仕して一代の面目としてきたのと、おなじような役目である。こうした慣例の成立するまでには、霊山の麓に住む人たちが、かつてやんごとない宗教的賓客を迎え、彼らの神奈備山に入るのを支援した古い歴史が、奥深く潜んでいるといえるだろう。役小角が前鬼や後鬼、五鬼とよぶ供をつれて大峯を開いたという伝承自身、山の民の支援のもとに山での練行がはじまったという修験道の重層構造をよく示している。

鬼の子孫とは、霊山を背をする土着の民である。彼らはすぐれた修験者を迎えて神奈備の山に案内し、その行を援けるうち、彼ら自身のなかからも、修験の案内者、先達として、それなりにある種の宗教性を身につけるものが現われた。彼らは山中の純粋の行者とちがい、俗界で妻子を養い、世俗の業を営む妻帯修験として登拝者の手引きをし、御師とよばれて山岳信仰を組織してきた。天川の人たちも坪内の社家を中心に、俗界にありながら大峯、弥山の霊界につながり、その橋わたしということで、峯中修験の支柱であった。鬼の子孫とは、こうして俗にありながら山の神秘を身に備えるものの称といえよう。

五　弁才天の由来

明治の神仏分離で弥山山頂の弁才天は弥山神社に、山麓坪内のは天河神社となった。古く天河社は、天ノ川が熊野川の上流の十津川になることから、吉野熊野の中尊、吉野熊野宮とよばれ、天河坐《てんかわにます》宗像天女《むなかたてんにょ》社、天河弁財天女社などといった。社僧の居所としては琵琶山白飯寺内、妙音院、地福院、上地福院、理勝院、御所坊来迎院などがあったという。

弁才天は妙音天、妙音楽天などとよび、音楽の神、弁舌才智の神であったが、のちには福神になり、財宝の神として弁財天と書かれるようになった。本来は水の神で、せせらぎの音から音楽の神、転じて弁舌の神になったという。もとは古代インドの神で、仏教に付随して日本に伝わり、僧侶のあいだで信じられていたのが、のちに諸国の神社で祀られ、伝来の神と習合した。その最初は近江の竹生島であったらしい。この島の神は浅井姫とよばれるが、これを弁才天と明記した最初の文献は『江談抄』という。平安末、十二世紀初頭に大江匡房の談話を筆録した書物であるから、その前後にはじまったとみてよい。『最勝王経』では、弁才天は山巌深険の所、坎窟《かんくつ》、河辺に住すとあり、竹生島はそのような場で比叡山にも近く、僧侶たちによって弁才天の居所といいだされたのだろう。やがて平安時代最末期から、平家の尊信を通じて安芸宮島・厳島明神の名が世に知れると、竹生島に似る海中の島ということから、ここにも弁才天を祀るという信仰が現われた。そして十四世紀のはじめ、鎌倉末から南北朝にかけて成立した『渓嵐拾葉集』のうち、巻三十七の「弁財天縁起」は文保二年（一三一八）の筆録というが、そこには吉野天川は地蔵弁天で日本第一の弁財天、第二の厳島は妙音弁財天、第三の竹生島は観音弁財天と記されている。これより前、戒律復興を志した西大寺中興の興正菩薩叡尊は、壮年のころ、嘉禎三年（一二三七）正月、天川弁天宮に参詣し、大峯を抖擻して釈迦ケ岳にいたり、興正水とよぶ清泉を湧出させたと伝える。鎌倉時代の後期には、弥山の神を弁才天とする信仰が、一般化していたのではないかと思われる。

三弁天のうち、いちばん遅れて現われたとみられる吉野天川、弥山のそれを第一とすることについて、『渓嵐拾葉集』には次のような口伝がみえる。弁才天は深く禅定に入っているということで大海の底にいるが、仏果を表わすという点で高山の頂上にいるという。

水辺、海中の神であるものを高山の山頂で祀ることの理由づけであるし、仏果の高さを示すということで、弥山の弁才天を第一にしたのだろうか。中世に、吉野大峯の修験と関係の深かった南都、なかでも興福寺関係の僧侶たちがいいだしたことかもしれない。いずれにしても『渓嵐拾葉集』は、上記の三弁才天の記事につづけて、相模の江ノ島、摂津の箕面、肥前の背振山をあげ、合計して六所弁財天とよんでいる。島の弁財（才）天と名山の弁財（才）天と、三つずつ、ちょうど半々になっている。この時期にこうした形で弁才天を祀ることが一般化したのだろう。

修験道では、弁才天は龍神のあらわれとしてきた。念珠を手中におき、弁才天の真言オントドマニを唱えることは、手中の念珠を白蛇とみなし、弁才天の本体と観ずることという。つづいて八葉の印を結び、八大龍王が財宝を雨降らすことを象徴さすという。平清盛の甥にあたる但馬守経正が、竹生島に渡って神前で琵琶の秘曲を弾じたところ、天女がこれを納受し、社壇の上から白狐が現われ、庭上に進んで経正の方を守りつづけたという話が『源平盛衰記』にみえる。別本には明神が感応し、経正の袖の上に白龍を現じたとある。『太平記』には相州江ノ島弁天の本体は大蛇で、北条時政が参籠したとき示現があり、大蛇になって海中に入ったあと、鱗が三片残されていたので、それにちなんで北条氏三ツ鱗の紋所がはじまったという話がある。

弁舌才智の神としての弁才天から、財宝の神、福神としての弁財天に転化する過程で、この神は豊饒を約束する保食神《うけもちのかみ》、御食津神《みけつかみ》としての宇賀神《うがのかみ》、宇賀御魂神《うがのみたまのかみ》と習合した。明治の神仏分離で仏教色を払拭したあと、諸国の弁天社の祭神としていちばん多いのが宇賀御魂神であり、その次が市杵島姫命である。そのため、弁財（才）天は水神としての前身も反映し、上記のように水中の龍女蛇体の神として表わされるいっぽう、宇賀御魂神がおなじ豊饒の神である稲荷神としても現われるため、弁財（才）天も稲荷神にならって白狐を神使とし、富貴豊饒をつかさどる三狐専女神《みけつとうめのかみ》の形をとると信じられた。それは「天川曼荼羅」にも明らかで、先の但馬守経正の琵琶弾奏の話にも暗示されている。しかも弁財（才）天は農耕に縁の深い水の神であり、天女とよぶ女神であることから、日本古来の山の神と習合する要素を最初から有していた。弁財（才）天が高山にあって仏果の高さを表わすというのは、この神が山の神と習合した結果、新たに考えだされた教説といえよう。

奈良時代に『柘枝《しゃし》伝《でん》』という名の伝説を記した書物があった。早く散逸したが、『万葉集』巻三の「仙柘枝歌《やまひとつみのえのうた》」とか、『懐風藻』の藤原史（不比等）の詩、『続日本後紀』嘉祥三年（八五〇）三月二十六日条の興福寺僧の長歌などによると、柘枝仙媛《つみのえのやまひめ》とよぶ吉野山の精が、柘《つみ》（山桑）の枝に化して吉野川を流れ下り、川辺に住む味稲《うましね》という男と結ばれ、やがて仙界に帰ったという話らしい。泉に浮かんだ髪の毛によって天女がこの世の男と結ばれたという、最初に紹介した沖縄の伝説に似ている。女人禁制の霊場である吉野の奥山にも、古くは水と縁の深い聖なる女性がいると信じられていたことを示す物語といえよう。

おなじような信仰は、女人結界の比叡山にもあったらしい。柳田国男氏はその著『妹の力』のなかで、『近江輿地誌略』に引用されているとして、次の話を紹介している。[5] それによると醍醐天皇の延長四年（九二六）五月十六日の夜、比叡山東塔の戒壇院の上空から、美しく飾った車が大講堂の前庭に降りてきた。牛が曳く様子もなく、飛ぶようであった。中をのぞくと一人の貴女が乗っており、容貌優美、麗質端厳であった。そこでこの山は伝教大師の結界以来、女人の登拝を許さないのにどうしてきたのかと尋ねたら、「吾は是れ、女人と雖も凡女に非ず、聖女也」と答えたという。これもまた、古い信仰の名残りだろう。加賀白山の神は菊理姫とよばれ、富士浅間の神は木花咲耶姫という。仏教以前の伝来の信仰では、山の神は水源神であり、水の神として農事にかかわるが、多くそれは女神と考えられていたらしい。とすると、弥山山頂に祀られている弁才天も、その本源はここまで遡るだろう。そして、山の神を女とみるのは神を祭る巫女の姿が神の姿に投影された結果とするなら、昔、天河弁才天社にあったと伝える静御前の髪の毛なるものは、古く弥山の神に仕え、その神の姿をこの世に現わした巫女たちの、最後にのこした置土産といえるかもしれない。

(1)『山の人生』二一七〜八頁
(2)『定本柳田国男集』第四巻　一七八頁
(3)五来重「仏教と民俗」
(4)『定本柳田国男集』第九巻
(5)同右　一四三頁

Ⅲ

奈良仏教の展開

天皇と神の間

救世主としての教祖

民間仏教を開発した空也

写真・女人結界の碑と母公堂―天川村洞川大峯山

奈良仏教の展開

一　奈良仏教の開幕

六国史の一つとして奈良時代の根本資料である『続日本紀』は、文武天皇即位前紀に筆を起こし、持統天皇十一年（六九七）にあたる文武天皇元年八月一日の受禅即位から記述をはじめている。これは元明天皇和銅三年（七一〇）の平城遷都より遡る十三年のことであるが、この『続紀』の巻頭の文武朝の記事をみると、文武天皇即位の翌年（六九八）十月条には「薬師寺の構作略〻了るを以て、衆僧に詔して其の寺に住せしむ」とあり、その翌年、文武天皇三年（六九九）五月条には有名な役小角の伊豆嶋配流のことがみられ、さらに同四年三月条には、わが国における火葬のはじめとされる道照（昭）和尚示寂の記事がある。

火葬は仏教に附随してわが国にもたらされた新しい葬法であり、考古学の研究によれば早く仏教受容当初に近いころと思われる火葬人骨の存在も説かれているが、この『続紀』の記事は文献上の初見として注目されている。そして『続紀』は、これとともに道昭が孝徳天皇白雉四年（六五三）遣唐使に随って入唐して有名な玄奘三蔵の教えをうけ、帰国ののち元興寺の東南隅に禅院を建てて住み、天下を周遊して路傍に井を穿ち、諸の津済の所に船を儲け、橋を造るなどの社会慈善の事業をなしたという略伝をのせている。これらのことは、これにつづく奈良時代の仏教について考えるとき、みのがすことのできない問題を孕んでおり、いわば奈良仏教の開幕を告げるものということができる。

薬師寺の完成　すなわち、最初に記した薬師寺の建立経過については、有名な「薬師寺東塔擦銘」がこれを伝えている。銘文によれば、この寺は天武天皇即位八年（『書紀』の紀年では天武九年にあたる。六八〇年）中宮不予による天皇の発願にかかわり、「鋪金未だ遂げずして龍駕騰仙」するや、「太上天皇（持統）前緒に遵ひ」文武天皇二年（六九八）に完成した。とくに持統天皇は在位十一年（六九七）の七月二十九日、完成の日の近い薬師寺で公卿百僚参列のもとに本尊薬師如来の開眼供養をおこない、その直後の八月一日、嫡孫、軽皇子に譲位して自ら太上天皇となり、若い文武天皇の後見をすることになった。かような経過をみるならば、薬師寺の造営は天武天皇以来の律令国家完成の事業と密着しており、その落成は完成された律令国家の護持と繁栄を祈った奈良仏教の開幕を告げるものといえよう。

役小角配流事件　またその翌年、文武天皇三年（六九九）の役小角配流の事件は、さらに意義深いものがある。『続紀』同年五月二十四日条には「役君小角を伊豆嶋に流す、初め小角は葛木山に住し、呪術を以て称せらる、外従五位下韓国連広足師となす、後、其の能を害し、讒するに妖惑を以てし、故に遠處に配す」とある。広足は天平四年（七三四）典薬頭となっているが、『藤氏家伝』の「武智麻呂伝」によれば彼は神亀の頃（七二四～七二九）呪禁師としてその名が称されていたことが知られ、『僧尼令集解』の古記には辛（韓）国連が道士の法を行なう旨を記しているから、そうした彼が師事したという小角は、おそらくは伝来の葛城山信仰を踏まえてその山の一言主《ひとことぬし》神を奉ずる呪術者であったろう。

かような人物である小角が讒言によるとはいえ、「百姓を妖惑」したとして遠流に処せられたのであるが、これと関連して考えあわされるのは、養老元年（七一七）四月、僧尼の行業、とくに行基とその随従者の行為に対してきびしい禁圧を加えた詔である。これについては後に詳しくふれるけれど、その詔は「凡そ僧尼は寺家に寂居して教を受け、道を伝ふ」以下の僧尼令の条文をあげ、行基の民間布教を「百姓を妖惑」するものとして禁じている（『続紀』）。この「百姓妖惑」とは、和歌森太郎氏が説かれているように、僧尼令に僧尼が「上玄象を観て災祥を仮説し、語国家に及びて百姓を妖惑する」を禁じている条項に当たっている。そして「語国家に及ぶ」について『僧尼令集解』に「乗輿を指斥するごとし（天皇の乗輿を指さすような不臣の行為）」との釈があることから、この条項は天文気象の変化にもとづいて災祥を予言し、それを天皇の徳治の実如何と結びつけて説き、その結果、百姓を妖惑すると解すべきであろう。

したがって行基の場合はもとより、小角もまたそうした意味で百姓を妖惑するとみなされたと解すべきであるから、文武天皇三年（六九九）の小角の事件は、養老元年（七一七）の行基の事件の先蹤とみることができよう。もとより小角は僧侶ではなかったけれど、彼が呪術を以て称されたという以上は、民間に大きな影響力をもつ宗教者であったろう。そしてその影響力のゆえに、それが百姓を妖惑するとみなされたのであった。律令政府は薬師寺造営の過程でみたように、官寺仏教に対しては、それが国家を擁護するものとして厚い信仰を寄せ、保護を加えたが、一方では民間の宗教運動、乃至は仏教の民間に及ぼす影響については当初からきわめて神経質であった。このことは、後にのべるように僧尼令の条項からも充分に窺うことができる。

奈良仏教の二つの潮流　しかも、文武天皇四年（七〇〇）に入寂した道昭の伝から知られるとおり、仏教はひとたび受容された以上は、いわゆる官寺仏教として中央の貴族層の信仰を集めるだけにとどまるはずはない。仏の教えに忠実であればあるほど、あまねく衆生を法恩に浴させようとする願望をとどめることはできない。天下を周遊して社会厚生の事業をなした道昭の行為はまさしくその現われであり、それはまた、後の行基の事蹟の先蹤をなすといえよう。そして、かような道昭の民間行脚がすでに文武天皇即位以前になされたとするならば、奈良時代、行基の民間行脚を契機として急速に進展した仏教の民間普及の問題も、奈良時代に入る以前からすでに胚胎していたといいうる。官寺仏教の確立と展開、そして仏教の民間普及の問題は、奈良時代の仏教のもつ二つの側面であるが、これはすでに奈良時代に入るまでに大きな潮流として用意されていたのであり、『続日本紀』巻頭にみられる薬師寺の完成、役小角の事件、そして道昭の事蹟に関する記事は、まさしくこのことを物語っているといえよう。

二　奈良仏教の基本的性格

奈良時代、律令制下の正統仏教は学解学派の仏教とよばれ、天皇を頂点とする律令貴族たちの支持のもと、律令政府によって手厚く荘厳された官寺という限られた場所に住む僧侶たちによってのみ担われるものであった。そして彼ら官寺の僧侶たちに期待された社会的機能は、彼らの学問修行の深密さのうちに獲得された呪験力であり、因明や法相の巨匠たちの護国三部経や般若系大乗経典の読誦講説によって、五穀の豊饒と国家の安寧が招来されると信じられていた。律令制下の官寺仏教と通称される奈良時代の正統仏教は、一般的にはかようなものであったと要約されている。

奈良仏教の古代アジア的性格　堀一郎氏が詳細に説かれているところであるが、もともと天竺、震旦、日本と三国に弘通し、成長した仏教は、教義の展開において「教相判釈」とよばれる特有の思惟方式をもち、宗教的実践あるいはそれにもとづく教理や儀礼の構成と整備において、いわゆる「本地垂迹」の論理を有し、広くアジア世界の生みだした宗教としての特質をもっとも大きく具有している。すなわち本地垂迹説の発達と転用、とくにわが国における場合などはいうまでもないが、三国を通じてしばしばなされた教相判釈にしても、たとえば法相の三時の教判、華厳の五教十宗以下、いずれもそれらは判者自身の教学にもとづく一代仏教の組織化であり、同時にそれが彼らの創始した宗派教団の基礎となったものであることを考えるならば、これこそ仏教のなかに典型的に結実したアジア世界の構成力の論理的な表現といえよう。

仏教はその成立当初からインド固有の原始宗教に出発したバラモン教と無関係ではなかったし、インドから中央アジアを経て次第に東方への道を流伝した仏教は、その間に幾多の諸民族・諸種族の相互に異質の文化・習俗を自らのうちに包摂し、そのなかで教団の分化と展開、教理・儀礼の整備洗練がなされた。それゆえ早くから釈迦という一人の聖者の自内証に発した原始の教説からははるかに飛躍し、そうした歴史的制約からはなれて全アジア的な信仰と文化の習合体として自らを成長させた。教相判釈に示される特有の思惟方式にしても本地垂迹の論理にしても、それらはたとえ、より低次の教説であれ、より低度の信仰文化に対しても、つねにそれらをあるがままの姿においてその意義と価値をみとめ、そのまま自己の体系のなかに統摂組織し位置づけようとするものである。

中世ヨーロッパのキリスト教世界にあっては、古き神々はつねにキリスト者の奉ずる唯一神と三位一体の信仰によって破砕さるべきものであった。たとえばゲルマン諸族固有の信仰習俗を踏まえないでは、キリスト教といえどもその世界を全ヨーロッパに構築しえなかったろう。けれども、その結果は古ゲルマンの信仰は習俗として残留するにとどまり、それ自身の宗教としての生命は早く枯死せしめられている。これをバラモン教や道教、あるいは日本の神祇信仰と仏教との並存、乃至は融合といった事実と対比するならば、両者の差違はきわめて明瞭といわねばならない。はげしい闘争を通じて他者を圧倒するなかでのみ自らの信仰と思想の純粋性をたかめうるという観点からみるならば、弱点も多く指摘されようけれど、ヨーロッパのキリスト教世界と対比するとき、われわれは仏教のもつ豊かな構成力と、それによって構築された高い宗教性と思想性を、アジア世界のものとして評価しうるであろう。

そして天皇を頂点とする律令貴族たちのつくりあげた国家は、小なりといえども律令の完備する古代アジア世界の一環につながる古代帝国の一つであった。そこにあっては、前代以来の氏族の生活秩序は完全に解体することなく、逆にその温存がはかられ、そうしたものの全国的な一元的統摂のうえに律令体制とよばれ、古代天皇制とよばれる中央集権貴族官僚国家が構築されたのであった。これに対し、上記のごとくアジア世界の宗教として成長してきた仏教は、それゆえに他の一神教的宗教のありかたとは本質的に類を異にし、その具有する多神教的な、あるいは汎神教的な性格のもと、あらゆる事態に対応しうる神格と礼拝の儀軌を具え、それを仏の法のもと一つのものに統摂組織する教理を幾段にも樹立しており、まさしくアジア的な古代国家の宗教たるにふさわしい特質を具えていた。

律令体制のもとにあって、伝来の氏族生活の秩序は地縁的な共同関係を内包しつつ温存されていたから、原始以来の素朴な宗教意識と呪術信仰は、そのまま残留せしめられていた。人々にはその生まれた部曲、部曲の所属する氏族にとって本然に与えられた信仰対象が厳存し、生涯をかけて奉仕し帰依する神と人との関係は、生まれながらにして決定していた。神と神に対する信仰は、神と人の属する集団との間の特殊な血縁や職能縁のうえに築かれていた。しかもこうした関係の存立する一方、統一国家の完成されること自身、それが本来依拠する伝来の氏族生活の解体しはじめていることを意味し、そこには個人の信仰を表白し、個人の祈願に応ずる信仰対象を求めるにいたる機縁は充分に孕まれていたし、かような宗教意識が伝来の血縁や職能縁の枠を越え、巫覡の横行といった形で地域的な宗教活動を活発に生みだしていた。そして律令国家はまさにかような事態のうえに立つものであったから、その国家の支配者たちに受容された仏教は、なによりもまずこうした事態を統摂しつつ中央集権統一国家をつくりだし、護持するためのものとして受容され、それにふさわしい特質を具えていたといえる。この時代の仏教が官寺仏教とよばれ、鎮護国家の宗教であったといわれることの内容は、なによりもこうしたことのなかに求められるのである。

官寺仏教の成立　大宝元年（七〇一）に大宝律令が発布され、はじめて律・令ともに完備した文武朝（六九七～七〇七）には、日神＝太陽神であると同時に皇祖神であるところの天照大神に対する信仰と、その神を祀る祖廟としての伊勢神宮に対する信仰が明瞭に姿をととのえ、固有の神祇信仰においても大きな展開のなされた時期であった。自然神としての太陽神を皇室や朝廷の守護神として祀ることは、もとより由来するところ久しいものがあろう。けれども、そうした形のものは皇室以外の氏族においても同様に古くからなしてきたことであって、それ自身を特別のものということはできない。もともと太陽の精霊に発する自然神としての日神に天照大神の名を附して人格神化し、これを皇祖神となす信仰は壬申の乱以来、天武・持統両朝（六七三～六九七）を通じて現われたものであるし、それを伊勢の神宮に奉祀することも、同じ時期にはじまった。そして天照大神を中心とする皇祖神群が神々のなかの神として国土山川すべての神々に君臨する記紀神話の主題が完結し、文武朝（六九七～七〇七）に入るや、『続紀』は伊勢神宮をはっきり他の神社と異なる特別の祖廟であると意識して記述し、諸社に優越する地位を与えている。

かような展開は、あらためて説くまでもなく古代天皇制とよばれる律令国家の完成、神々のなかの神の子として天皇が律令制の頂点に立ち、一切の権力を掌握する体制の完成と相表裏するものであった。したがって仏教もまたこうした体制のもとに従属し、官寺仏教として位置せしめられたのも当然であったろう。たとえば『続紀』によれば文武天皇大宝三年（七〇三）十月十六日、僧隆観なるものが「頗る芸術に渉り、兼ねて算暦を知る」との理由で還俗を命じられている。類似の例は多くみられるが、僧侶も世俗の技術に長じていれば、それを利用するため簡単に還俗せしめられ、彼らはいわば主権者から任命された司祭者にすぎず、僧侶の権威、したがって仏法の価値はけっしてそれ自身として全面的に認められていたのではなかった。僧侶も寺院も、仏法全体が鎮護国家のためのものとして、天皇を頂点とする律令国家の体制に従属し、その安寧と永続を願い、保証するものとしてのみ存在したのである。

法興寺（飛鳥寺）、大安寺（大官大寺）、弘福寺（川原寺）につづいて薬師寺が完成し、藤原京の四大寺のそろった文武朝には、『続紀』によれば大宝律令の発布された大宝元年（七〇一）八月三日に先立つ六月一日、律令政府は道君首名《みちのきみおふとな》を僧綱所のあった大安寺に派遣して僧尼令を講説せしめている。奈良時代を通じて正統仏教の地位を保持した官寺仏教の体制は、この時期に確立されたとみることができよう。

貴族の信仰の実態　ところで如上の官寺仏教の体制を支えていた貴族たちの信仰の実態を示すものとしては、彼らの造立した仏像の光背銘や、書写した経典の奥書にしるされた願文などがある。その文面は多く類型的であるけれど、願うところは自己および過去・現在の父母、すなわち七世父母・所生の父母、六親眷族、天皇、皇太子以下の有縁者、一切衆生などの冥福や現世二世の安楽であり、病気平癒、国家安穏などがねがわれている。こうした点に当時の貴族たちの個人的、乃至は私的な関心事の範囲が窺われるが、なかでも七世父母に対する回向が所生父母・亡夫亡妻などの近親者に対する追善を契機とし、そのうえで祈られている事例の多いことに注目され、そこに日本民俗学が、わが国固有の祖先崇拝の原型質として抽出している、死霊と祖霊の関係観と密接な関連のあることが説かれている。

死霊と祖霊の関係とは、死者の霊魂は死後一定期間は生前の個性を備えて生存者に臨むけれど、やがてその個性を失い、漠然とした没個性的な死者霊の習合体である祖霊に吸収され、祖霊は個人の霊魂ではなく、ただ現世に生きるものとその属する族団の系譜の源頭として、ことあるごとに子孫によって回想されるという関係である。律令貴族といえども伝来の祖先崇拝の埒外に立つものではなく、前述の官寺仏教の体制は、こうした信仰とも深いかかわりをもつ、貴族たちの個々の私的な信仰のうえに構築されていたのであった。

しかもこれら貴族たちの願文にはしばしば経典からの引用もなされ、仏教の教理にもとづいてそれぞれの所願が記されているが、その内容は上記のとおり伝来の祖先崇拝的なものが深くまつわり、あわせて現世の安穏を祈る呪術信仰の色彩が濃く、その点では在来の神祇信仰の内容と全く等質であって、彼らがそれとは別に新しく外来の宗教である仏教に帰依した根源的な理由を解明するてがかりに乏しい。もちろんこれについては、すでにのべたとおり仏教が古代アジア世界の宗教として高い宗教性に貫かれ、同時に、それゆえあらゆる種類の宗教的願望を自らのうちに統摂組織しうる体制を整えていたことを考えねばならない。また壮大な堂塔伽藍、異国の調度で荘厳された仏像・仏具をはじめ、儀式の末端まですぐれた大陸の文物をともない、いまだ素朴な段階にとどまっていた在来の神祇信仰に比べてはるかに強く貴族たちの心をとらえたであろうことも、考慮されるべきであろう。けれども、これらはいわば外部的要因というべきものであって、貴族たちの精神生活の内奥を示すものとはいえない。

古代専制政治と仏教　このことに関し、事例は少しく遡るけれども、『日本書紀』には天武天皇の一周忌も近い持統天皇元年（六八七）八月二十八日条に、天皇が三百人の龍象大《おごしきほう》徳《し》を飛鳥寺に集め、天武先帝の冥福を祈って袈裟を人別一領ずつ施写したとあり、そのときの詔について「曰く、此は天渟中原瀛真人天皇《あめのぬなかはらおきのまひとのすめらみこと》（天武天皇）の御服《おほんぞ》を以て縫ひ作る所也、詔詞酸刻、具さに陳ぶ可からず」と記しているが、この「詔詞酸刻」という表現は天武天皇の皇后であった持統天皇の波瀾にみちた生涯を考えるならば、単なる夫婦間の情愛という以上の意味を含んでいる。

全ての権力を天皇の一身に集中する律令国家の体制は、なににもまして皇位継承の問題を複雑化さす。朱鳥元年（六八六）九月九日、天武天皇が崩じて皇后がそのまま政局を総覧することになったのも、皇嗣の決定が円滑に運ばなかったからであった。その年の十月二日、大津皇子が謀叛のかどで捕えられ、翌三日に処刑されている。これも持統天皇が数多い天武天皇の皇子たちを排して正嫡の草壁皇子を皇嗣とするための一つの布石であったが、この事件に関して『書紀』は皇子の刑死を聞いた妃の山辺皇女が「被髪徒跣《みぐしをくだしすあし》にて奔《ゆ》赴《き》て殉《ともにしに》ぬ、見る者《ひと》は皆歔欷《なげ》く」と伝え、『万葉集』（巻二）には皇子の同母姉大来皇女の悲しみの歌数首を伝え、「大津皇子の屍を葛城二上山に移し葬るの時」として、「うつそみ

の　人なるわれや　明日よりは　二上山を　弟世《いろせ》とわがみむ」（二・一六五）とある。

古代専制政治はそれゆえに権謀と術数、悖徳の堆積であり、必然的に非情酷烈の事件は数々の悲劇を生んだ。にもかかわらず、かような体制を完成し維持することが、天皇を頂点とする律令貴族のおかれていた歴史的立場であった。悲劇を恐れるものは坐して破滅を待たねばならないとするならば、そこに生きた人の「うつそみの人なるわれ」の感慨は真実の言葉であろう。持統天皇の生涯についてみれば、大津皇子の事件を指揮して一切の望みをかけた草壁皇子は三年（六八六）四月、二十八歳の若さで夭逝し、そのとき四十五歳の天皇はわずか七歳の嫡孫軽皇子（文武）の成人まで、あらゆる障害を排して天武先帝の遺業を遂行する決意を固めねばならなかった。

そして、はげしい政争のなかで破滅の淵に沈むものが、直ちに人間の生死の問題に直面しなければならなかったのは当然として、その相剋が同じ貴族の間であれば、敗者の姿はつねに勝者の分身であった。事態の帰趨を冷徹に洞察し、あらゆる術策によって障害を克服したものも、勝利のゆえにその重圧を自らの負い目とせねばならない。『万葉集』（巻二）によれば持統天皇がことあるごとに天武先帝のおもかげを偲んだことが窺われるが、なかでも「やすみしし　わご大君　夕されば　見《め》し給ふらし　明けくれば　問ひ給ふらし　神岳《かむおか》の　山の黄葉《もみじ》を」（二・一五九）と、天武先帝が権威と栄光に輝く帝王としてではなく、日常平穏の自然を愛し、雷岳の黄葉を愛でる人として描かれているところにかえって専制政治の頂点に立ち、勝利の重圧と闘わねばならなかった持統天皇の精神の空白部が窺われるとされている。

先記の持統天皇元年（六八七）八月の飛鳥寺での詔について「詔詞酸刻」と伝えられるのも、その詔文は荘重な修辞のゆえに内容の稀薄な追悼文であったとしても、そのことの真の意味は如上の事態に即して掬まねばならないであろう。律令国家を完成し護持しなければならないという全行動のなかで、天皇以下諸貴族の払わねばならなかった大きな代償はまさにこの点に存した。それは彼らの主観にはどのように映じていたとしても、客観的にはまさしく「酸刻」そのものであった。そしてこのような貴族たちの精神の飢渇に対し、伝来の神々はあまりに未熟であり貧弱であった。すでにのべたように天武・持統両朝には皇祖神としての天照大神と祖廟としての伊勢神宮に対する信仰が姿を整えはじめ、国土山川にいたるまでを血縁的論理を以て皇祖神群に統摂する記紀神話の世界が貴族たちの手で完成されようとしていた。けれどもその神々は貴族の生活、国土と国家を守護しても、貴族たちの直面せざるをえない「うつそみの人なるわれ」としての精神の亀裂を埋めうるものではなかったろう。ここに仏教のもつ救済の論理が、彼らの飢渇をいやすものとして迎えられる根源的な契機があったと推測される。

したがってこのようにみれば、鎮護国家の宗教として、官寺仏教としてあったこの時期の仏教は、伝来の神祇と同列に完成された律令国家を静かに護持する呪術であるだけでなく、律令国家を完成し維持せねばならなかった貴族たちの救いの呪術であり、宗教であったこともあらためて指摘せねばならなくなる。そしてこのことはまた、官寺仏教が、それにもかかわらず自ら宗教として自立の道を歩みはじめる可能性を、その内奥に孕んでいたことを意味するのではなかろうか。

三　律令国家と仏教

僧尼令とその特色　律令国家と仏教、いわゆる官寺仏教の体制は、僧尼令によって法制的に明示されている。この令は早く浄御原令にあったといわれ、つづいて大宝、養老、删定の各令にもそれぞれ収められていたが、養老令以外のものの復元と相互比較に関する研究によれば、これら各令相互の間には字句についてわずかな異同が認められるにとどまり、浄御原令の制定から删定令にいたるまで、律令政府当局の仏教に対する態度と政策は一貫性をもち、動揺のなかったことが指摘されている。

いま養老僧尼令の条文を一読してただちに知られるのは、これが僧尼の寺院生活におけるもろもろの禁制を示すのみならず、その禁制違犯に対する罰則をもあわせて記述している点である。すなわち、そこでは全文二十七カ条のうち、刑罰規定を含むもの十八カ条あり、刑罰の内容からみて外法(俗法)による処罰を含むもの四カ条、内法(教団法)による処罰のなかで還俗を含むもの六カ条、苦使を含むもの十二カ条、その他の罰を科すもの二カ条となる。しかも第一・二十一・二十二・二十七条のごときは俗法たる律によって科断するとあるから、条文には還俗の文字はないけれど、この規定は明らかに還俗を前提としており、還俗規定の数はさらに増加することになる。

もともと令については『唐六典』(巻六)の刑部郎中員外郎条に「設範を以て制を立つ」とあり、『弘仁格式』の序に「勧誡を以て本と為す」とあるように、令は命令法・教令法として一般民法・行政法のごときものと説明されている。これに対して律は『唐六典』同前の条に「正刑を以て罪を定む」とあり、『弘仁格式』序には「懲粛を以て宗と為す」とあるように、律は懲戒法で刑法にあたるとされている。それゆえ刑罰規定を含むことのきわめて多い僧尼令は、名は令でも実質は律にひとしいといえ、こうした性質の条文は僧尼令以外の令の条項のなかにはみあたらない。これは僧尼令のもつなによりの特色である。そして条文を検討すれば、僧尼に関する法制でありながら積極的に出家得度する人の資格や手続きを定めるといったことはなく、すでに僧尼となっているものの行業に関する取締規定のみが多く、所定の寺院以外における僧尼の宗教活動に大きな制約を加え、僧尼は寺家に寂居して国家の安穏を祈る官僧たるにとどめられている。これは第五・十三・二十三条にとくに顕著に認めることができ、民間社会への伝道を奨励するどころか、逆に厳しい制限が加えられている。

かような規定は単に法文上のことだけではなく、天武天皇八年（六八〇）十月の勅に僧尼は「寺内に常住して以て三宝を護り」（『書紀』）とあり、養老元年（七一七）四月の詔に僧尼は「寺家に寂居して教を受け、道を伝ふ」（『続紀』）とあり、同二年十月の太政官牒に僧尼をして「浮遊せしむる勿れ」（『続紀』）などとあるのに対応している。すでにのべたところであるが、律令政府はしばしば僧尼のもっている技術を世俗の用に使うため還俗を命じており、僧尼が自ら宗教者としての自覚のもとに自由に行動することについてきびしい制限がなされ、彼らはもっぱら国家の安寧を祈るため、天皇と律令政府によって任命された司祭者の地位にとどまることが要求されていた。

僧尼令の源流　ところでこの令条が唐の道僧格（道士・道女と僧尼に関する条制）を母法とし、それに依拠して編纂されたことは、『僧尼令集解』の第二十七条の註釈に「道僧格を検するに、此の条有る無し」などとあることから、もともと周知のことであった。わが国の僧尼令にあたるものは唐の永徽令や開元令の編目にはなく、道僧格とよばれる補足法にもとづいていたのであるが、この道僧格は唐の太宗貞観十年（六三六、わが国では舒明天皇八年にあたる)、帝の信任の篤かった玄琬法師の建言にもとづいて制定されたものというのが従来の説であった。しかし最近の研究によれば、この説の根拠は『仏祖統記』(巻三十九)に引用されている貞観九年(六三五)十一月の詔で、この詔によって翌年に条制が発布されたというのであるが、その詔は『仏祖統記』以外に諸書に伝えられ、なかでも『全唐文』所収のものがもっとも詳しく、『仏祖統記』のものがもっとも簡略化されている。そしてこの詔の本文を検討すると、これは僧尼の行業に関するもので道士・道女のことは言及してないから、この詔によって翌年に条制が発布されたことは肯定できても、それを道僧格とよぶことはできない。

それればかりか、『仏祖統記』所収のものには省略されているけれど、『全唐文』以下の諸書に伝えられている詔文には僧尼が苦行と称してみだりに自己の肉体に傷つけ、人心を迷わしていることを指摘しているから、この詔にもとづいて発布された条制には当然それを禁止する条項があったはずである。ところが僧尼令第二十七条はこうした僧尼の「焚身捨身」を禁ずる条項で、これに関する『集解』の註釈では先記のとおり道僧格にはこの条がないといっており、従来の説と合わない。そこで、あらためて初唐に発布された道士・道女と僧尼の両者にかかわる条制で、道僧格の名にふさわしいものを探すと、

(一)『旧唐書』本紀巻一、高祖武徳九年(六二六)五月条にある詔によって制定された

もの。

㈡『唐会要』巻四十七、議釈上、武徳九年（六二六）九月条に「其レ僧尼・道士・女冠、宜シク旧定ニヨルベシ」とあるところの旧定。

㈢『仏祖統記』巻四十、法運通塞志第六に「永徽ノ初、勅スラク僧道ニ過有リテ情知リ難キ者、俗法推勘ニ同ジクス可シ」とあるもの。

㈣『大慈恩寺三蔵法師伝』で、高宗永徽六年（六五五）に勅して道僧の犯罪者を俗法をもって推勘せよとあるもの。

㈤『大慈恩寺三蔵法師伝』で、右の永徽六年の勅に対し、玄奘三蔵が俗法推勘を停止して旧格に復することを願って許されたという旧格。

の五つある。

このうち㈢と㈣はそれぞれ永徽初年と永徽六年という点で時期がずれ、永徽の年号はこの六年までで翌年に顕慶と改元されているから、両者は一応別個のものといえる。けれども㈤をみると、そこでいう旧格は㈣の永徽六年の勅が玄奘の諫止によって撤回されて復活したものであるから、これは俗法推勘の立場でなく教団の自治をある程度みとめ、内法による自律を認めたものといえ、㈢でいう永徽初年のものとも性質を異にする。そうすると、わずか六年未満の間に性質の相反する条制が交互に発布されたことになり、あまりに頻繁であることから、㈣でいう永徽六年の勅は㈢の永徽初年の条制の励行を命じたものと考えられ、永徽二年（六五一）には新定の律令格式が頒布されていることからみて、㈢と㈣でいうものは実は同じもので、永徽二年のいわゆる永徽律令発布のときに出されたものであろう。そしていまのべたように、㈤でいう旧格は㈢・㈣とちがって俗法推勘の度のゆるやかなものであったことが察せられるが、㈠の武徳九年（六二六）の詔をみると、それは道・僧両者の戒律厳守を要求し、戒律の非違に対して国家の干渉をのべ、官の許可なくして出家する私度を禁じ、そうしたものが閭里に入って生産に従い、估販することを禁じ、それらのものが「毎に憲網に羅り」「自ら重刑に陥る」といっているから、ここでは俗法による処断のあったことが知られる。これに対して㈡の旧定は㈠の方針を中止するにあたって依用されたものであるから、その主旨は比較的ゆるやかなものであったろう。

それゆえ、唐初に制定された道僧に関する格には俗法による処断を規定するものと、そうでないものとの二系列あったことが知られ、なかでも俗法推勘の立場の明確なのは㈢・㈣の永徽の道僧格であった。そして浄御原令以後、大宝・養老とつづくわが国の令制が一般にいわゆる永徽の令制を母法とするものであったことが説かれ、その徴証が指摘されており、また僧尼令が先記のように僧尼に関する禁制であるばかりか「律に依りて罪を科せ」といって俗法推勘の立場を明確にしているところから、その母法はおそらく永徽の道僧格であったと考えられている。

俗法推勘の立場　もっともこの問題はなお後考にまつとしても、以上のことから重要な問題となるのは、わが国の僧尼令が俗法推勘の立場に立つのに、それが範とした唐初制定の道僧格には俗法処断とそうでない二つの系列のあることである。このことは僧尼令の制定にあたり、律令政府当局者が依拠すべき唐制についてある種の選択をなしたことを意味している。

たとえば太宗貞観十年（六三六）制定のものは先記のとおり僧尼のみに関する僧格とよぶべきもので、その点ではわが国で道教関係を含まない僧尼令を編纂する場合、もっとも親近性があったはずである。ところがこの貞観十年制定のものは、前年の詔に「内律に依附し、参するに金科を以てし、明に条制と為せ」とあることから教団の内律をみとめ、その点で俗法推勘の度のゆるやかなものであったと察せられる。このことがわが国の政府当局者の立法意図に合致しなかったため、これが採用されなかったのではあるまいか。律令国家は僧尼令の制定にあたり、けっして唐制をそのまま鵜呑みにしたのではなかった。僧尼令における俗法処断を含む強力な僧尼統制策は、依処すべき唐制についてある種の選択をなすほどの立法者の主体的な意図にもとづき、律令政府の基本的な対仏教政策として樹立されたのであり、官寺仏教の体制はここに法制的に明示されたのであった。

僧尼令と部派戒律　以上にみた経緯をもつ僧尼令制定の思想的背景については、早く儒教的法治主義の存在が指摘され、律令政府当局者が「周孔之教」の立場から仏教を規制しようとする意図を有していたことは、充分に考慮されてよい。けれども、僧尼令の各条文についてその内容を検討すると、儒教を思想的背景とする条文もあれば仏教にもとづくものもあり、儒・仏いずれとも直接に関与しないものもあって、一律に決するわけにはゆかない。かような観点から、寺院や僧団内部での僧尼の修道生活に関する規定や罰則を含むことの多いこの令条が仏教の戒律と深い関係をもつことが考えられ、とくに僧尼の宗教活動を寺院の枠内に限定しようとする傾向、社会との接触や伝道に制約を加えて消極的・自利的態度を僧尼に強制しているところに、部派戒律とよばれる小乗律との関係の深いことが説かれている。

すなわち仏教思想と関係の深い第一・二・四・五・七・十・十一・十二・十三・十七・十八条などは小乗律のうち四分律とよばれるものと密接な関係をもち、とくに四分律でもっとも重罪とされて比丘・比丘尼戒の最初に掲げられている四波羅夷・八波羅夷（波羅夷は擯斥罪で教団外追放罪というべきもの）は、僧尼の殺人・奸盗・聖道詐称を禁ずる第一条にあげられ、もっとも重い罪として律による科断が規定され、条文の配置や刑罰の等級においても両者は一致している。だがこれに対して反論があり、第二十七条の「焚身捨身」の禁は大乗戒との関連を示すし、なによりも僧尼令が俗法処断の立場をとっている以上は、根本的に仏教の教団内の自律の戒と異なるものであると指摘されている。いちじるしく形式主義に堕している小乗戒においても、仏陀の人格、仏陀の教えという世俗を越えた無上の権威に随順するという精神によっており、仏制にあらざれば戒律にあらずとの原則に立っている。

僧尼令と神祇信仰　だから仏制とともに仏制にあらざる条項を僧尼に強制する僧尼令は戒律の精神とは根本的に異なるものであり、部派戒律の波羅夷罪をこえて多くの還俗罪を加え、教団の自治・自律を無視して俗法推勘をなそうとするものは、戒律本来の原則を無視するものといわねばならない。そして唐制にあってはその民族宗教である道教を優先させながらも、道僧格という形で道士も僧侶も同列に統制しているのに、わが国の令制では僧尼令と神祇令は別個のものに分離されており、しかも神祇令にあっては僧尼令のような禁令と罰則をともなわず、祭儀とそれに附随する禁忌を並記するのみで、固有の神祇信仰に関しては俗法による統制は全く考慮されていない。このことから僧尼令制定にあたって伝来の神祇信仰優先の意図が強く存在し、そうした信仰的基盤のうえに僧尼を従属させ、彼らによって体現されているところの仏教そのものを天皇の神権政治のもとに統率しようとする意図の強く存在したことが説かれている。律令体制とよばれるものは古代天皇制の完成した姿であり、神々のなかの神の子としての天皇の超越的絶対的権威のもとに全てが統括される体制がもっとも強固に、かつ法制的に整備されるものであることを考えれば、その体制を支えてきた伝来の神祇信仰が僧尼令制定にあたって一定の役割を果たしたことも、充分に考慮されるべきである。僧尼令制定の思想的背景についても、その制定の経緯と並んで今後も究明されるべき問題はきわめて多いといわねばならない。

僧綱制とその源流　しかしながら、こうして成立した僧尼令は、一方ではそれのもつ官寺仏教体制の法制的表現としての原則を、かならずしもその全文に貫いているのではなかった。そのことは、ほかでもなく全僧尼を統轄する中央僧官としての僧綱に関する規定のなかに窺われる。すなわち、第十四条によれば僧綱とは律師以上の僧正・僧都・律師をさし、「必ず徳行能く徒衆を伏し、道俗欽仰し、法務に綱維たる者を用ひ」「挙する所の徒衆、皆連署して官に牒せ」とあり、僧尼の師表たるべきものを僧団中から推挙させて任命することを規定している。また僧綱の所轄範囲に関しては、第三条に僧尼が自ら還俗するとき、その寺の三綱（上座・寺主・都維那）が本人の本貫と親属を録して京師では僧綱、地方では国司を経て治部省に申告せよとあり、第十三条では、山林に籠居して練行しようとするものがあれば三綱が連署し、京師では僧綱から玄蕃寮、地方では国郡を経てその実を検して太政官に申告し、太政官は山居の地の属する国郡司に練行者の監督を命ずるとある。第二十条でも僧尼のうち死亡者があれば、地方ではその寺の三綱が月ごとに国司に届け、国司は毎年朝集使を通じて太政官に申告し、京師では僧綱が四季ごとに玄蕃寮に届け、年の終わりに太政官に申告せよとあり、僧綱は中央官庁である治部省の玄蕃寮の隷下にあって京師の僧尼を監督し、地方諸国の僧尼を監督する国司と並立する形になっていた。

これらの条項をみると、たとえば第十三条のごときは僧尼の山林修行に対するきびしい制約を規定し、律令政府の僧尼統制策の強さを物語っているけれども、そうしたなかにあって僧団のなかから推挙されて任命される僧綱に、一定の役割をみとめていることに注目されねばならない。というのは、僧綱とはもともと僧尼の綱維を執ることであり、僧尼を統制し、仏寺の管理をするために設けられた僧官で、隋唐以前では南北朝時代に南朝で僧正・僧主、北朝で沙門統・僧統などの中央僧官がおかれ、僧尼の統制にあたっていた。これが唐代になると統一帝国の建設にもとづく中央権力の強大化により、中央の僧官は廃され、代わって崇玄署の俗官による統制がおこなわれ、仏寺内部の管理は各寺の三綱に委任されたが、そのうえに地方州県の俗官があって各地方の仏寺を統轄し、中央の崇玄署（後に祠部）につらなっていたので、唐には沙門統とか僧正などの称号はもとより、僧綱に比定しうるような中央僧官はなかった。こうした南北朝から唐代にかけての僧官設置の事情をみるならば、わが国の僧尼令において、その権限はきわめて限られたものであっても、とにかく中央僧官としての僧綱の存在をみとめてその所轄事項を規定していることは、僧尼令制定本来の主旨からみて一種の例外法措置といわねばならない。

僧綱制設置の意義　すでにのべたとおり、僧尼令制定にあたって律令政府当局は俗法推勘を含む強力な僧尼の統制を企図し、その編纂にあたっては範とすべき唐の条制についてある種の撰択をなし、とくに俗法推勘の立場の明確なものを参酌した形迹のあることが指摘されている。それにもかかわらず、唐制ではなくてむしろ南北朝時代の制を継受する、というべき僧綱制の存置を認めているのは、それがたとえ名目的なものであっても、原理的には俗法推勘を排して教団の自治と自律を容認する立場に一定の譲歩をすることを意味し、僧尼令制定の原則、ひいては官寺仏教の体制に微妙な問題をなげかけるものとなってくる。かような事態の生じた理由については、大化前代に蘇我氏に領導された仏教受容当初の事情、あるいは推古天皇三十二年（六二四）の僧正・僧都・法頭の任命以来の歴史的伝統のなかに律令政府が僧綱のもつ栄誉的な地位を認めなければならなかった事情が指摘されているが、少なくとも僧尼令にみられる僧綱に関する規定に限ってみるならば、それは律令国家の完成にあたって官寺仏教の体制をかため、仏教とその教団を天皇を頂点とする律令権力のもとに完全に掌握し隷属させようとして、それが充分になしとげられなかったことを物語るであろう。

すなわち、律令政府は僧尼令の制定にあたり、僧綱が推古朝（五九三〜六二八）以来、僧尼の綱維を執るものとして保持してきた権能を実質的には京師内という一定区域内にのみ限定し、そうした歴史的伝統の少ない地方ではその権限をとりあげ、国司を以てする俗官支配の原則を貫徹させたけれど、僧団中から推挙させて任命するという形で名目的にはなお僧綱を全僧尼の代表として遇しなければならなかったところに、律令政府当局の企図した僧尼統制の全面的に完遂できなかった事情が窺われる。そして、このことは先にこの時期の貴族たちの信仰の実態に即して指摘した問題に通じるものがあり、奈良時代、律令制下の正統仏教として存在した官寺仏教が、それにもかかわらず、自ら宗教として自立の傾向をもちうる可能性を法制的に用意するものであったといえるのではなかろうか。

四　官寺仏教の展開

俗権と教権　「律に依りて罪を科せよ」という俗法処断、治部省玄蕃寮のもとに寺院と僧尼の全てを統轄しようとする俗官支配、これに対する仏教教団の宗教としての自立性は官寺仏教体制の内包する基本的な課題であった。しかし、これはもちろん顕在していたのではなかった。俗権と教権の問題、両者のかかわりあいについてはじめて明確な意図をもって教権の自立を説き、そのうえで鎮護国家の法を説いたのは、ほかでもなく、平安初頭の最澄の大乗戒壇設立運動であった。得度と受戒は教団に参加するための入門儀礼であり、教団の側からみれば授度と授戒は教団の後継者をつくるための必須の儀式であるが、最澄によって大乗戒壇設立の問題が提起されるまで、奈良時代を通じて授度と授戒の権限は教団の掌中にあったとはいえず、実質的に律令政府の手に握られていた。

律令政府が教団に対して僧尼の資格の授受にまで容喙したのは、もとより理由のないことではなかった。僧尼は世俗から出離した「聖」なるものとして、出家して寺院に入ると同時に本貫の戸籍から除かれて課役免除の処分をうけたから、一般公民の出家を無制限に放置すれば、大陸の仏教史にしばしばみられたように国民の大半が僧尼となり、課役を負担するものが激減するおそれは多分にあった。律令政府による仏教教団統制の強調はその轍を踏まないためのものであったが、それが得度・受戒の監督とか僧尼の籍の登録といった範囲をこえ、僧尼の資格が治部省玄蕃寮の発行する度縁（牒）によって証明されるという形で、教団の本来もつべき授度・授戒の権限まで実質的に政府の手中に入れたところに、官寺仏教体制の特質が存した。そして天皇・中宮の不予をはじめ国家の大事のあるたびに僧尼の得度がなされ、奈良時代を通じてその記録は二十七回、度者は一万八千五百二十人を数え、なかには宮中などで一度に数百千の僧尼が一挙に得度したことも珍しくなかった。最澄の師である行表の度縁によれば、彼は天平十三年（七四一）十二月十四日、勅によって宮中に得度せしめられた七百七十三人のなかの一人であった（『内証仏法血脈譜』）。空海の師とされる勤操も、神護景雲四年（七七〇）の秋、宮中および山階寺において度を得た千人のうちの一人といわれ、このとき千人の僧侶はいずれも「勤」の一字を冠し、「法師（勤操）は則ち千勤の一なり」（『類聚国史』）と伝えられる。こうした儀式に教団の長老たちが招かれても、彼らは単なる儀式の執行者として傭われたにすぎず、それは律令政府の手でなされた司祭者の任命式ともいうべきで、自ら教団に参加しようとするもののための入門儀礼というにはおよそかけ離れたものということができる。

しかしながら、こうした世俗の権力の教権に対する優越、乃至は支配という事態を、今日の常識でもって理解してはならない。律令政府が僧尼の得度についてきわめて神経質であり、官の公許を経ないで僧尼となるものを私度と称してきびしく禁断したのは、上記のとおり僧尼が、そして教団が「聖」なるものとして世俗から「聖別」されていたからであった。別言すれば、宗教教団の自治と自律は、宗教がことの正確な意味における宗教の次元に結晶することによってのみ実現されるものであり、そこにあってはじめて宗教は名実ともに国家社会と次元を異にするものとなって信仰の自由が確立され、国家権力による俗法処断の問題の存立する余地が解消される。これに対して、かつては宗教教団に参入して世俗と聖別されることは同時に国家社会からの離脱を意味していたから、近代以前の社会における宗教関係の法制がどのような形であれ、それが世俗の権力によって作られる以上は、その権力が教団よりも現実の力において優越する場合はつねに権力による教団の統制が企図され、いわゆる俗法処断の条項がなんらかの形で規制されるのは当然であった。それは教団の力が世俗の権力に優越する場合は、逆にかならず教権による俗権支配のあらわれることと楯の両面の関係をなすものであり、このことはヨーロッパ中世史を引用するまでもなく、律令制の衰退とともに世俗の権力の弱化した平安中期以降の寺社領荘園の問題と僧兵・神人の跋扈、中世後半から近世初頭にかけての宗教一揆と幕府や大名との関係をみるだけで明らかであろう。

したがって、僧尼令においてもっとも集中的にあらわされている律令制下の俗権の教権に対する優越と支配の体制は、この時期には仏教は渡来後なお日の浅い外来宗教として、中央貴族以下の限られた人々の信仰を集めるにとどまり、仏教教団の有した社会的な力が後世ほどに巨大でなかったことの反映とみなしうる。そしてこのようにみるならば、僧尼令制定の思想的背景として指摘されている儒教的法治主義、仏教の戒律思想、あるいは伝来の神祇信仰などの問題とこれらのもつ相互間の関連などは、如上の観点から考察されるべきであろう。とくにかような状態、すなわち律令権力の絶対的な優越性のもとにおける仏教教団のありかたを考えるとき、小乗部派の戒律思想の問題はきわめて重要な意味を孕んでいる。

奈良時代の四分律研究　すなわち、先に僧尼令の条項が小乗部派の戒律、なかでも四分律のそれときわめて親近性を有するとの説を紹介したが、これはこの時期の仏教教団内部において小乗四分律の研鑽が大きな比重を占めていたという事実のうえに提出されたものであった。いまそのことに関して記すならば、わが国での「四分律」の初見は天平九年（七三七）であるけれども（『大日本古文書』七の七九）、凝然の『三国仏法伝通縁起』によれば鎌倉時代まで僧道光の著として『四分律抄撰録文』（一巻）が伝存していて、その序文や奥書が引用されており、著者の道光は入唐僧道光律師として天武天皇七年（六七九）に帰朝し、その年にこの書を著わしたことが知られる。ことは鎌倉時代の記述であり、著者の凝然は華厳宗の僧侶であったけれど、彼は東大寺戒壇院の大徳としてその著作の多くは律関係で、律宗の僧侶といってよいほどであったから、その説はかならず伝承するところがあったろう。

もっとも凝然は、これにつづいて道光が帰朝にあたって南山道宣の『行事抄（六帖抄）』をもたらしたとの所伝を記しているのに対し、『懐風藻』の巻末近くにある道融なる僧侶の伝をみると、天平の頃（七二九～七四九）にはこの『六帖抄』を読むものがなく、道融が発憤してはじめてこの書を読んだとあるから、道光の学統はそのまま奈良時代まで継承されたとはいえなくなる。しかし、現在の大蔵経に収められている小乗の律蔵七十一部のうちの大部分にあたる六十八部までがすでに奈良時代に渡来しており、「四分律」・「十誦律」・「五分律」・「僧祇律」・「迦葉遺部律」の小乗五派のものは戒本・羯磨本・律がほとんど完全にそろっていた。そしてこれら諸派の律蔵の註疏としては「四分律」に関するものが圧倒的に多く、光統・法励・法銑・智首・道宣らのものが十六部、「五分律」に関するもの一部、その他は一部もなかった。これはかつて大陸で律の諸派が南北朝の時代に盛んに研究され、その後互いに盛衰のあるなかで「四分律」のそれが最後まで栄えたという事情の反映であったと解されている。

消極的・自利的態度　ともあれこうした小乗の戒律思想を貫くものは、自己の宗教性の深化にのみ主眼を置く自利的、消極的な態度であった。先にあげた『懐風藻』の道融の伝をみると、彼は若年より博学多才で文をよくしたが、たまたま山寺に寄住して法華経を披見してより発心し、儒教を捨てて出家したのち精進苦行、読むものの絶えていた道宣律師の『六帖抄』を読破してその義を明らめた。時に光明皇后がこれを嘉みして絲帛三百匹を施与せんとしたところ、「我れ菩提の為に法施を修するのみ、茲に因りて報を望むは市井の事のみ」といい、「遂に杖を策て遁る」という。これは時の権勢に媚びずに自らの出家性を貫いた道融の高い宗教性を伝えるものであるが、隠遁によってのみ自らを守ろうとしたところに、いまだ消極的・自利的態度を克服しえない姿が窺われる。

寺家に寂居して受教伝道し、山居しても禅行のみに専念するのは官寺仏教体制下の教団の基本的なたてまえであったから、道昭・行基らの先覚は別として、多くの僧尼に支配的な傾向は如上の自利的・消極的求道に向けられていたろう。護国経典の読誦講説、護国法会の執行も彼らのもつかような態度のうえになされたし、道融の例にみられる出家性の主張も、それが個人的な隠遁という形でなされたかぎりは、この時期の仏教教団の宗教としての消極性を克服するものではなかったと考えられる。しかしながら、かような傾向はもとより大陸からの影響という面で考察されねばならないし、教団内部の問題として上記のような小乗部派の戒律思想の存在のしかたなどということについても充分に検討されねばならないが、同時にそれが律令政権という世俗の権力の圧倒的な優越性のもとに従属せしめられていた教団としては必然の傾向であったろうことも見逃すわけにはゆかない。先記のとおり俗権と教権とはかつては次元をひとしくする相対的関係に立つ側面がきわめて大きかったから、俗権が優越すれば教団は必然的に自利的・消極的傾向に赴かざるをえないという、一般的事情のあったことを考慮する必要があると考えられる。しかもこの関係は相対的なものであるから当然逆の方向にも作用し、奈良時代を通じて律令政権は官寺仏教の体制を維持しつづけたほどに強大であったにもかかわらず、それが歩んだ道は子細にみればかならずしも平坦なものではなく、その間に多くの曲折や動揺さえも孕むものであったから、必然的にそれが教団との関係において微妙な問題を生みだし、そのことによって仏教教団が自らの消極性を克服しはじめようとする契機も一方で充分に存したのではなかろうか。先に記した官寺仏教体制下における教団の自治と自律の問題も、かように顕在しない形で存在したと考えられる。

六宗の成立　三論・成実・法相・倶舎・華厳・律のいわゆる南都六宗は、東大寺大仏殿建立のはじめられた天平十九年（七四七）から大仏開眼供養のなされた前年の天平勝宝三年（七五一）の間に成立したと説かれている。正倉院文書に収められていて天平勝宝三年のものと推定されている「僧智憬章疏本等奉請啓」によれば[1]、この年、僧都良弁の命によって六宗の章疏目録をつくることが企画され、良弁の弟子で華厳の学僧であった智憬が仲介の労をとり、法性（相）・三論・律・倶舎・成実の五宗の学頭らによびかけるとともに自らも華厳宗の章疏目録編纂に尽力していたことが窺われる。この時代の宗は衆とも記され、後世の宗派とちがって一種の学団ともいうべきもので、一定の教説の研鑽のために結ばれた僧侶の集まりを意味したが、この書状には法性（相）宗大学頭承教以下四名、三論宗大学頭諦証以下三名、律宗大学頭安寛以下三名、倶舎宗大学頭善報以下三名、成実宗大学頭光堯以下三名のものがそれぞれ良弁の命を承知した旨を書いており、この承教以下十六名の僧侶のうち住寺の判明するもの六名がすべて智憬と同じく東大寺の僧であることから残る十名も同様と考えられ、このとき東大寺には法性（相）以下の六宗の形成されていたことがわかるとされている。

東大寺の六宗宗所　東大寺におけるこうした学団としての宗にはそれぞれ大学頭、小学頭、維那の三役があり、宗の機関は宗所とよばれて宗厨子がおかれ、宗ごとに蔵書を備えていた。天平勝宝四年（七五二）閏三月十八日付「厨子帳」(2)によれば第一厨子、第二厨子の順で花（華）厳・法性（相）・三論・律・薩婆多（倶舎）・成実の六宗の厨子の製作されていたことが知られ、「厨子絵像幷画師目録」(3)によれば各厨子の扉には各宗の菩薩・仏弟子・祖師などが図絵されていて、それぞれの宗において宗僧の結集の核心になっていたことが窺われる。またその蔵書については、天平勝宝三年（七五一）に蔵書整備のため大々的に書写がなされたようであり、そのため華厳宗では元興寺の理教ほか七師、大安寺の慶俊ほか三師、興福寺の慈訓ほか三師、薬師寺の弘耀ほか一師、岡寺の永金、観世音寺の玄幾、東大寺内でも智憬ほか一師などから蔵書を借用したことがわかるし(4)、書写のために要した費用を各宗の経・論・疏ごとに示した文書も「倶舎宗写書布施勘定帳」(5)とか「華厳宗布施勘定文案」(6)などとして多く伝存している。これらは当時の東大寺内の各宗の基本図書、ひいてはその学問内容を研究するための重要史料であるが、このときに各宗の図書はほぼ整備されたようで、翌年の天平勝宝四年（七五二）以後になると、逆に他所から東大寺内の諸宗の宗所宛に図書の借用の願いもなされるようになり、東大寺各宗所と他所との貸借関係の文書は天平勝宝七年までのものが正倉院に伝存されている。

元興寺の摂論衆　ところで、東大寺にあっては六宗の組織はかように整然とした形で成立したが、同じ時期に東大寺以外で宗組織の存在が明らかであり、かつ東大寺とちがって奈良時代以前に創建された由緒をもつ元興寺、法隆寺、大安寺、弘福寺についてみると、これらの寺院における宗組織は東大寺のそれとはかなり違った姿をしていた。そのうち蘇我馬子の建立した飛鳥寺にはじまる元興寺についてみると、天平十九年（七四七）の「元興寺伽藍縁起幷流記資財帳」には三論衆・摂論衆・成実衆の三者をあげ、それぞれの衆分銭を記している。このことから、この時期には元興寺では宗のことを衆とよんでいたことが知られるが、衆分銭とはそうした衆の基金というべきもので、それの生む利息によって衆の経費がまかなわれた。三論衆についても天安初期の文書で近江国依智庄を衆としてもっていたことが知られ(7)、各宗組織がそれぞれ特定の財産をもち、それによって学団としての活動をなしていた。この事情は、東大寺をはじめとする諸大寺においても同様であったろう。しかし元興寺におけるこれら三つの宗組織のうち、摂論衆については『類聚三代格』（巻二）の天平九年（七三七）三月十日の官符に元興寺の摂大乗論門徒を抽出し、常例によって興福寺に住寺さすとのことがあり、この組織は天平九年（七三七）に存在していた。それればかりかこの官符のなかに、この門徒は白鳳の年から淡海天皇朝（天智朝）まで内大臣（藤原鎌足）が家財を割いて講説の資となしたのにはじまるといっている。

ここで白鳳というのは文義からみても、また当時の用例からみても白雉（六五〇～六五四）をさし、この記述は『藤氏家伝』（上）に鎌足が家財を割いて元興寺に入れ、五宗の学問を儲け置いたとあるのに対応している。五宗の学問というのは後世の修飾であろうが、少なくとも以上のことから元興寺の摂大乗論門徒、すなわち摂論衆は大化改新ののち、飛鳥寺にあってこの衆徒がときの権力者であった藤原鎌足の外護をうけたのに由来をもつといえるであろう。摂論宗は無着の『摂大乗論』を所依とし、世親の『摂大乗論釈』によって立つ一派で、『摂大乗論』が唯識学説をはじめて包括的・組織的に論じ、それは世親の釈とともに仏教の唯識説の代表的労作であったから、玄奘（六〇〇～六六五）とその弟子窺基（六三二～六八二）らが玄奘がインドから携え帰った護法の『成唯識論』ほか多くの経典論疏を訳出し、主として窺基の手で護法の釈に依拠する法相宗が開かれるまで、摂大乗論門徒、すなわち摂論宗が大陸での唯識研究の主流をなしていた。そして玄奘がインドに十七年留学して帰唐した貞観十九年（六四五）はあたかもわが国の大化元年にあたり、玄奘とその弟子窺基らの仏教がわが国に伝えられたのは、少なくとも最初に記した『続紀』文武天皇四年（七〇〇）三月条に卒伝のある元興寺の道昭が、白雉四年（六五三）に入唐し、「適々玄弉三蔵に遇ひて業を受け」、おそらく斉明天皇七年（六六一）に帰朝して以後のことであった。それゆえ元興寺のように古い由緒をもつ寺院に早く法相以前の摂論の学団の組織されたのも充分にありえたと考えられ、道昭の帰朝以来、本格的に法相宗の摂取が開始された後も古い学統がそのまま継承され、前記の天平九年（七三七）の官符にあるように、それが藤原氏の縁故をもって興福寺にも継受されたことが指摘されている。

三論衆と別三論衆　次に大安寺についてみると、同じく天平十九年（七四七）の「大安寺伽藍縁起并流記資財帳」には摂論衆、三論衆、別三論衆、律衆、修多羅衆の五つあったことを記している。大安寺の前身は天武朝（六七三～六八六）の大官大寺であり、さらに舒明朝（六二九～六四一）の百済大寺にまで遡るから、ここの摂論衆も元興寺と同様、おそらく斉明朝の末年（六六一）以前に形成されたのを継承したものであろう。また、修多羅衆については後にのべることとして、律衆は天平十九年（七四七）の「法隆寺伽藍縁起并流記資財帳」にもみえ、東大寺における律宗と並んで先に記したとおり奈良時代前期に盛んであった「四分律」の研鑽を中心とするものと考えられるが、ここで注目されるのは同じ三論を称するのに三論衆というものと、別三論衆という二つのもののあることである。この別三論衆が大安寺のみに存在したものならば「別」と称される理由はどのようにも解せられるが、これが上記の「法隆寺資財帳」にもあり、延暦十三年（七九四）の「弘福寺文書目録」（『平安遺文』十二）に「別三論供田」とあって弘福寺にも存在したことが知られるから、これは「別」の字のとおり三論宗中の別派として独立した学団であったことが推測される。

そこで三論宗における二つの学統というとき、まず羅什以後の古三論（原始三論）と僧朗以後の新三論の区別が想起される。龍樹におこる中観系仏教は羅什（～四一三）によって東伝したが、その古三論にあっては『三論』に加えて『大智度論』もあわせ、『成実論』も説き、『法華経』『維摩経』なども講学の対象とする幅広いものであった。それが純粋に『三論』の上にたって『成実』と別れるようになったのは僧朗以後で、その学統は嘉祥大師吉蔵（五四九～六二三）によって大成された。そして聖徳太子の著と伝えられる『三経義疏』の学風が古三論の傾向に近く、吉蔵の影響が認められないという、花山信勝氏の説をとれば、新来の吉蔵の三論をもって別三論衆となしたことも推測される。しかし前記のとおり唯識説における摂論から法相への展開に敏感に反応したわが国の仏教界の事情と、そこでの学団の形成が少なくとも大化改新（六四五）ごろまで遡りうることを考えるならば、隋代（五八九～六一七）に吉蔵によって大成された新三論の輸入が遅れたとするのは不自然である。おそらく吉蔵の三論も奈良遷都を遡るかなり以前に輸入されたとみるべきで、古三論を三論衆、新三論を別三論衆に比定できないとされている。そして吉蔵の三論はそののち門弟の時代になると玄奘の活躍によって影をひそめ、インドの智光らの説いていた中観派の清弁（四九〇〜五七〇）の学統が、玄奘やつづいて来唐した日照らの手で新たにもたらされ、それは賢首大師法蔵（六四三〜七一二）やその高弟の新羅の元暁（六一七〜）らに深い影響を与えた。

いまこの清弁の学統を新三論とよび、吉蔵以前のものを古三論とよぶところの、三論に関するもう一つの区分に従うならば、この新三論の思想が奈良時代の仏教界に認められることは、すでに石田茂作氏の実証されたところであった。奈良時代には清弁の主著である『掌珍論』や『般若経論』もあり、新羅の元暁の三論関係の注疏も少なからず存した。天平年間（七二九〜七四八）に東大寺に根を下ろして興隆しはじめた華厳宗が、元暁の系統の新羅仏教の影響にもとづいていたことを考えあわすならば、同じ系統に属する新来の三論が在来の三論に対して特別の興味をもたれたことは充分にありえたろうし、別三論とはかような新来の三論であったろう。そして三論衆と別三論衆との区別を吉蔵の三論と清弁系の三論の別に比定しうるとすれば、天平十九年（七四七）の元興・大安・法隆の三寺の「資財帳」において大安・法隆の二寺に三論と別三論の両者があるのに元興寺に別三論衆のなかったことが注目される。飛鳥寺の後身として諸大寺中もっとも古い由緒をもつ元興寺では学団の形成も早く進み、摂論衆の場合と同様に吉蔵系の古い三論の学統が強く存在し、新来の三論の影響を拒んだのではなかろうか。これに対して東大寺における三論宗は、先記の六宗厨子のうちの三論宗には龍樹、提婆とともに清弁の絵像の画かれていたことが指摘されているし、新羅仏教の影響のもとに華厳の学が東大寺の中心になっていたことからいっても、そこでの三論は同じ系統に属する新三論を中心とするものであったろう。古い伝統とはなれて新たに建立された東大寺では、新来の三論でもこれを別三論とよぶ必要はなかったと推定されている。

したがって以上の事実をみるならば、天平の末年から勝宝にかけて（七四七～七五一）なされた東大寺における六宗の形成は、奈良仏教の教学面での特徴を代表するものであっても、それが全てではなかったことが知られる。古い由緒をもつ東大寺以外の大寺では奈良時代以前に定着した学団の学統を継承しており、そのうえで東大寺を中心に開始された新しい展開をうけとめ、徐々に変貌をとげた事態が推測される。たとえば元興寺の智光の三論学は吉蔵の学統を承けるものであった。彼の『法華玄論略述』は伝わらないが、聖冏の『伝通記糅鈔』に智光は「嘉祥の法華玄義を受けて略述の文を作し、彼の玄論を釈す」とある。これに対して三論と別三論の二衆のあった大安寺では、養老二年（七一八）に帰国して大安寺に任した道慈の三論学の内容は不明であるが、その弟子の善議、善議の弟子の勤操も三論の学匠であり、勤操の弟子の安澄には『中論疏記』の著があり、安澄の弟子の西大寺玄叡の『大乗三論大義抄』は吉蔵の組織した三論学を主流として清弁の説もうけいれ、玄奘の訳出による清弁の『掌珍論』以下を盛んに引用している。ことはすでに平安時代に入ってからであるが、南都において吉蔵系の三論と清弁系の三論とが止揚され、独自の学風を樹立するにいたっている。

六宗と年分度者　また持統天皇十年（六九六）以来の例である毎年正月の御斎会を期に、十人を得度させる年分度者について、平安時代に入った延暦二十二年（八〇三）正月に五人を三論、五人を法相に分けることになった（『類聚国史』一七九）。つづく延暦二十五年（大同元年、八〇六）正月二十六日の勅によって年分度者の数は十二人となり、華厳業二人、天台業二人、律業二人、三論業三人、法相業三人となった（『類聚三代格』巻二）。ここで天台は新宗であるから別として、華厳業は『五教指帰綱目』、律業は『梵網経』または『瑜伽声聞地』、三論業は二人が『三論』、一人が『成実論』、法相業のうち二人は『唯識論』、一人は『倶舎論』を読むことを定めている。成実と倶舎がそれぞれ三論と法相の寓宗になっているのは変質であるけれども、ここにいたって天平勝宝三年（七五一）までに東大寺に成立した六宗の通念が全仏教界に及ぼされた明白な証拠を見出すことができる。

すなわち、天平八年（七三六）に来朝した道璿《どうせん》が華厳の章疏をもたらして、教学がはじめて伝えられた。これは賢首大師法蔵の名によって賢首宗とも称されたが、華厳の講演は天平十二年、法蔵の門下で大安寺に住した新羅僧の審祥が勅によって金鐘寺、後の東大寺法華堂で『華厳経』を説いたのをはじめとし、その講経の実現に尽力したのが天平勝宝四年(七五二)、大仏開眼の年に東大寺別当に任じた良弁であったと伝える。かくて東大寺に新来の華厳の教学が根をおろし、これを中心に六宗の組織が整備され、次第に全仏教界を領導するにいたったということができよう。

養老・天平期の教学奨励　しかし東大寺の六宗組織にみられるような形で新しく諸大寺の学団を整備しようとする意図は、早く奈良時代のはじめからみられた。それは養老・天平期(七一七〜七四八)の学問奨励とよばれるものであり、その意味で養老二年(七一八)十月十日、太政官が僧綱に下した布告が注目される(『続紀』)。いまその概要を記すと、㈠法門の師範たるものの高徳を顕表すること。㈡師の跡をついで後進の領袖となりうるものの名と臈年を申告すること。㈢五宗の学、三蔵の教はそれぞれ独自のものがあるから、宗義をきわめ、宗師と称して宗ごとに推挙するものがあれば同じく名と臈年を申告すること。㈣人の徳根は性分によるから、それぞれ性分に随って研学すること。㈤僧徒を浮遊せしめてはならない。僧尼は衆理を講論して講義を学習し、経文を唱誦して禅行を修するなど、おのおの業をわけて道をきわめること。とくに法師にして法をそしり、皇憲を軽んずるは令条の重く禁ずるところであり、精舎にあらずして練行の名にそむき、勝手に山に入って菴窟を構えるものがあれば禁喩を加えよ、とある。

この布告はもとより僧尼令の条文にもとづくものであるが、とくに「五宗の学」「三蔵の教」とよび、各宗から宗師たるものを推挙させるなど寺院における学団組織の向上と充実をはかる積極的な方策を織り込み、従前の単なる官寺仏教保護のものから一歩踏みだしている。これにつづいて養老三年（七一九）十一月一日に神叡、道慈の二法師、同五年六月二十三日に行善、道蔵の二法師が研学修道の功をもって勧賞され（『続紀』）、養老四年八月三日には治部省の奏言により、公験を授けるにあたって僧尼に多く濫吹があるため、学業を成せるもの十五名に限り、自余はこれを停止するよう命じている（『続紀』）。これは同じ年の正月四日、僧尼令の規定に準じてはじめて僧尼に公験を授けているから（令文では公験といわず告牒とある）、そうした公験を授けるにあたってその基準に学業を加え、厳格なものにしたことが知られる。そして天平六年（七三四）十一月二十一日には太政官の奏言により、以後は道俗を論ぜず度人は『法華経』一部、あるいは『最勝王経』一部を闇誦し、かねて礼仏を解し、浄行三年以上のものを得度さすと定めているが、先の養老二年（七一八）の布告に遅れること十日、遣唐使一行に随って大宰府に帰着し、天平元年（七二九）律師に任じて僧綱に列した道慈は『愚志』一巻をあらわし、「日本の素緇の仏法を行ふ軌模」は「大唐の道俗の聖教を伝ふる法則と全く異る」とのべ、「若し経典に順ふときは能く国土を護り、如し憲章に違ふときは人民に利あらず」と論じたと伝える。(8)

この時期の律令政府の学問奨励は仏教のみでなく、儒教・漢文学をはじめ諸種の技芸の習得にまで及んだ。『藤氏家伝』(下)の武智麻呂伝によれば良虞王と武智麻呂の尽力によって経史の講説がなされ、これより儒学の進運のはじまったことを記している。慶雲四年(七〇七)四月二十五日の山田史御方、霊亀元年(七一五)七月十日と養老元年(七一七)七月二十三日の紀朝臣浄(清)人、養老五年正月二十七日の鍛冶造大隅以下三十九名の学者・技術者・芸能者の表彰をはじめ、その後も『続紀』には同様の例がしばしばみられる。養老律令編纂を中軸に律令体制のより一層の整備のはかられたこの時期に、道慈の説いたように大唐の文物の受容が強力に企図され、仏教の場合もその一環をなすものであったと考えられる。とくに養老二年(七一八)の布告に「五宗の学」「三蔵の教」といい、「宗師」と称するものを宗ごとに推挙せよとあるのはけっして単なる修辞ではなく、おそらくは後にこれに華厳を加え、東大寺の六宗といった形に整備されたものを目標とするものであったろう。

僧尼統制策の遂行　しかもかような施策はもとより令制の条項に依拠し、それを拡充する方向でなされたのであるが、同時にそれが当時の複雑な社会状勢と仏教界の事情に対応しようとしてなされたものであることも、充分に評価されねばならない。とくに養老期（七一七〜七二三）は僧尼の学問奨励と並んで、僧尼統制策の強力に遂行された時期であった。なかでも養老元年（七一七）四月二十三日の詔（『続紀』）はきわめて重要な内容をもっている。それは、㈠近ごろ地方公民の間で勝手に僧形をなすものが多く、貌は桑門に似て情に奸盗を挟み、姦宄これより起こっている。㈡僧尼は寺家に寂居して受教伝道すべきにもかかわらず、最近はとくに「小僧行基」とその弟子たちが民間を行脚し、妄りに罪福を説いて多くの仲間をつくり、聖道を詐称して百姓を妖惑し、四民その業を捨てるといった状態があらわれている。㈢僧尼は仏道により神咒・湯薬をもって病人を施療するのは許されているけれど、ともすれば勝手に病人の家に赴き、巫術・卜占をもてあそんで弊害を致している。㈣今後、重病者のために浄行の僧尼を請じようとするときは僧綱に申告し、その所属する寺院の三綱の連署のもと定められた日に行ない、勝手に逗留してはならないという厳しいものであった。

この詔のだされた翌月十七日には公民が課役を忌避して逃亡浮浪し、王臣家の資人になったり僧尼になりすまし、王臣家もその傾向を助長していることを禁じている（『続紀』）。律令体制はそれが成立したとき、すでに内部に大きな矛盾を孕んでいた。律令制は旧来の氏族生活の秩序を根底から否定するものではなかったが、その地方政治の根幹は国郡里の制であり、五十郷戸をもって一里とする画一的な村落制度は氏族生活の解体と、それに継起する地縁的な村落結合の未成熟さの間隙の上に強力に施行され、一般公民層を郷戸ごとに直接掌握しようとするものであった。ここに一般公民は生活の安定を自らの手ではかる支柱を失い、貧窮者は課役の重圧によって浮浪逃亡を余儀なくされ、有力者は彼らを自己の私有労働力に組織しつつ在地での地位の向上をはかり、それを保証するためにも進んで権力者や寺院となんらかの関係を結ぼうとした。霊亀二年（七一六）五月十五日の詔は、諸国の寺院のなかにはその名があるだけで、実質は寺田以下の財物を檀越が私にしているものの多いことをのべ、これを禁じている（『続紀』）。私度僧の輩出といい、行基の行脚といい、かような事態のなかでなされたのであった。

行基と道慈　行基は天智天皇七年（六八八）和泉の豪族の子に生まれ、十五歳で出家して薬師寺に入った。のちに民間を行脚するとき、追随者は千を以て数え、行くところ巷に居人なく、争い来て礼拝したと伝え、その建立した寺院は四十九、造橋、築堤以下の社会厚生の事業については周知のことである(9)。が、平安初頭に編纂されたわが国最初の仏教説話集である『日本霊異記』には、彼が天眼を放つなど種々の霊験をなしたことが伝えられ(10)、行基菩薩の名から推測されるような慈悲に溢れる高僧というよりは、畏敬すべき験者、霊威力をもつ僧侶として語られている。律令支配の重圧下に散乱せしめられた貧窮者が失われた過去の復活を求め、その間隙を縫って在地に新たな地位を確保しようとしていた人々が眼前に救いを求めて行基を迎え、異常な歓喜をもって彼に追随したことのなかから、これらの説話が生みだされたのであろう。律令政府当局が彼の行為をもって「百姓妖惑」とみなしたのも、けっして誇張ではなかった。『続紀』天平二年（七三〇）九月二十九日条によれば、平城京に近い左側の山原（今日の飛火野あたり）に多くの人を集めて妖言するものがあり、その数は万人、少ないときも数千とある。かつて道昭が民間行脚したときとは事情は全く異なっていたのである。

かくて養老二年（七一八）十月の太政官の僧綱に対する布告は、先記の内容からみても、明らかにそれは前年より顕著となってきた行基や、その追随者の行動に対処しようとするものであったことが知られる。養老六年七月十日にも僧綱以下僧尼の軽々しく浮遊するを禁じ、とくに在京の僧尼が罪福の因果を巧説し、都市・村落に遊行・寄宿し、妖訛群を成すを禁じている（『続紀』）。この時期に律令政府の企図した寺院の学団整備と僧尼の統制は、まさしくかような状態に対処しようとするものであった。そしてこのとき官大寺にあって大きな地位を占めていたのが、大安寺の道慈であった。彼は大宝二年（七〇二）遣唐使に従って入唐して長安の西明寺に止住し、在唐十七年の後、養老二年（七一八）帰国のとき『金光明最勝王経』十巻を船載した。経典を渉覧してもっとも三論に精しく、釈門の秀は法師と神叡法師のみと称された彼は、大安寺の平城京移建工事を宰領して寺主となり、『日本書紀』編纂にあたって仏教伝来の記事の筆録を担当したとされている。

道慈の大般若会創始と修多羅衆　天平元年（七二九）律師に任じた道慈は、『懐風藻』の伝によれば性甚だ硬骨、時流に容れられず帰りて山野に遊んだというが、彼の事蹟のなかで注目されるのは大安寺における大般若会の創始である。『続紀』天平九年（七三七）四月八日条には道慈が大安寺修造以来この伽藍に災事あるを恐れ、私に浄行僧を以て毎年『大般若経』一部六百巻を転読してきたといい、今後はこれを公認のものとして諸国の進める調庸各々三段のものをもって布施となし、僧一百五十人を請ぜんことを願って許されている。大安寺大般若会は天平二年（七三〇）創始と伝えられるが（『初例抄』）、堀一郎氏の指摘によれば、奈良時代以降に護国法会として恒式化したものは㈠最勝講、㈡御斎会、㈢薬師寺最勝会、㈣仁王会、㈤一代一講仁王会、㈥法華会、㈦大般若会、㈧金剛般若会、㈨維摩会、㈩梵網会、㈪華厳会、㈫季御読経会、㈬天長節読経会の十三法会であった。このうち宮廷関係でなくて官大寺の法会としてはじまったものは㈢の薬師寺最勝会、㈦の大安寺大般若会、㈨の興福寺維摩会、㈪の東大寺華厳会の四法会であった。そして㈢の薬師寺最勝会の創始が平安時代であり、㈨の興福寺維摩会がもと山階寺における藤原氏の私的な法会であったことを考えれば、大安寺大般若会は官大寺における護国法会のなかでもっとも古い由緒をもつといえる。

すなわち護国経典の読誦による攘災招福の国家的祈願は早くからあっても、その発願者はつねに天皇であり律令政府当局であった。僧侶が自らの発願によって寺院でそうした恒例の法会をはじめたのは、道慈をもって嚆矢とする。先記のとおり「日本の素緇の仏法を行ふ軌模」を批判した彼の意図はこの点にあったと考えられ、さらにまた、彼は大安寺においてこの『大般若経』を所依の経典とし、その読誦と研鑽をなす学団としての修多羅衆を創始したとされている。先に記した十九年（七四七）の「大安寺伽藍縁起幷流記資財帳」などの奈良時代の文献に所見する修多羅衆（宗）については、その名が隋・唐の仏教に見られぬことから、従来これを涅槃宗、法性（相）宗、華厳宗、成実宗などを比定する説がなされてきた。しかし最近の研究によれば、これら従来の説にはそれぞれ難点があること、もともと「経典」を意味する「修多羅」の語についての用例をみると、三論宗の確立者である吉蔵においてこれが般若経典として理解されていること、奈良時代に修多羅衆（宗）の設置されたことが判明するのは大安寺、弘福寺、東大寺の三寺で、大安・弘福の二寺には大修多羅、常修多羅の二衆、東大寺では大修多羅衆だけであったが、開創年代の古い元興寺や法隆寺にこの衆の設けられた様子がなく、修多羅衆のあった大安寺、弘福寺、東大寺の三寺のうち、その創立年代や修多羅衆の規模の大きさからみて、この衆は大安寺に最初に設置されたと考えられる。そして大安寺の平城京移建に尽力した道慈がこの寺で従来の三論衆に対して新来の別三論衆を設け、彼自身が三論に精しと称せられたことから、修多羅衆も道慈によって開かれたというのである。

そして東大寺における大修多羅衆とは所依の経典たる『大般若経』の大の文字により、大安・弘福の両寺に大修多羅・常修多羅の二者あったのは、おそらく六百巻にのぼる『大般若経』の転読を二衆が分担した事情にもとづき、大と常とは大乗の文字を二分した便宜の用字とされるが、如上の説がみとめられるとすれば、それは南都六宗のうち華厳以外の五宗が「論」にもとづく学団で、「経」にもとづくものは天平八年（七三六）の道璿の来朝につづく天平十二年の審祥の講演以降、華厳経を所依の経典となす華厳宗の成立をもって最初とする従来の通説を修正することになる。『懐風藻』の伝によれば道慈は在唐中、義学高僧一百人のうちに入って唐の宮廷で仁王般若を講じたという。また『続紀』（天平十六年十月二日条）に「若し経典に順ふときは能く国土を護り、如し憲章に違ふときは人民に利あらず」と論じたと伝えられる彼が、「鎮国之典、人天大宝」と讃えられた『大般若経』の読誦・研鑽をなす学団としての修多羅衆を大安寺に設置したということは、充分に根拠のあることと考えられる。

したがって道慈の事蹟は養老二年（七一八）十月の太政官の布告にはじまる律令政府当

局の僧尼統制と学団整備に関する政策に対応するのみならず、それは「国ごとに釈迦仏像一軀、挟侍菩薩二軀を造り、兼ねて大般若経一部を写さしむ」との天平九年（七三七）三月三日の詔（『続紀』）につらなり、ひきつづいて国分寺建立の事業につらなるといえよう。このことは、まさしく彼の事蹟が行基のそれと対極点をなしつつ、官寺仏教展開の主導を担うものであったことを示している。しかも彼によってはじめられた般若系大乗経典に直接参入しようとする学風は、必然的に当時の仏教教団が官寺仏教の枠内にとどまりながらも宗教教団として自らを整備、充実する道であったから、一方においてはそれが官寺の大僧としての道慈の思慮をこえ、行基の実践とこの一点において合致しうる可能性をも孕んでいたといえるのではなかろうか。

五　国分寺・東大寺の創建

天平の政局と仏教界の動向　天平元年（七二九）十月に道慈が律師に任じたとき、『続紀』によれば弁浄が大僧都、神叡が少僧都に任じ、『七大寺年表』では同じとき良敏も少僧都に任じたとある。このうち弁浄は少僧都より、神叡と良敏は律師より昇格したのであるから、新しく僧綱に列したのは道慈だけであった。僧綱の人事は先記のとおり僧団の推挙にもとづくが、その任命は勅任の形をとるため、政権担当者の意志の働く余地は多分にあり、この道慈の僧綱入りがその年の二月に勃発した長屋王の変と密接な関係にあることは、すでに多くの人の指摘するところである。長屋王の変とは律令制本来のたてまえであった皇親政治の原則、すなわち天皇を頂点として皇族が藩屛となり、政権の中枢を担う体制の最後の擁護者であった左大臣長屋王を讒言によって自殺させ、大化改新以来の名門藤原氏が聖武天皇を擁して廟堂に大きな地歩を占めるにいたる重要な政変であった。長屋王失脚の翌月には藤原不比等の長子武智麻呂が大伴旅人を越えて大納言となり、八月に神亀六年が天平元年と改まるや藤原夫人光明子の皇后冊立がなされ、九月には藤原房前が中務卿に進んでいる。藤原氏に協力して長屋王を倒す謀議に参画した多治比真人県守以下は権参議として台閣に列し、天平二年（七三〇）九月に大納言多治比真人池守、同三年七月に大納言大伴宿禰旅人が死ぬと、その年の八月以降は知太政官事舎人親王の下に藤原氏とその同調者が台閣をほとんど独占するにいたっている。

こうした情勢のなかで『続紀』天平三年（七三一）八月七日条に、行基に追随する優婆塞、優婆夷のうち、如法に修行するもので男は六十一歳以上、女は五十五歳以上のものは入道するを許すとの詔が発せられたとある。『僧尼令集解』第五条（非寺院条）の古記に行基を精進練行の大徳といい、別に道場を立て衆生を聚めて教化するとは行基大徳の事蹟のごときものとあるが、『集解古記』は天平十年（七三八）正月以降、同十一年五月以前に成立したとされている。また確実な史料と断定できないが、『行基年譜』には聖武天皇十年（天平五年、七三三）閏三月、行基に輦車一両と得度三十五人を給うとある。これらのことは養老期（七一七〜七二三）にみられた行基とその追随者の運動に対する圧迫政策が緩和されたばかりか、それに対する律令政府当局の評価が逆転したことを物語っている。かような変化はもとより突如として現われたのではなかった。聖武天皇の即位と長屋王左大臣就任の前年、養老七年四月に有名な「三世一身の法」が発布されている。これはすでに述べた貧窮者の浮浪逃亡をともなう公民層の分解とよばれる事態の激化に対処し、在地有力者層の私有地獲得の要求に一定の譲歩を与え、彼らを通して地方公民の掌握を確実にしようとする律令政府当局の行なった政策転換の第一歩であった。この政策は長屋王左大臣の時期を経て、王の失脚後さらに強く継承されたから、やがては行基とその追随者の運動に対する価値評価の逆転にまで進んだのも当然であった。

戒師招請　道慈が僧綱に列し、大安寺に大般若会を創始した時期は、一方では如上の事態の進展する時期であったが、官寺教団内部にあってはこのとき戒師招請のことが発議され、天平五年（七三三）四月、興福寺僧栄叡・普照の二名が遣唐使に随って入唐した。二人は洛陽大福寺に道璿を訪ねて来朝を請い、これは天平八年に実現したが、さらに在唐十年を経て揚州大明寺の鑑真に東航を懇請し、前後五回の失敗、栄叡の死、鑑真の失明などの悲運に屈せず、念願を果たして帰国したのは天平勝宝五年（七五三）十月と伝える。この栄叡・普照の派遣は『東大寺要録』によればわが国に戒足なきを嘆じた元興寺隆尊と、それに賛同した舎人親王によってなされたという。この隆尊は戒律に詳しく華厳に通じ、天平勝宝三年には道璿と並んで律師に任じているけれど、『七大寺年表』に従えば戒師招請のなされた天平五年（七三三）にわずか二十八歳で、彼の意見が直接ときの知太政官事舎人親王を動かしたとは考えられない。

栄叡・普照の派遣された翌年の天平六年十一月には、先記のとおり度人は『法華経』一部または『最勝王経』一部を闇誦し礼仏を解し浄行三年以上のものに限ると定められ、得度のための最低条件がはじめて明示されている。三世一身の法につづく諸施策が令制の修正を通じて律令権力の再編強化を策したのと同様に、行基とその追随者の運動に対する評価の逆転は、養老期（七一七〜七二三）以来の僧尼統制策を学団の整備と教界の充実に向けて、より推進させるものであった。鑑真渡来以前にはいわゆる三師七証による授戒のなかったのは事実であろう。けれども仏教渡来以来二百年を経ていた当時において、僧尼となるための不可欠の儀礼である授戒について、なんらかの形式は慣習的に成立していたはずである。それなのに、この天平五年（七三三）という時点にことさら戒師招請の使者の派遣されたのは、唐の制度にならって仏教教団の整備と充実が強く意図されたからであろう。そしてかような方策の立案について養老元年（七一七）以来僧綱の任にあった弁浄、神叡はもとより、とくに天平元年（七二九）に律師に任じた道慈が、舎人親王のもとで『日本書紀』編纂に参画した事実からして、また『愚志』一巻を著わして僧尼のことについて論じ、「大唐の道俗の聖教を伝ふる法則」を説いた彼が「国土を護り」「人民を利する」ためにも、戒師招請に大きな役割を果たしたと推測されている。

国分寺建立とその意義　かくて天平期（七二九～七四八）に入るや官寺仏教教団展開の趨勢は次第に大きくなったが、これは国分僧・尼寺、東大寺創建にいたって一つの絶頂期に達した。いま国分寺についてみると、その建立の詔とよばれるものは、㈠『続紀』天平十三年（七四一）三月二十四日条にあるもの、㈡『類聚三代格』巻三に収められている天平十三年二月十四日の勅—これは『続紀』に伝えられるものと殆んど同文で、さらに五カ条の願文がつけ加えられている。㈢正倉院御物の「最勝王経竹帙銘」に「天下諸国の塔ごとに金字金光明最勝王経を安置す、天平十四年（七四二）二月十四日の勅による」とあるもの（『寧楽遺文』下巻）、以上三種の所伝がある。そのため多くの見解が提出されているが、これは天平十三年二月十四日とみるのが妥当と思われる。しかしこのことは、国分寺創建の構想がこのときはじめて生まれたということを意味しない。『金光明経』『仁王経』の講説・読誦をはじめ、諸国における仏事の催行は早く天武朝（六七三～六八六）からはじまっているし、仏像・経典以下、そうした法会のための調度類が国衙に用意されていたことが指摘されている。奈良時代に入ってからは、すでに引用したところであるが、霊亀二年(七一六)五月十五日の詔(『続紀』)は注目すべき内容をもっている。

この詔は諸国の寺堂のうちに荒廃しているもの、またその財物田園を檀越が勝手にしているものの多いことをのべ、荒廃したものは数寺を併せて一寺となし、財物田園については国師・衆僧・国司・檀越の立ち合いのもと収取を明確にし、檀越の専制を排除するよう命じている。この時期になると地方民間での仏教の普及も進み、地方豪族の間に仏寺を建立するものが多くなったが、それはすでに述べたとおり彼らの在地での勢力の伸長、具体的には私有地獲得の要求と重なりあっていた。ここにこの詔の発せられた根本的な理由があったから、これは養老期(七一七~七二三)以降の僧尼統制、仏教教団整備の動きと直接つらなるものであり、官寺仏教の体制を地方諸国の末端にまで拡充するための布石をなすものといえる。後の国分寺建立は文字通り全てが新たに建立されたのではなく、たとえば出雲の国分寺は『出雲風土記』に記載されている十一カ寺のうち、飯石郡少領出雲臣弟山が建てたと註記してある意宇郡山代郷の新造院が、のちに国分寺に転用されたものであった。かような事例をみても、霊亀二年(七一六)五月の詔のもつ意味の大きいことが窺われる。

国分寺として国ごとに画一的に寺塔を建立することは唐の大雲経寺の制を模したものであり、国土の荘厳としての意味をもったと説かれているが、国分寺建立にいたるまでに右のような前史のあることを考えねばならない。霊亀には二年の右の詔のほか、元年（七一五）にはいわゆる郷里制が施行され、在来の里を郷と改め、郷の下に数個の里を置いて班田農民の一層の掌握が策されているが、国分寺の建立は明らかに霊亀（七一五〜七一六）、あるいは養老以降の律令体制の再編強化策と深く結びついた官寺仏教体制の整備拡充策の遂行のうえに、その終結点としてなされたものであった。そして天平七年（七三五）三月に僧玄昉と吉備真備が唐での留学を終えて帰国したが、その年の八月、九州より疱瘡が流行しはじめ、天平九年（七三七）三月、先記のように国ごとに釈迦像を造り、『大般若経』を写さしめた。しかし疱瘡の流行は止まず、その年の四月に参議民部卿房前、七月に参議兵部卿麻呂、右大臣武智麻呂、八月に参議式部卿宇合と、藤原四家の兄弟は疱瘡に斃れ、代わって臣籍に降下していた橘諸兄（葛城王）が大納言となり、翌年右大臣に進み、内道場に入って寵を獲得し僧正の地位を占めた玄昉と連繫し、真備を登用して政局を担当した。ところが藤原氏の頽勢で大和国守から大宰少弐に左遷された宇合の長子広嗣は、天平十一年（七四〇）九月、玄昉・真備を弾劾し九州に挙兵した。乱は十月に鎮圧されたが、この間に聖武天皇は伊勢・伊賀・美濃を経て近江に至り、十二月、山城相楽郡恭仁京に遷都が発令された。道慈の敷設した軌道のうえに玄昉の献策を入れ、国分寺・国分尼寺建立の詔の出されたのは翌年の三月であった。まさしく鎮護国家のための事業ということができる。

大仏鋳造の開始　しかも中央政局の動揺は、なお収まるところがなかった。恭仁京の造営のなされる中で、天平十四年（七四二）八月、近江甲賀郡紫香楽宮の造営がはじまり、十五年以降しばしば紫香楽への行幸がなされ、十六年二月に新たに難波を皇都とする旨が宣せられ、十七年正月にはまた紫香楽宮を新京となし、五月ようやく平城京への還都がなされ、十一月、玄昉の筑紫観世音寺への左遷があった。こうしたあわただしい行幸と遷都の連続は、なによりも聖武天皇をはじめとする律令政府当局の事態収拾への苦慮を物語っているが、この間にあって天平十五年（七四三）「墾田永世私財法」が発布され、「三世一身の法」以来の施策の確認とより一層の推進が打出され、これと並行して東大寺建立、大仏鋳造の事業が開始された。

すなわち聖武天皇の盧舎那仏造像の意志は天平十二年（七四〇）難波宮行幸の途次、河内の知識寺に盧舎那仏を拝したにはじまるとされているが、それが如上の経緯のなかで発現したものである以上は、必然的に行基やその追随者のなしてきた宗教運動をその基底に踏まえ、律令国家の護持と再建のためのものとしてなされた。『行基年譜』には天平十三年（七四二）三月、国分寺建立の詔のだされた翌日、聖武天皇が行基の建てた泉橋院に行幸し、行基に摂津の為奈野の地を与えて給孤独園《ぎっこどくおん》とするを許したと伝えるが、七月に畿内諸国の優婆塞を召して賀世山の東河に橋を造らしめ、十月、工を終えて従事した優婆塞七百五十人に得度を許している（『続紀』）。かくて天平十四年（七四二）以来の紫香楽宮造営のなかで、墾田永世私財法の発布された天平十五年の十月十六日に盧舎那仏造顕発願の詔が出され、十九日に紫香楽に大仏を造るための寺地を開き、行基は弟子を率いて勧進している（『続紀』）。そして天平十六年十月には紫香楽甲賀寺に大仏の体骨の柱が建てられ、十七年正月には行基は僧綱の最上位の大僧正に任じたが、その年五月に平城還都が発令されて紫香楽での造像は頓坐し、八月あらためて平城京の東の金鐘寺の地に大仏鋳造を再開することとなり、甲賀寺より材料を廻送することになった。ついで十九年（七四七）九月二十九日から大仏鋳造が開始され、三カ年の間に八度の改鋳を経て天平勝宝元年（七四九）、行基の歿した年の七月二十四日に成就し、この間に金鐘寺、あるいは金光明寺の称に代わって東大寺とよばれるようになった。

大仏開眼　天平勝宝元年（七四九）七月、大仏鋳造完了と前後して孝謙天皇の受禅即位があり、その四年四月九日、塗金のまだ完了しないうちに大仏開眼の供養がなされた。導師菩提僊那、華厳講師隆尊、咒願道璿、都講は行基の弟子景静で、聖武太上天皇、光明皇太后、孝謙天皇以下文武百官が参列し、その儀は元日に等しかった。雅楽寮はもとより諸大寺の音楽は悉く集められ、王臣諸氏によって五節の田舞、久米歌、楯伏、踏歌、袍袴など内外の歌舞がなされ、「仏教東帰より斎会の儀、未だ嘗つて此の如く盛んなるは有らず」と嘆称された（『続紀』）。そののち塗金を完了し、天平勝宝六年（七五四）には大仏殿の工事が落成し、天平宝字元年（七五七）五月二日の聖武天皇の一周忌までに工事の全てが完了したという。そして華厳の教主盧舎那仏を中心とする東大寺には華厳以下の六宗の組織が整備され、官寺中の官寺として全仏教界を領導することとなった。

しかも如上の経緯をもって東大寺を中心とする官寺仏教体制が完成し、それが国分寺・国分尼寺を通して地方諸国の末端まで及ぼされるようになると、やがて仏教教団は官寺仏教の枠内に立ちつつも、その僧団は単なる司祭者の集団ではなくなり、宗学研鑽の学団組織を中軸としつつ次第に鎮護国家の「国教」としての地位を築きはじめるのは、当然の帰趨であったと考えられる。天平二十一年（七四九、この年四月に天平感宝、七月に天平勝宝と改元）正月に有名な陸奥産金の報告があり、これを盧舎那仏の賜物として、四月、聖武天皇は完成の日の近い大仏の前に北面して坐し、左大臣橘諸兄が宣命をのべたが、その冒頭に「三宝の奴」とあったと伝える（『続紀』）。この言葉は、この時期に仏教教団の獲得しはじめていた地位を象徴するといえるのではなかろうか。国分寺は創建にあたって僧・尼寺各十町の水田が施入され、天平十六年（七四七）には所在の国衙の正税各二万束を割き、これを出挙して利稲を造寺の用とし、天平十九年に僧寺に九十町、尼寺に四十町の水田を寄せ、天平勝宝元年（七四九）には僧寺に墾田一千町、尼寺に同四百町が寄進された。天平十九年の元興寺、法隆寺、大安寺の「資財帳」や、宝亀十一年（七八〇）の西大寺の「資財帳」などをみれば当時の諸大寺の規模が知られるが、東大寺にいたっては『続紀』天平勝宝元年七月十三日条に大倭国国分金光明寺、すなわち東大寺に墾田四千町施入とあり、同年十二月二十七日条に封四千戸、奴一百人、婢一百人施入とあり、翌年二月二十三日条に封三千五百戸を増して五千戸となすとある（前年の四千戸を加えると七千五百戸になるが、この後、東大寺の封戸は五千戸として伝えられ、『続紀』の記載に誤りがあると考えられる）。

そればかりか、大仏鋳造に行基とその追随者が大きな役割を果たしたことはすでに記したが、天平十五年（七四三）の大仏造顕の詔に「人の一枝の草、一把の土を持て像を助け造らむことを請願する者有らば、恣に之を聴せ」（『続紀』）とあったのに呼応し、地方豪族層の財物の寄進はきわめて大きな量にのぼった。『東大寺要録』には「利波志留志《となみのしるし》・米五千斛」「河俣人麻呂・銭一千貫」以下の記事を伝え、『続紀』にも寄進によって叙位された例が多く記されている。天平十五年（七四三）の墾田永世私財法発布以来、地方豪族・有力農民層の墾田獲得は急速に進み、彼らは寄口・家人・奴婢などの私有労働力のほか、蓄積した稲穀・銭貨を出挙したり調庸の代輸によって周辺の零細公民を動員するというい わゆる私営田経営とよばれるものに依拠し、在地での勢力を着実に伸長しはじめ、そうし て獲得した新しい地位を確保するためにも財物を寄進して叙位されたり、中央と特別の関係を得ようとした。諸大寺もこうした地方豪族層の動向に対応し、その墾田地以下の寺領を経営するためにも彼らを正長・庄長に任じ、いわゆる初期荘園とよばれるものが成立した。天平勝宝七年（七五五）以降、東大寺領越前国の荘園における同国足羽郡大領生江臣東人の活躍などは著名である（『寧楽遺文』下巻）。したがってかような趨勢は、この時期以降の仏教教団が官寺仏教として律令政権の被護と統制をうけながら、鎮護国家の国教教団として律令政権から相対的に自立しはじめる可能性を、経済的につくりだすものであったと考えられる。

鑑真の来朝　そしてこのような事態のなかで、鑑真の来朝と三戒壇の成立は重要な意義をもっている。すなわち、すでに記したように鑑真の渡来は天平勝宝五年（七五三）十月といい、翌年二月一日、難波に上陸、四日に入京し、従うもの法進、思託、如宝など二十四名であった。道璿、菩提、藤原豊成、同仲麻呂が鑑真を慰労し、吉備真備が勅使として東大寺に派遣された。そのときの詔に「朕、此の東大寺を造りて十余年を経ぬ、戒壇を立て戒律を伝受せんと欲し、此の心有るより日夜忘れず、今、諸の大徳遠く来りて戒を伝へ、冥に朕が心に契ふ、自今以後、授戒伝律は一に和上に任せん」とあったという。『唐大和上東征伝』のこの記事を信頼するならば、このとき授戒伝律の権限が鑑真に渡されたことになる。つづいて『東征伝』や『東大寺要録』によれば天平勝宝六年（七五四）四月には東大寺盧舎那仏（大仏）殿の前に戒壇を立てて授戒し、五月一日に戒壇院建立が宣せられ、翌年九月、大仏殿の西に完成した。さらに天平宝字五年（七六一）正月の勅によって下野国薬師寺、筑紫観世音寺にも戒壇を創建し、前者は東海道では足柄坂以東、東山道では信濃坂以東を、後者は西海道を担当地域として三戒壇の制が成立した。

鑑真渡来以前の授度・授戒の実態については史料的制約があって充分に判明しないが、すでに記したように公験の授与のはじまったのは養老四年（七二〇）であり、天平六年（七三四）に度人は『法華経』または『最勝王経』の闇誦と、礼仏を解して浄行三年以上のものに限ると定められている。もっとも天平十五年（七四三）前後には大仏造像のための労力確保の意味もあって、労力奉仕をなした優婆塞・優婆夷を大量に得度させた例もあるが、授度につづく授戒についても、三師七証の制はなくともその儀式は一応は慣習的に成立していたと考えられる。そして『西琳寺縁起』によれば大宝三年（七〇三）には大官大寺（大安寺）、和銅元年（七〇八）・同二年には飛鳥寺、養老五年（七二一）以後、少なくとも神亀四年（七二七）まで薬師寺で授戒のなされたことがわかり、最澄の『内証仏法相承血脈譜』によれば、最澄の師の行表は天平十五年（七四三）興福寺北倉院で受戒している。こうして授戒には一定の場所はなかったが、同時にその場所が数多くあったとも考えられない。そして授戒の対象は得度して官の度牒をもった沙弥・沙弥尼にかぎられ[11]、その時期は『西琳寺縁起』以下の史料では三月と四月になされているが、『正倉院文書』のなかに「擬僧試所」といったものがみられ、得度した沙弥・沙弥尼が受戒して比丘・比丘尼となる前に、なんらかの関門のあったことが推測されている。

ところが鑑真渡来以後は、種々の点で大きな変化がみられる。その第一は上記の三戒壇の設置であり、これによって三師七証による授戒の儀式と組織が確立されたことであるが、より重要なことは、授戒の権限に関する問題である。すなわち『日本後紀』弘仁四年（八一三）二月三日条の治部省奏言のなかに、以前は僧尼が出家するとき治部省が度縁（牒）を授け、受戒のとき重ねて公験を発給したが、勝宝以後、すなわち鑑真渡来以後は受戒のときに度縁（牒）を回収し、代わって公験を授けるのをやめて十師の戒牒を与えることになったとある。「自今以後、授戒伝律は一に和上に任せん」という先に記した天平勝宝六年（七五四）の聖武天皇の勅は、具体的にはこのような内容を有していたのである。もちろんこうして授戒の日に治部省より公験を発給するのをやめ、授戒に立ち会った十師連署の戒牒を授けるようになったといっても、戒を受けるものは治部省印のある度縁（牒）を所持する沙弥・沙弥尼に限られていたから、授戒の権限が全て教団側に移譲されたわけではなく、あくまで官寺仏教体制の枠内での移譲であり、形式の整備にすぎなかったともいえる。ここに四分律宗の興隆とともに各地に戒壇が設置され、随時授戒のなされた六朝・隋・唐の事情に比較すれば、鑑真の意図したところと相当の距りのあったことが推測されるし、鑑真一派に対して旧戒を主張するものも多く、『延暦僧録』普照伝に伝える興福寺維摩堂での両者の論争は、その代表例である。[12]

天平勝宝八歳（七五六）五月に鑑真は大僧都として僧綱に列したが、翌年、橘奈良麻呂の変が勃発している。奈良麻呂は政敵藤原仲麻呂を排撃する理由に東大寺建立による公民の疲弊をあげているが、養老七年（七二三）の三世一身の法、天平十五年（七四三）の墾田永世私財法の発布は、律令体制の護持と再建のための大きな政策の転換であった。必然的にこれを機として中央政界に混乱と動揺がはじまり、諸貴族は相互に相剋し、政局は混迷の度を深めた。鑑真は奈良麻呂の変の翌年、天平宝字二年（七五八）僧綱を辞し、授戒のことは律師として僧綱に入った弟子の法進にまかせ、自身は唐招提寺に入って伝律のみに専念するようになった。彼の僧綱離任について『続紀』に「政事躁煩、敢て老を労せざれ」とあり、[13]鑑真の置かれた地位は、彼の本来の意図のゆえに微妙なものがあったと考えられる。しかしながら、鑑真の渡来によって提起された授戒権と戒壇設置の問題は、この段階においてはたしかに官寺仏教体制の枠内にとじこめられていたけれども、次の時代には最澄の大乗戒壇設立運動として正しく継承されるものであり、かような意味をもつ問題が国分寺・東大寺建立事業の直後に官寺仏教教団の内部に胚胎したことは、きわめて意義深いといわねばならない。

道鏡政治と山林仏教の動向　鑑真示寂の年、天平宝字七年（七六三）に道鏡が少僧都になったが、翌年の恵美押勝（藤原仲麻呂）の変によって大臣禅師となり、翌天平神護元年（七六五）太政大臣禅師、同二年（七六六）法王となり、宝亀元年（七七〇）、失脚して光仁天皇即位を迎えるまで、周知のとおり律令政権はきわめて特異な形態をとった。道鏡の異例の累進は彼が東大寺から内道場に入り、看病禅師の一人として天平宝字五年孝謙上皇の病を癒したときにはじまる。彼は若年のとき葛木山に籠って苦修練行し、梵学とあわせて如意輪、宿曜の秘法を修得したと伝えるが、貧窮公民の浮浪逃亡を起軸とする社会不安と、それに対応して激化した広嗣の乱、奈良麻呂の変以来の政局の動揺に、宮廷内部には恠異信仰が瀰漫し、強力な呪力をもつものへの期待がたかまった。天平宝字八年（七六四）の恵美押勝の変と同時に孝謙天皇は重祚して称徳天皇となったが、その寵愛を得て道鏡が異例の累進をなしたのも必然性のあることであった。そして百万塔陀羅尼や東大寺に対する西大寺の建立によって示される称徳朝（七六五〜七七〇）の仏教政治は古代政治史のなかで重要な一環をなすが、仏教史においても貴族の恠異信仰との関連において重要な時期を構成している。

井上光貞氏は、寛治八年（一〇九四）興福寺永超にかかる『東域伝灯目録』により、奈良時代の僧侶の学問についてその実態を明らかにされた。それによればこの時代の僧侶の学問は、彼らの著述活動についてみるかぎり養老期（七一七〜七二三）にはじまり、天平（七二九〜七四八）を経て天平勝宝（七四九〜七五六）ごろから次第に活発となり、奈良末・平安初頭にいたって絶頂に達する。このことは、すでにみた官寺仏教展開の過程に対応するものといえよう。さらにその学問の内容については、六宗の思弁的仏教哲学を中軸としつつも、貴族、そして律令政権の要請にもとづく護国法会の執行によって護国経典の研鑽がはじまり、『法華』・『最勝王』・『仁王』の護国三部経以下、『維摩経』『般若部諸経』の講説、研究を通じて密教への傾斜の開始されたことが指摘されている。そればかりか、最近の研究によれば奈良時代の正統仏教たる官寺仏教は学解学派の仏教で、すでにのべたとおり僧侶に期待された社会的な機能は専ら僧院内の学問修行の深密さのうちに得られた呪術力であったけれど、そうした宗学の研鑽をなすためにも、その前提をなすような天賦の叡智＝自然智の獲得があわせて学僧たちの関心の的となった。ここに彼らの間に伝来の山嶽信仰に導かれて山林に入り、「虚空蔵求聞持法」をもって自然智の獲得をはかることがはじまり、天平ごろから神叡、さらには道璿以下の碩学が、吉野比蘇山寺を中心に自然智宗とよぶべき山林修行の場を構成したことが論証されている。

奈良時代末から平安初頭にかけて徳一と並んで南都の法相を担った護命も、修行中は月の前半は山に入り、後半は住寺に帰って研学したと伝え、宝亀三年（七七二）十禅師に任ぜられた広達、永興の両僧は「持戒称するに足り、或は看病声を成す」と『続紀』に伝えるが、(14)『日本霊異記』によれば広達は吉野金峯山で修行し、永興は紀州熊野に修行したことが知られる。(15)練行の場は必ずしも吉野比蘇寺だけでなく、随時に随所の名山大山が選ばれたと考えられ、若年に葛木（城）山に籠ったという道鏡も、そうした一群の一人であったということができる。道鏡の異常な出頭は当時の律令権力の動揺、政局の混迷と貴族の佞異信仰、天皇の寵愛にもとづくすぐれて政治史上の問題であるけれども、彼の背後には当時の仏教教団における如上の趨勢が深く存在していたのである。したがってこうした事態は、大仏開眼を機に急速に拡大しはじめた諸大寺の現実社会における経済的実力を基底に戒壇設置の問題ともからみあい、学団整備の結果として俗権に対する教権の自律性獲得の志向と重なり、天台・真言二宗樹立にはじまる平安仏教への傾斜を官寺仏教内部につくりだすものであったといえよう。

六　天平の仏教芸術

天平芸術の舞台　天平美術とは奈良時代の美術を天平の年号で代表させる美術史上の称呼で、そのうち仏教関係のものは寺院建築と仏像彫刻類に大別される。この時代の寺院建築の遺構は奈良旧市内とその周辺に十数棟残されており、その多くはいわゆる南都七大寺に属しているが、そこでの伽藍配置は飛鳥・白鳳のものがさらに展開、整備され、薬師寺式・大安寺式・東大寺式の三種が主流を占め、当代の官寺仏教展開の過程と対応している。なかでも遺跡の発掘によって知られる諸国国分寺の伽藍配置は白鳳期の法隆寺式によるのは相模のものぐらいで、他は山背（城）・近江をはじめ多くが大安寺式によっている。このことから、大安寺の平城移建に唐の長安西明寺に模して工を宰領し、つづいて大安寺に住した道慈が、国分寺創建にも深い関係を有したことが指摘されている。また奈良時代の末に建立された唐招提寺にあっては七大寺における遺構が塔や小堂であるのに反し、金堂・講堂など伽藍の主要部が当初のまま残されており、とくに講堂は本寺草創のとき平城京大内裏の朝集殿を移建したものと伝え、宮殿建築の稀な遺構として貴重なものとされている。

ところでこれらの講堂に安置されている仏像は、いうまでもなく「三宝」のうちの

「仏」を地上に具象化した礼拝の対象であり、それゆえにこの時代の仏教の有した特質と直結すると考えられるので、以下はこの仏像彫刻についてその展開のあとをみてみよう。

まずいわゆる白鳳仏から天平仏への転換は薬師寺金堂の薬師三尊像にもとめられるとされる。もっともこの像の製作年代については問題があり、薬師寺移建・非移建の両説とからみあい、これを持統天皇十一年（六九七）藤原京に創建された本薬師寺の本尊としてつくられたものがいまの薬師寺に移されたとみる説と、養老二年（七一八）薬師寺があらためて現在地に建てられたときに鋳造されたという説とがあるが、様式的には明らかに唐様式に立ち、天平彫刻はこの唐様式をうけて東大寺大仏にいたるまでの展開をとげたとされている。しかもこの間に従来の金銅仏より乾漆像が多くなり、さらに塑像も現われるという造像における技術的発展を含んでいるが、いま天平仏でも前期に属する興福寺八部衆像のうちの阿修羅像についてみると、次のような特質が指摘されている。

天平六年（七三四）に製作された乾漆着色の阿修羅像は一抹の愁いを含みながらも明るく健やかな容貌に心をひかれ、ともすれば全体に観察するのがおろそかになるけれども、その特徴の第一に眼があげられる。この像においては蟹満寺釈迦像をはじめとする白鳳仏に多くみられたS字状の眼があらわれていない。S字状とは上眼瞼の中央部が特に垂下したため眼瞼のなす弧線が中途で波状を示すため生じるもので、これはインド人、とくに女性に特徴的なものである。かような眼形は天平に入っても聖林寺十一面観音や法華堂本尊などに多くみられるが、同じ時期の阿修羅像にないことは、これが如来や菩薩像について教義上の要請から瞑想性を示すためとくに採用されたことを示し、天平仏におけるS字状眼形が単なる伝統の踏襲でないことを物語っている。むしろ天平に入って白鳳的眼裂形の破られたことに注目すべきとされている。そして阿修羅像の眼瞼ははっきりと見開かれ、必然的にこれが眼尻・眉にわたって独自の個性表出を可能ならしめると同時に、その眼瞼は平安初期の仏像のように意識的に突出しておらず、「日本人性」の主張はなお微弱な段階にとどまっている。

鼻については、白鳳までの仏像は鼻梁が一直線をなすものが極めて多かった。仏画にしても、法隆寺金堂壁画における多くの菩薩像は、いずれも前額より鼻の先まで一直線でもって、画かれている。かような礼拝像の面様は明らかにインドアーリヤン系にとってふさわしいものであるが、この伝統的理念は飛鳥・白鳳の全ての仏像を支配し、如来像については唐招提寺金堂の大日如来をはじめ天平期にも受けつがれている。だが天平期にはまたこうした伝統的理念と手法を排除するものも多く現われ、興福寺阿修羅像にいたっては正面の顔の鼻根部は明らかに湾曲し、両顔のそれはさらに著しい。飛鳥・白鳳の仏像がほとんど尖った鼻頭をしているのに、まるい鼻頭をもち、小さな小鼻とともに「児童的な純真さ」と評される個性表出に成功している。口についても阿修羅のそれは白鳳のどの仏像よりも厚く、口幅も広く、一層日本人的となり、これらを含む顔面構成全体が白鳳仏のもつインドアーリヤン系の中高な面だちとは異なった親近性を有している。

体軀と姿勢に関しては、飛鳥仏の合掌する臂は腋腹に密着し、白鳳仏ではそれが自由になった。阿修羅像になると正面の二本の手は合掌という形がもっとも自然に表出しやすい瞑想とか威厳をこえ、少女的な潑剌さに貫かれている。周知のとおりこの像は三面六臂というきわめて非人間的、非芸術的な怪物性に立つ異様な姿態である。官大寺における学団の整備と宗学研鑽の進展は仏像の儀軌に関する豊富な知識をもたらし、とくに護国経典の読誦講説による護国法会の盛行は密教的修法を伴い、異様な姿態をもつ各種の造像がなされた。白鳳以前に比べれば、造像にあたってその主題にもとづく造型上の制約が、はるかに多く煩雑になったのが天平期であったが、この阿修羅像にあってはそうした造型上の制約がかえって製作者の人間的なものの表出をもたらし、天平六年（七三四）という年に仏師将軍万福らによって他の諸像とともに製作され、興福寺西金堂に安置されたのであった。

法華堂諸像以後　かくて天平期の諸仏像は、その前期に属する阿修羅像以下の興福寺八部衆像、同十大弟子像、法隆寺五重塔塑像群などにおいて、白鳳期にみられぬ如上の達成をなした。だが天平も後期に入り、東大寺法華堂の不空羂索観音像や梵天帝釈・四天王・

仁王像などになると、面相の力感、形態の整備、豊満な体軀の量感などにおいて唐様式の充実したものを充分に咀嚼するが、一方では次第に白鳳期、乃至は天平初期の有した独特の暢達さが失われはじめる。薬師寺本尊の薬師三尊像と東大寺法華堂本尊の不空羂索観音像を比較すると、前者の面貌、体軀の肉づけ、衣紋の襞の異国風なのに対し、後者の顔面構成と衣紋の線に日本的なものが現われている。そして三眼八臂の菩薩形という主題のもつ幽晦な怪物性を、苦悩に耐えた額の皺ともみられる第三眼や合掌する両手の強さで支え、なによりも八本の腕のために生じる上半身の過重を、腰の豊かさと、両足をやや開き、両膝をわずかにかがませ、下半身の幅を拡げることで安定させている。もしこの像の顔に薬師寺本尊の大らかな唐風そのものの風貌を適用し、あるいはその輸入された襞をそのままこの像の下半身に踏襲するならば、この三眼八臂の菩薩の姿を支えることは不可能であろう。法華堂で北面する執金剛神像を除いて天平二十年（七四八）ごろの製作と推定されている不空羂索観音像以下九体の乾漆諸像が、天平仏の最高峰を示すとされているのもけっして故ないことではない。しかし、にもかかわらず、これらの仏像が一方では薬師寺本尊や、それ以前の白鳳諸仏の有する「青年時代」ともいうべき暢達さを失い、重苦しい晦渋さをもって今日に伝えられていることも見逃すわけにはゆかない。

仏像製作の組織・工程　天平後期に現われはじめるかような傾向は、明らかに仏像儀軌の晦瞑性、造型主題の怪物的な晦渋さが製作者の人間を圧倒し、像自身の内容に代位しはじめたことを物語るが、このことを当時の仏像製作の工程から解明しようとするこころみがなされている。当時の仏師たちの造像のしかたはかならずしも明らかでないが、『大日本古文書』に収められる『正倉院文書』によれば、大寺院の建立に当たっては造寺司のもとに造仏所が設けられ、別当の下に仏工を含む雑工が造仏にあたり、その下に仕丁・雇夫らが雑役に使われた。この造仏所別当にはどのようなものが任じたかといえば、天平宝字六年（七六二）当時の造東大寺司造仏所の別当に正六位上志斐連《しびのむらじ》麻呂と正七位下川原蔵人人成の名が知られる。このうち川原人成については不明であるが、志斐連麻呂はもともと筭術優長として表賞をうけ、その技術をもって朝廷に仕えてきた一族の出身であった。また当時の造石山院所の雑色の一人に仏工未選として志斐連公麻呂の名がみえ、二十歳ごろから六年間造仏所で働いていることがわかるが、その本貫は左京であった。したがってこの一族は高位の官人貴族ではなく、といっても農業とは関係が薄く、帰化人またはその系統の技術を伝える一族として都に定住せしめられ、その技術をもって下級官人あるいはその配下で働いてきたことがわかる。仏工たちはおそらくこうしたものの間から出るものが多かったろう。

そして実際の製作工程についてみると、造石山院所関係の文書で知られる本尊丈六観音菩薩像一軀、夾侍六尺神王像二軀の塑像三体は、造東大寺司より分遣された己智帯成を中心に上記の志斐連公麻呂と息長丹《おきながに》生真《ふのま》人《ひと》常人がその下で働き、本尊を三カ月、神王像二軀を四カ月で造っている。これが乾漆像になると工程は複雑化し、造東大寺司造仏所での丈六観音菩薩像の製作には仏工七名、木工三名で約八、九カ月から十カ月を要している。しかもそれは仏体に関するだけで、光背や台座の仕上げには画工・鋳工などを必要とし、とくに仏体の彩色は塑像一体でも一～三名の画工が二～三カ月はかかった。七仏薬師などの群像では一体の造型が終わると、三～五名の押薄工や漆工の着色作業が次の一体の造型作業と並行して進められた。こうして造寺の盛行は多くの仏像の製作を要求することとなり、需要の増加に対しては一種の流れ作業をなし、製作工程を分割して進められた。比較的単純な作業や準備作業には仕丁・雇夫を使って仕事を割り当て、着色作業に仕丁を動員するほどで、東大寺の弥勒菩薩像の製作には仏座や光背の磨塗にあたり、甕形、花実、紋漆などそれぞれ作業を分担させたことが指摘されている。

しかしこのような量産体制がとられたけれども、そこで働いた工人たち相互の間には師匠と内弟子、兄弟子と弟弟子といった後世の職人集団のような緊密な関係はなかった。たとえば先の造石山院所における塑像三体の製作にあたった己智帯成と志斐連公麻呂・息長丹生真人常人の間は一見して師匠とその内弟子のようにみられる。だがこの塑像の彩色にあたった上楯万呂は、人手が不足したときとくに雀部《ささきべ》浄人というもの、もしこれが駄目なら尾張太万呂なるものを新たに分遣してほしいと上司にあてて請願している。すなわち当時にあっても技術の伝習という点では師匠と弟子の関係は存在し、工人相互の間に自ずと親疎の間柄は形成されていたろう。だがそうした関係はそのことだけにとどまり、師匠と弟子の関係がそのまま後世のように、仏像製作の単位として自律的な集団とはなっていなかった。助手の数を増すにもいちいち上司に請願してその決裁を仰ぎ、工人たちは全体として巨大な官僚機構の末端にとらえられ、官人支配の原理でもって製作工程が仕組まれていた。ここにこの時期の仏像製作の弱点があり、仏像の需要が増えれば増えるほど、儀軌に関する制約が強まるほど、像の造型的主題の整備のみに終わる仕事に流れざるをえなかったろう。

したがって奈良時代後半に現われる仏像の内面的生命力の弱化は、それが上記のように律令制下の造寺司造仏所の機構と深く関連するものである以上は、明らかにそれは官寺仏教体制の破綻をいち早く示すものといえるのではなかろうか。このことは一面では奈良時代後半に入って官寺仏教教団内部の宗学研鑽が顕著な業績をあげはじめた事実と背馳するようにみられる。しかしすでにのべたとおり、彼ら官寺の学僧たちの研学はけっして官寺の僧院内のみで完結していたのではなかった。月の前半は山に入り、月の後半は住寺に帰るというように、彼らは自らの宗教性の源泉を官寺以外の山林のなかに求める傾向を早くから生みだしていた。一般には官寺仏教体制の欠陥は道鏡の出現によって露呈されたと説かれているけれども、その破綻は、より根源的な場において徐々に進行していたことに注目されねばならない。

七　民間仏教の進展

地方豪族と仏教　中央における仏教興隆は必然的にその地方への波及を惹起し、奈良時代に入ると各地で急速に寺院が建立されるようになった。文献にしるされているものだけでも、『出雲風土記』には出雲一国に意宇郡舎人郷の教昊寺以下十一カ寺あると記し、『続紀』天平勝宝元年（七四九）十月十五日条によれば河内国に六十六カ寺あった。また天平の後半（七四〇年代）には国分寺・国分尼寺創建などによって多数の僧尼が必要となり、律令政府がひろく民間に僧尼に堪えるものを貢挙せしめたのに応えて智識優婆塞貢進ということがなされ、そのときの文書が正倉院に伝存して「智識優婆塞貢進文」とよばれている。その大部分である百四通が『寧楽遺文』にまとめられているので、そこで知られる智識優婆塞のうち本貫のわかるもの百三十三名についてみると、京畿では左京十六・右京十二・大和七・山城十三・河内九・摂津一の計五十八名、東海道では伊勢五・尾張十一・参河二・遠江二・上総七・下総一・常陸一の計二十九名、東山道では近江七・美濃八・信濃一の計十六名、北陸道では若狭一・越前三・越中二・越後一の計七名、山陰道では丹波一・因幡二・伯耆一・出雲一の計五名、山陽道では播磨四・備前一の計五名、南海道では紀伊四・阿波一・讃岐四・伊予二の計十一名、西海道では筑前一・肥後一の計二名となる。

もとよりこれは偶然に今日まで伝存されたものによっており、貢進者の実数も、出身地の分布についても正しく実状を反映しているとはいえない。しかしそれでも東国や西国の出身者も多くみられ、この時期には仏教はほぼ全国的に普及していたことが窺われる。とくに「貢進文」の内容をみると浄行十年以上と記されているものの多いのは注目すべきであるが、かような当時の地方民間の仏教は、いわゆる地方豪族や村落の有力者層たちを直接の支持者とするものであった。『出雲風土記』にみられる寺院は意宇郡に四カ寺、楯縫郡に一カ寺、出雲郡に一カ寺、神門郡に二カ寺、大原郡に三カ寺あり、なかで五重塔のあるもの一カ寺、三重塔のあるもの二カ寺を数え、以下は厳堂（金堂）や教堂があると記されている。このうち、先記のように後に出雲国分寺に転用された意宇郡山代郷の新造院の建立者飯石郡少領出雲臣弟山は、風土記勘造のとき出雲国造で意宇郡大領であった出雲臣広島に代わり、天平十八年（七四六）に出雲国造になっている。また意宇郡舎人郷の教昊寺は教昊僧なるものの建立で、彼は散位大初位下上腹（蝮《たじひ》カ）首押猪の祖父にあたるといい、以下いずれもその地の豪族とみなされるものの建立したことが知られる。

またこうした造寺造塔だけでなく、写経造像・悔過法会・建碑義橋などのことも仏恩に報謝し、功徳を積む業としてしばしばなされたが、とくにそうしたことをするために、互いに語らって財物を浄捨したり労力を奉仕する人を知識とよび、かような集団的な行為を知識結《ゆ》いとよんだ。この知識結いによって浄写された経典が今日まで数多く伝存され、仏像や石碑などの類も少なくない。だがかように互いに知識を結んで造寺造塔以下のことのできたのは相当有力な地方の豪族たちであり、一定以上の財力と教養のある在地の有力者たちであったろう。少なくとも彼らが中心にならねば行ないえなかったと考えられる。常陸国新治廃寺址から郷名と思われる文字を刻んだ瓦が多数出土し、武蔵国分寺址からも同様のものの出土が報告されているけれども、これらの例も郷内の人々が平等の立場と意志にもとづいて、寺院建立のための知識結いをなしたとは考えられない。地方村落においても村落民の全てが個々の家族ごとに墓をもち、村内の寺院と寺檀関係を結ぶようになったのは、小農家族の自立の進んだ近世以降のことであった。以前は神祭にしても仏事による祖先祭祀にしても一定の族団ごとに営まれ、その中核にあった有力者の統率のもとに行なわれるのが通例であった。まして仏教信仰とか仏教信者というとき、漠然と仏像を尊び、仏像を礼拝するだけではなく、そうした行為についてある程度の教理的な理解が伴わねばならない。ことは単に財力の問題だけではないのであり、こうしたことを古代の一般民衆に求めることは不可能であろう。一般の人々は自ら仏教の篤信者であったというよりは、むしろ在地の有力者の仏事を通じて仏教に接し、次第に教化をうけはじめたとみるべきであろう。

豪族層の仏教受容の特色　しかもこうして仏教の地方普及が開始されたとき、その中心的な荷担者であった地方豪族たちは中央の貴族層と同様に、あるいはそれ以上に濃厚に伝来の信仰と密着した形で仏教をうけいれた。彼らは一応の教養のある階層としてある程度は仏教の教理にも通じ、その意味で仏教を信奉するにいたったけれども、彼らが仏教を受容する態度において、あるいは仏を礼拝する姿勢において、固有の祖先崇拝を脱却することはなかった。たとえば「上野三古碑」の一つとして著名な「山名村碑」は、天武天皇九年（六八一）に建てられたものであるが、その碑文には「佐野の三家を定賜ひし健守命の孫黒売刀自、此は新川臣の児斯多々《したた》禰《ね》足尼《のすくね》の孫大児臣に娶《みあ》ひて三児あり、長利僧母の為に記す定文也」とある。

この碑は群馬県高崎市の南郊、丘陵の末端部に南面してつくられた後期古墳の最末期と推定されている横穴式石室古墳の傍に建てられ、この墳墓と深い関連をもつ墓碑とされている。この時期の写経の奥書などに記された願文にしばしばみられる「七世父母の為め」

という言葉の意味についてはすでにのべたが、この碑において長利という僧が母の冥福を祈って碑をたてたとき、母の出身の佐野三家氏の開祖の名をまずあげているところに、固有の祖先崇拝の定型を見出すのである。しかもこの場合、そうした氏族の始祖とおぼしき「健守命」という神名をもつものをあげていることに注意されねばならない。この時期の地方豪族たちは一定の族団の首長であり、彼らの地位は族団の系譜の源頭と並んで悠久の過去に遡る神の名において保証され、彼らはその司祭者として在地に君臨してきた。したがってこうした人々が仏教を信じて仏寺を建立すれば、それのもつ周辺への影響力ははかり知れぬものがあったろう。もとよりそれは、すでに記したとおり仏教そのものとしての影響力ではなくむしろ仏教以前の伝統的意識と宗教感情に支えられた根源的な神聖感にもとづくものと思われるが、この時期における仏教の地方普及、地方民間の仏教受容は、まずかような形で進行したと考えられる。

そしてすでにのべたとおり、八世紀奈良時代に入って律令制の矛盾が激化し、いわゆる班田農民の分解とよばれる事態の深刻化するなかで、地方豪族、有力者層は在地における新しい地位の獲得と確保をもとめ、一般公民は失われた過去の復活をもとめて行基以下の民間遊行の僧徒に追随した。かくて養老七年（七二三）の三世一身の法、天平十五年の（七四三）墾田永世私財法が発布されるや、それまでは大小貧富の差はあっても、ひとしく官から口分田の班給をうけるという点では平等な公民によって構成されていた村落が、以後は次第に墾田と山野の占有を基礎に周辺の零細な農民を支配する豪族・富農層を中心とする村落に変貌しはじめた。すでに行基やその追随者が民間にあって「罪福の因果を巧説」したと『続日本紀』に伝えられるが(16)、『日本霊異記』に収められている説話をみると、そのほとんどが現世での果報を中心課題とし、原始的呪術信仰にみちている一方で、全篇の主旨は過去・現在・未来にわたる因果応報の教説によって貫かれている。こうした教説はいうまでもなく仏教のもつ根本的な世界観であるが、そうした三世にわたる因縁果という先験的理念をもって世界を説明しようとする思惟方式は、族団の首長として悠久の過去の神話に自らの立脚点を有してきた地方豪族たちが、そうした旧来の世界から一歩踏みだして在地に新しい地位を築こうとするとき、彼らの新しい世界とその行動の正当性を主張し、かつ自らそれを納得するためにも進んで受容したのではなかろうか。この時期における仏教の地方普及は、律令制の矛盾とその展開というすぐれて社会的な問題と深くからみあいながら進展したということができるし、必然的にそれはまた伝来の神祇信仰との接触、習合の事象を伴うものであった。

神仏習合の端緒　奈良時代における習合思想の発生から平安時代末の本地垂迹説完成にいたるまでの経過は、すでに辻善之助氏の詳細な研究があり、学界の定説になっている。

それによれば、奈良時代中期以後に「神は仏法を悦び、仏法を擁護する」という消極的なものから、「神も一個の衆生であり、仏法によって苦悩をまぬかれようとする」といわれるようになり、奈良時代の末から平安初頭ごろに八幡大菩薩とか多度大菩薩といって神に菩薩号をつけてよび、神前で盛んに読経がなされ、神のために神宮寺が建立されるようになった。そしてこうした段階を経て「神は仏」となり、さらに「神は仏の化身・権現」であるという垂迹思想があらわれ、八幡大菩薩の本地は阿弥陀如来であるというように、どの神の本地はどの仏であるという垂迹説が現われたとされている。しかし、ここで習合思想の発生と展開の初期の状態についてみるとき、「神は仏法を悦び、仏法を擁護する」というわゆる護法善神としての神と、仏法によって苦悩をまぬかれようとしていわゆる神身離脱の願望を表明した神との間には、一直線で結べない問題が介在している。

「護法善神」と「神身離脱」　すなわち、六国史を中心に奈良時代から平安初頭にかけての神宮寺建立と、神前読経の事例をみると、元慶二年（八七八）二月の越前気比神宮での読経まで（『三代実録』）三十八例を数える。そのなかで神が神託を発して神身離脱を訴えたというものは、「吾が為に寺を造りて吾が願を助済せよ、吾れ宿業に因り神と為ること固より久し、今仏道に帰依せんと欲して福業を修するに因縁を得ず、故に来りて之を告ぐ」(17)といった越前の気比神をはじめ、「我れ神身を禀けて苦悩はなはだ深し、仏法に帰依して神道を免れんことを思ふ」といった若狭国遠敷郡若狭比古神願寺の比古神、[18]「吾れ久劫を経て重罪業を作し、神道の報を受く、今冀くは永く神身を離れんが為に三宝に帰依せん」といった伊勢国桑名郡多度神宮寺の多度神、[19]「道を修することを禁ぜずと雖も従者を妨ぐるに因て罪報と成り、猶後生に此の獮猴の身を受けて此の社の神と成る、故に斯の身を脱せんが為に此の堂に居住して我が為に法華経を読め」といった近江国野州郡御上岑（三上山）の陁我《たが》大神（『日本霊異記』下巻二四）、「神霊と云ふと雖も未だ蓋纏を脱せず、願くは仏力を以て将に威勢を増し、国家を擁護し郷邑を安存せんとす」といった同国同郡奥嶋の嶋神[20]などがある。

これらの例をみると、「仏法を悦び、仏法を擁護」する神は仏に対していわば独立の地位に立っているのに、「神身離脱」を願った神々は、仏に対して明らかに従属的な地位にあり、その間に神の権威に関して、大きな価値の転換がなされているとみなければならない。かような転換は単に仏教の普及が進んだために起こったというだけではなく、そうした仏教の普及が伝来の神祇信仰に大きな影響を与え、「神」に関する観念に大きな変動がなされた結果はじめて生じたものであろう。というのは、固有の神祇信仰における「神」の観念は、もともときわめて未熟なものであった。『記紀』・『風土記』などに語られている神々は一応は神名がつけられ、人格神的風貌は与えられている。しかしそこで語られている神々の物語についてみれば、神の有した個性はきわめて貧弱なものであったというほかない。

神仏習合と神観念の変質　『常陸風土記』行方郡条には箭括氏麻多智《やはずのうじまたち》というものが夜刀神《やつのかみ》の妨害を排して郡の西の谷の芦原を開墾した後で、孝徳天皇（六四五〜六五四）のとき茨城国造の壬生連麻呂というものが同じ地に新たに堤を築こうとしたところ、再び夜刀神が現われて工事を妨害した。東国では今日も「谷」を「ヤツ」とよび、「ヤツの神」とは谷間の湿地に住む神蛇をさすが、その妨害に対して麻呂は大いに怒り「此の池を修めしむるゆえは民を活すにあり、何の神、誰れの祇ぞも風化《ことむけ》に従はざる」といい、配下の役民に向かって「目に見ゆる雑《くさぐさ》の物、魚虫の類、憚り懼る所無く、随尽《ことごと》く打ち殺せ」と命ずると、神蛇は畏れて逃げ去ったと伝える。原始時代を脱却して国家の形成がなされている以上は、原始の宗教意識が、そのままの形で存続しているはずはない。この『常陸風土記』の話のなかで、箭括氏麻多智自ら甲鎧をつけ仗をとり、夜刀神を追払って開墾を進めているし、壬生連麻呂にとっても「目に見ゆる雑物」はもはや畏るべき「神」ではなくなっている。彼は目に見えぬ「神」を知っており、彼の背後にするものは目に見えないけれども正邪を峻別する普遍的神性であり、自らその摂理に立脚するという確信があったからこそ、「民を活すにあり」と称して怯える役民を駆使し、神蛇を追払って工事を進めたのであった。

しかしその場合、壬生連麻呂が背後にしていた目に見えぬ神は、目に見える雑物を追払うためのものであり、神蛇という原始以来の畏るべき地上の精霊と対決し、そこにおいて霊威を発揮する神であったことに注意されねばならない。先の箭括氏麻多智の話では彼が夜刀神を打殺し、山口まで追いつめて、境の杭を打ち堀を設け、「此より上は神の地たることを聴さむ、此より下は人の田とすべし、今より後、吾、神の祝《はふり》となりて永代に敬ひ祭らむ、冀は祟ることなく恨むことなかれ」といって社をつくり、その子孫相承して祭りをしていると記されている。ここにあっては天上の神は地上の精霊と対決することによって霊威を発揮するばかりか、地上の精霊もまた神とされ、両者は互いに依存しあい交流しあう余地が残されていた。すでに繰り返しのべたとおり、わが国における国家の形成は原始の血縁社会を解体して純粋の地縁社会をつくりだす方向でなされたのではなかった。地方の豪族たちももともと一定の族団の首長であり、族団の奉ずる神の司祭者として輩下の人人に臨んでいた。ここに彼らは神の子、あるいは神の特別の恩寵をうけたものとして天上と地上の結節点に立ち、神人の分離を一定点に押止める役をはたしていた。

『風土記』におけるアニミズム的精霊やナチュリズム的自然神の跳梁、乃至は人格神観念の一般的未成熟とされていることの基礎には、右のような事態が存在したと考えられる。だが奈良時代に入って顕著となりはじめた社会的変動、班田農民の分解とよばれる事態の進行は、地方豪族層の領導してきた伝来の宗教圏に重大な変化をもたらした。彼ら地方豪族たちが、墾田や山野の占有を通じて改めて周辺の零細農民を支配しはじめたとき、そこに創りだされた世界は、族団の系譜源頭とともに悠久の過去にはじまる神の恩寵と、その霊威のみで統轄しうるものとは質を異にしていた。ここにすでに記したとおり現実の新しい世界に貫徹する理念がもとめられ、仏教の急速な地方普及がなされたのであるが、このことは同時に神と人間との断絶をはじめて生起することとなり、神に人間界の姿が投影されていわゆる人格神観念の成熟がはじまる。「我れ神身を稟けて苦悩はなはだ深し」といった神々のまことに人間的な託宣の開始は、こうした過程の着実に進行しはじめたことを物語っている。しかもかような推移が固有の神祇信仰の内部だけでなされたのではなく、仏教の地方普及という事態のなかで、それとの接触あるいは触発をうけつつなされたところに、特殊な事情が存在した。

天平神護元年（七六五）十一月の詔に、「神等《たち》をば三宝《ほとけ》より離れて触れぬ物ぞとなも人の念《おもひ》てある、然れども経を見まつれば、仏の御法《みのり》を護りまつり尊みまつるは諸の神たちにいましけり」（『続紀』）とある。この詔に説かれているものは「神は仏法を悦び、擁護する」という護法善神の説の代表例であるが、この詔文をみるとき、この教説は仏教を信じ、あるいは信じようとする人が伝来の神に対する信仰との摩擦を避けるために案出した、一種の方便ともいうべき性格を有していることが窺われる。そこには仏に対する信仰と、神に対する信仰の接触はあっても、両者の内的連関はなく、仏教の側から伝来の神祇信仰に対してこころみられた一種の説得、乃至は弁明というべきものである。これに対して神が自ら神身を離脱せんがために仏法をもとめ、その旨を託宣するということは、単に仏と神と結びつけるために案出された教説というものではなく、そこには神を信じ、神とともに生活してきた特定の社会集団の神に対する意識の変質が前提となっており、そのようなものがなければこうした託宣は発せられなかったろうし、またそれを信ずることもなされなかったろう。

神宮寺と遊行僧　若狭比古神が神身離脱を願ったのは養老年中（七一七〜七二四）のこととして、天長六年（八二九）まで同社の神主であった和朝臣宅継の家に伝承されていたものであり、宅継は古記に検拠するに彼の曽祖父赤麻呂が天変地異を鎮めるため仏道に帰心して深山に練行したとき、比古神が人に化して託宣したといい、神宮寺である神願寺はこのとき建立されたといっている。多度神宮寺については、延暦二十年（八〇一）に録されたという同寺の「伽藍縁起資財帳」によれば、満願禅師というものが神社の東の井於道場に居住して阿弥陀仏を奉持していたところ、天平宝字七年（七六三）に先記のような託宣があったので、神坐山の西に小堂を建てて神像を安置し、当郡、すなわち伊勢国桑名郡の主帳外従七位下水取月足が銅鐘と鐘台とを献じ、美濃国の優婆塞県主新麿なるものが三重塔を起工した。ついで宝亀十一年(七八〇)に朝廷より度者四人がみとめられ、宝生寺創建者として著名な大僧都賢璟が三重塔を完成し、さらに奈良時代も末近い天応元年(七八一)私度の沙弥法教なるものが、伊勢・美濃・尾張・志摩の四カ国の道俗知識を引率し、法堂・僧房・大衆湯屋を造立したという。

多度神社のある多度山は標高四百三メートルにすぎないが、揖斐川下流右岸の伊勢・美濃・尾張三カ国の国境附近にあって木曽・長良・揖斐三川の沖積平野に向かって屹立し、山麓には小さいけれども清冽な渓流と滝があり、今日でも雨乞いの神としてこの地方の信仰を集めている。またこの山は南の伊勢・志摩国境の朝熊山と対応して伊勢湾航行の船舶にとって恰好の目標となるため漁民の信仰も篤い。それゆえ神宮寺建立にあたって桑名郡の主帳や美濃の県主氏など在地豪族が参与し、私度僧法教が上記四カ国の道俗知識を引率したのも、当然のことであったろう。そうしてこうした有名大社のことであったから朝廷も度者四人をみとめ、賢璟のような著名な僧も塔の建立に尽力したと考えられる。それゆえ、縁起の文面からみれば朝廷の関与や、賢璟の参画は神宮寺建立がある程度の進行を示してからであり、「吾、久劫を経て重罪業を作し、神道の報を受く」との多度神の託宣は、なによりもこの地域の人々を最初の、そして直接の支持者とし、そのなかにあって活動した僧侶たちの主導のもとに語りだされたものであろう。

この満願については、嘉祥三年（八五〇）八月五日の官符所引の承和三年（八三六）六月十五日の官符に、鹿島神宮司大中臣朝臣広年の解として、「天平勝宝年中（七四九〜七五六）修行僧満願此の部《くに》に到来し、神の為に発願し、始めて件の寺を建て、大般若経六百巻を写し奉り、仏像を図画し、住持すること八箇年」にして去ったとある（『類聚三代格』巻二）。おそらくこれと同一人物と考えられ、このような民間遊行の僧侶が各地の神々について、これを仏教と習合させる新しい信仰を伝播したことが窺われる。この時期に人格神の観念は次第に成熟したけれども、神々はなお旧態を脱しきれず、霊威神として畏敬すべきものとしての側面を残していた。ここに神々の暴威を鎮め、その祟りと怒りを解くために仏法の権威がもとめられたであろう。当時輩出した民間遊行の僧侶たちは、民間におけるこうした信仰に支えられ、各地の神々のそれぞれについて如上の習合信仰を生みだし、それが累積されて一般的な風潮にまでたかめられたと考えられる。

そしてこれと関連して、満願なる遊行の僧侶が鹿島神宮寺において仏像を図画し、多度神宮寺において神像をつくったとの所伝は、注目すべき問題を孕んでいる。先に奈良時代も後半になると官寺の造仏所における仏像類の製作が行詰りに逢着したと記したが、この満願の所伝はそうした官の施設とは離れ、まったく新しい場所において、仏像、仏画類の製作がはじまったことを物語っている。もとよりその技術は稚拙な素人作りの域を出ないものであったろうけれど、そのことのもつ歴史的意味は大きい。とくにそこにあって神像が製作され、常時それを社殿に奉安する風がはじまったことは、もともと神は祭りのたびに天空より祭場に降臨し、依代に憑依するものとして偶像をもたなかった神祇信仰にとって、まさに革命的な変革であった。伝来の信仰が仏教に触発されつつ原始性を脱却し、同時に神仏習合の信仰を生みだしたというこの時期の風潮は、この神像類の製作においてもっとも具体的に示されている。また『日本霊異記』には河内の沙弥尼が知識を引率して六道の図をえがき、平群の山寺に置いて「縁の事に因り、暫く東西に示す」という話がある（上巻三十五話）。主人公が「尼等」と複数で語られていることからみても、当時、仏画を掛けて後世の「絵解き」にあたるものの存在したことが推測され、民間における仏画のありかたが、僧侶のありかたと関連して興味深いものがあるといえよう。

道行の知識勧進　三重県名賀郡種生村常楽寺所蔵の『大般若経』の巻五十、九十一、百八十七は、その跋文から天平宝字二年（七五八）沙弥道行なるものの勧進で、山君薩比等以下十一人が知識を結んで浄写したものであることが知られる。このうち巻五十には「奉為　神風仙大神」と記し、巻九十一には「奉為　伊勢大神」としてかなり長文の跋文を記しているが、それによると前年に道行が深山で練行していたとき大雷に遇い、彼はそれを神の怒りによるものと考え、それを鎮めるため『大般若経』六百巻の書写を誓ったところようやく難をまぬかれた。そこで彼は知識を募って書写をはじめ、その功徳によって諸大神社のすみやかに大聖の品にのぼり、あわせて天朝聖主の長寿と二親眷属の万福以下のことを願っている。これはこの時期における神仏習合の一例であり、とくに伊勢大神のように皇室の祖神とされている神でさえ畏るべき霊威神としての側面をもち、仏法によって救済さるべきものとされている点が注目される。しかもこの経典は十三世紀後半の鎌倉時代の末まで和泉国和泉郡坂本郷桑原村仏性寺に伝存され、その後に常楽寺の所蔵に帰したものので、道行に率いられて知識を結んだのは、現在の大阪府和泉市桑原から同岸和田市山直にかけての人々であった。これらのことは奈良時代後半には伊勢大神は民間では神風仙大神ともよばれ、仏教と結びついて広汎な地域の人の信仰を集め、道行はそうした信仰の伝播者、乃至は組織者の一人であったということができる。

霊異記の世界　奈良時代の後半には官僧・私度僧の区別なく、多数の僧侶たちの山林練行と民間遊行がなされるようになった。彼らは行く先々で神仏習合の信仰を生みだしつつ仏教の民間普及をなしたが、こうした活動の一つの終結点を示すものとして、わが国最初の仏教説話集である『日本霊異記』があげられる。すでにこの書物に伝えられる説話をしばしば引用したが、これは正式には『日本国現報善悪霊異記』とよび、平安初頭の弘仁年間（八一〇〜八二三）、南都薬師寺の僧景戒の編輯したものである。上・中・下の三巻に分けられ、それぞれの巻に序文がつけられ、その序文や本文の記載のしかたから編者の景戒が直接に耳で聞いたもののほか、景戒以前にだれかの手で文字に書かれ、一般に流布していたものから採用したものも多い。収録されたもののなかには『冥報記』『法苑珠林』『金剛般若経集験記』など大陸の仏教説話集からの翻案とみなされるものも多いが、それとても景戒の手で直接なされたというよりは、だれか他の人の手で翻案されて流布していたものを採録したものと考えられている。

かような説話集が出現するためには、当然、これらの説話を運んだ人と、それを受容した人々の存在がなければならない。この書の素材となったものは書名の示すとおり、信仰のために民間に流布した世間の因縁話であり、天皇や貴族たちを施主として官大寺で営まれる荘厳な儀式や、異国の言葉で書かれた経典の解釈などとは縁の薄い人々が、教理の実証をもとめて互いに信仰のあかしを語りあい、はげましあうなかで伝承流布したものであろう。話の内容が実際にあったかどうか、また外来説話の翻案にすぎないかどうかの問題とは別に、この書に収められた話の一つ一つがいずれも事実にもとづく世間話、あるいは歴史説話の形をとっているのも、これが民間を遊行した僧侶によって、彼らの説教に耳を傾けた人々によって伝承されたものであることを示すなによりの証拠をなしている。

したがって『日本霊異記』に収められた説話群は、奈良時代、とくにその後半以降の地方民間の仏教信仰の実態を示す豊富な資料ということができるが、いまそれに関連して注目されるのは、中央における政治的事件にかかわる説話の多いことである。たとえば中巻の第一話は長屋王の変に関するもので、王の失脚の原因を元興寺での法会の席上、衆人の前で乞食の沙弥を打ったことの報いとし、王の自殺後、死骸を火葬にして土佐国に流したところ、その祟りで百姓が多く死んだのであらためて皇都に近づけ、紀伊国海部郡椒抄《はじかみ》の奥嶋に置いたという。これはもとより事実無根で、民間に流布したまったくの流言であるが、王の骨を紀伊国海部郡椒抄の奥嶋に改葬したとあるところから、『日本霊異記』の編者である景戒の生国とみなされている紀伊の名草郡、海部郡あたりに伝えられた奥嶋に関する伝説的要素をもち、かような話が発生し伝承されているところに、長屋王の変に関する民間の反応の度合いが窺われる。

御霊信仰の源流　椒抄の奥嶋とは現在は沖ノ島とよび、和歌山県海草郡初島町椒浜の沖にある。有田郡と海草郡の境をなす岬の沖合いという位置からみて、他の多くの類例と同様にこの島も古くは神のよります聖なる場所とされていたろう。そして聖なるゆえにうっかり近寄れない所が、近寄ると祟りのある所となり、その理由を説明するために長屋王の骨を改葬したという伝説が発生したとみられる。それゆえ長屋王の失脚の原因を、元興寺での法会の席上における乱暴のせいにしている前半の部分は一部の僧侶の述作であるとしても、王の骨を土佐から椒抄の奥嶋に移したという部分は、この地の人の参加と承認なしには成立しえないと考えられる。『続紀』によれば天平宝字元年（七五七）の橘奈良麻呂の変の直後、民間にあって奈良麻呂一味の亡魂に仮託して流言をなし、郷邑を擾乱したもののあったことが伝えられている（同年七月八日条）。すでにのべたとおり、この時期の地方の豪族、有力者層は、次第に上昇の道をたどりながらも階級としてはなお未成熟な段階にとどまっていた。ここに彼らがその地位の安定をはかるために中央と特別の関係をもとうとし、そうした彼らの有したある種の政治的関心が、中央の政変と結びつく各種の説話を生みだしたものであろう。

したがってこれらの例をみるならば、平安初期、九世紀の中葉に平安京の都市民のあいだにはじまり、急速に地方に波及した御霊信仰の源流というべきものが、すでに奈良時代の地方民間に胚胎されていたことが窺われる。異常な死にかたをした人間の霊魂を畏れる心意は、もとより原始時代以来のもっとも自然な宗教意識であるが、平安京の都市民の間に異常な高揚を示した御霊信仰と御霊会は、早良親王をはじめとする中央政界での政争の犠牲者の怨霊が流行病をもたらすとして、これを鎮送しようとするものであった。しかもかような信仰の盛行が祖先崇拝にもとづくいわゆる氏神信仰とは別の系統に属し、外界から襲いかかる悪霊を祓い、鎮送するものとして後世の祭礼に大きな影響をあたえ、わが国の民族信仰史上きわめて大きな意義をもつことは、あらためて説くまでもない。したがってかような信仰の源流というべきものが、早く奈良時代の地方民間に成立しはじめていたことは、注目すべき事象といえよう。そして平安京の御霊会がそうであったように、奈良時代の仏教の地方普及もこの問題と深くからみあっていた。すなわち、荒ぶる神を鎮める仏教は、それゆえに荒ぶる人間霊をはじめとするもろもろの悪霊を鎮送する課題と固く結びつき、そのことによって仏教の普及がさらに深められ、平安時代以降の仏教の日本的展開の基底部を形成することとなった。

（1）『大日本古文書』一三—三六（なお『大日本古文書』は天平勝宝五年としている）
（2）『大日本古文書』一二—二四三
（3）同前一二—二四七
（4）同前一二—七以下
（5）同前一二—一四一
（6）同前一一—五五七
（7）『平安遺文』六二一　一二八　一五九　一七二

(8)『続日本紀』天平十六年十月二日条
(9)同前　天平勝宝元年二月二十二日条　『行基舎利瓶記』
(10)『日本霊異記』中巻二　七　八　十二　二十九　三十
(11)『大日本古文書』二四—一八八
(12)『日本高僧伝要文抄』
(13)『続日本紀』天平宝字二年八月一日条
(14)『続日本紀』宝亀三年三月六日条
(15)『日本霊異記』中巻二十六　下巻一　二
(16)『続日本紀』養老六年七月十日条
(17)『藤氏家伝』下　武智麻呂伝
(18)『日本後紀』逸文　天長六年三月十六日条
(19)「多度神宮寺伽藍縁起幷資財帳」(『平安遺文』二〇)
(20)『三代実録』貞観七年四月二日条

天皇と神の間——古代的政教分離をめぐって

一

歴史に仮定の話をもちこむのは、明らかにルール違反である。しかし、問題の焦点を定めるための方便としてなら、少しは目こぼしいただけるかと思う。

その仮定とは、古代史上有名な大津皇子事件に関してである。朱鳥元年（六八六）九月九日、神とうたわれた天武天皇が亡くなると、一カ月もたたない十月二日、皇子大津の謀叛が発覚し、翌日、皇子は死を賜わった。これは天武天皇の皇后鸕野《うの》皇女所生の皇太子草壁皇子の即位を実現するため、最大のライバルである大津皇子を排除した事件として知られている。こののち、期待を一身に集めていた草壁皇太子が、持統三年（六八九）四月、二十八歳の若さで急逝すると、皇太子と妃の阿倍皇女の間に生まれていた軽皇子（後の文武天皇）が成年に達するまで、鸕野皇后が万機を統摂することとなり、即位して持統天皇となった。

ところが、もしも天武天皇が亡くなったとき、皇位継承の争いに草壁皇子の側が敗れ、反対に大津皇子の即位が実現していたらどうなっただろうか。『懐風藻』によると、大津皇子は状貌魁梧、器宇峻遠、性頗る放蕩にして法度に拘らず、節を降して士を礼し、是に由りて人多く附託したと伝える。草壁皇太子が何の所伝もないほど常凡な人柄であったらしいのに比べ、大津皇子がより多く父皇の風貌を伝えていたところに、この皇子の悲劇があったとは、諸家の説くところである。

これより以前、天智天皇のもとに結集した近江朝廷の貴族たちの、唐制を模した中央集権の体制づくりに対して、旧制になじむ人の抱いた不安と不満は大きかった。天智天皇の崩じた翌年、壬申の年（六七二）における大海人《おおあま》皇子（のちの天武天皇）の挙兵は、この動向を的確につかみ、なかでも、鈴鹿・不破の関を越えた東国地方豪族のそれを戦力に組織することで成功した。とすると、大津皇子の謀叛とよばれることの背後に、持統天皇たちは壬申の乱における自らの幻影をみたのではなかろうか。持統天皇たちが天武天皇の衣鉢をつぎ正統者として君臨しようとすれば、その対極に立って疎外されたものを組織するかなめには、かつての大海人皇子に似る大津皇子は、格好の人であったかと思われる。

壬申の乱のとき、密かに吉野を脱出した大海人皇子と鸕野皇女は、鈴鹿を越えて伊勢に入ると、朝明《あさけ》郡の迹太《とお》川辺（今の朝明川）で天照大神を望拝している。美濃国不破の関の野上の行宮では、天神地祇に雷雨の止むのを祈っている。このとき、当然、鸕野皇女も祭祀に参与したはずである。なかでも迹太川辺での望拝は、タヨセに拝むと訓まれている。タヨセとは手寄せで、身近く寄せることであり、祭場が川辺であるから、おそらく水流によって神霊の示現を待ち、巫女の手で神のみあれを願う伝統の祭儀がなされたろう。鸕野皇女は、陣中に従軍している大海人皇子の正妃の資格で、この祭儀の巫女役を勤めたと考えられる。ここにある望拝とは、単純な今日ふうの遥拝では決してない。

また、大海人皇子夫妻が東国に奔ったあと、大和にあって河内の近江朝廷側の軍隊と戦った大伴吹負《ふけい》は、はじめかなりの苦戦を余儀なくされた。そして、吹負が奈良県橿原市今井町付近とされる金綱井《かなつなのい》で敗軍を集め、頽勢を整えていたとき、軍中にいた高市県主許梅《こめ》に神がかりし、高市社の事代主《ことしろぬし》、身狭《むさ》社の生霊《いくたま》神の名で神武天皇陵に馬と兵器を献ぜよとの託宣があった。このあと、両神は大海人皇子を守護して美濃の不破まで赴き、いま大和に帰ったところといい、西の道から敵軍がやってくると予言した。磯城郡田原本町鎮座という村屋《むらや》神も、祝に憑依して敵軍が中つ道からやってくると警告した。吹負たちはこれによって敵軍を迎えうち、勝利できたと『日本書紀』は伝えている。

『古事記』『日本書紀』によると、仲哀天皇が熊襲を討とうとしたとき神功皇后に神がかりし、新羅を討てば熊襲も服従するとの神託があった。天皇はこれを信じなかったところ急に病気になり、亡くなったので、皇后は武内《たけしうち》宿禰に琴をひかせ、中臣烏賊津使主《なかとみのいかつのおみ》を審神者《さにわ》としてふたたび神がかりし、先の神託を確認して新羅に進攻したと伝えている。沖縄では、むかし軍陣にはかならず巫女が従い、軍船の舳先に立って敵軍降伏の呪術をなしたという。

このことは、本土でも古くはおなじであったろう。壬申の乱のとき、大海人皇子側の軍隊は、中央政権の正規の軍令によって動員され、編成されたものではなかった。皇子と正妃のカリスマ性に依拠し、風をしたって集まった地方豪族たちの、おのずから出現した兵団であった。とすると、彼らのあいだでことさら古い宗教心情が甦り、神威や神託によって行動を決しようとする傾向が顕在化したのも、当然であったと考えられる。

飛鳥浄御原宮に即位したのち、天武天皇が、しばしば「大君は神にします」と歌われたことの背景には、以上にみた壬申の乱のときの記憶が濃く存在しただろう。そうすると、より多く天武天皇の風貌を伝えていたといわれる大津皇子が、もしも正統の皇位継承者である草壁皇子に勝って即位したとすると、その過程に出現するのは、伊勢朝明郡の迹太川辺に天照大神を望拝したときの大海人皇子と、鸕野皇女の姿に似た、より神権的な人神(man-god)ではなかったろうか。

そのとき、大津皇子の妃の山辺皇女、天智天皇の皇女の皇子妃よりも、天武天皇即位の年（六七三）から斎王として伊勢神宮にあった皇子の同母姉、大来《おおく》皇女のありかたが問題となる。山辺皇女は大津皇子の死を聞くと、被髪徒跣《かみをくだしすあし》にして奔《はし》り赴き、皇子に殉って死んだと伝えるけれど、同母姉の大来皇女のほうに女性の身体に備わると信じられてきた伝統の神秘力、女性司祭のかくれた資質の顕在化する可能性が大きかったのではなかろうか。『万葉集』巻二は、大津皇子がひそかに伊勢に下り、大和に帰るときの大伯（来）皇女の作歌として、次の二首を載せている。

わが背子を大和へ遣《や》るとさ夜深《ふ》けて暁露《あかときつゆ》にわが立ち濡れし（一〇五）

二人行けど行き過ぎ難き秋山をいかにか君が独り越ゆらむ（一〇六）

十四歳で斎王となってから十二年、皇女は父皇とも弟皇子とも離れて、ひとり伊勢に住んできた。その姉のもとに、大和からはるばる人目を忍んで弟皇子が訪ねてきたとき、二人のあいだには全てが語り合われたと推測されている。その皇子が死を賜わって四十余日ののち、皇女は伊勢斎宮の任を解かれて倭京飛鳥に還った。そのときの歌として、

神風の伊勢の国にもあらましを何しか来けむ君もあらなくに（一六三）

見まく欲《ほ》りあがする君もあらなくに何しか来けむ馬疲るるに（一六四）

の二首が『万葉集』巻二にある。

これは、弟の非業の死を嘆くだけにとどまっていない。なかでも、「何しか来けむ馬疲るるに」とは、飛鳥に帰るのは馬を疲らすにも値しないといいきって、鸕野皇后、草壁皇太子の二人の正統者の立つ飛鳥への、はげしい拒絶を表明している。それは正統者への精一杯の抗議であり、それの住む正統の地、正統の世界への全身あげての軽侮である。大来皇女と大津皇子の二人は、まさしくこの点において、おなじ神につながる古代的な同母姉弟として、深く通じあう精神の核があったはずである。

というのは、姉妹がその兄弟に対して一定の呪能をもつとの信仰は、をなり信仰の名で知られている。この風は、民間では南島地域に近い時代まで残留した。支配体制に反映した事例としては、沖縄の旧王朝で、王の姉妹が聞得大君《ちふぃじん》の名で国内の巫女を統轄していたことはよく知られている。この聞得大君の宮廷内の地位は、近世のはじめごろまで王の次にあり、王妃の上席にあったという。大津皇子と同母姉の大来皇女、皇子妃の山辺皇女の三人のあいだには、をなり信仰を踏まえた女性司祭にもとづく古琉球の神権政治（theocracy）につながるようなものが、潜在的な核としてありえたのではなかろうか。

二

ここで歴史の本筋にもどし、その後の展開をみると、天武朝につづく持統、文武の二朝は、飛鳥浄御原令から大宝律令の制定に向かい、唐制を模した中央集権貴族官僚体制の完成した時期であった。その間に、草壁皇太子夭折のため、嫡孫の軽皇子成人まで持統女帝の即位があり、さらに軽皇子の即位した文武天皇が若死すると、嫡子首皇子が成人して聖武天皇となるまで、元明、元正の二女帝が立った。そこでは、かつて鸕野皇后（持統女帝）が大津皇子を斃して草壁皇太子の正嫡の地位を守ったときの論理が、「改むまじき常《つね》典《のり》」として明確に意識されていた。律令制の根幹部をなすとして、唐制にならった如上の皇位継承法を維持するなかで、記紀神話の原形をなす神統譜の、最終的な形成があったと説かれている。

だが、これと並行してもうひとつ、おなじように唐制を採用しながら、古代的な意味での政教分離が、体制として実現したことも、見逃してはならないだろう。神々と天皇の間は、時代によって内容的に変化した。飛鳥浄御原令から大宝律令の制定は、政治と宗教の一応の分離をはかり、その開明性のもと、古い神権政治の復活を、法制的に抑えこむものであったとみてよい。その中心は、なによりも太政官と、神祇官の分立にもとめられる。

唐制では、道教の道士女冠は仏教の僧尼とともに、鴻臚寺の崇玄署の統轄をうけた。日本の令制でも、僧尼は崇玄署に類似する官庁の、治部省玄蕃寮の管轄下におかれたが、伝来の神祇信仰は、太政官と並ぶ神祇官の主宰するところとされた。これについて、神祇信仰をその伝統性のゆえに外来の仏教より重視し、優越した地位をあたえたものと評価するのが従来の見解であった。

だが、実地についてみると、おなじ民族宗教でも唐朝の道教は道士女冠とよばれる専門の宗教家があり、仏教の寺院に相当する道観も整備され、仏教教団に比肩する教団を形成していた。これに対して律令形成期の日本の神祇信仰は、遊行の巫覡《ふげき》など下級宗教家が民間を徘徊することはあっても、それ以上のものはまだ出現してなかった。中央地方の名神大社以下の祭祀は、国家の手でなければ中央貴族や、地方在地の有力者の手に管掌されていた。

この状態では、神祇信仰を仏教や道教とおなじ方法で統轄することはできない。神祇信仰を仏教と同列にあつかわなかったのは、神祇信仰を重視したからではなく、むしろそれが宗教として未熟な段階にとどまっていたことに、より多くもとづいている。

そして、この時期の神祇信仰の孕んでいた如上の未熟さを考えるなら、そこには伝統的な祭政一致の神権政治の意識が機会あるごとに再生し、法による統治の障害になる可能性がつねにあったことになる。とすると、令制の整備のとき、唐制にない神祇官という官制を創設し、太政官に対置したことの開明的特質は、評価できるのではなかろうか。令制による太政官政治の遂行は、かつての氏姓制度を克服し、中央集権の貴族官僚制を確立することであった。その傍に新設された神祇官は、右の過程を神祇祭祀のうえで支え、中央地方の貴族・豪族層の保持してきた伝統的な祭祀権に国家的な掣肘を加え、氏姓制度と離れがたく結合してきた祭政一致の神権政治の意識を、国家祭祀の名で克服する機能を有していたと思う。

たとえば、神祇官には占部のほか、大宝令施行当初から令外官として、大宮主《おおみやじ》、宮主の職があった。大宰府にも、中央の神祇官の縮小版として、祭祀を司る主神《かんつかさ》があった。これらは、諸神の発する神託の真偽を判定する役目をもっていた。天平十年（七三八）の「周防国正税帳」によると、部内の熊毛、出雲、御坂の三社に稲八十束、神命によって奉納したとあり、玉祖神《たまのおや》の禰宜の玉作部五百背《たまつくりべのいほせ》に稲二百束を神命によって給し、また、天平八年から十年までの田祖三十九斛二斗八升を、神命によって免じたとも記されている。この調子で、神託があったからといって支出していたら、きりはない。

司祭者たちはいずれも在地の有力者であり、その地で自立してきたものの子孫であった。彼らのあいだに発現する神託なるもののなかに、彼らが意識すると否とにかかわらず、前律令的な、したがって中央集権に違背する要素のまじらないという保証はない。神託の真偽の判定は、それ自身きわめて政治的でありながら、鋭く宗教的な課題を担っていた。神祇官を太政官から分離し、独立の官としたことの政治的、宗教的な意義は、まさしくこの点にかかわっていた。

『続日本紀』によると、大宝律令の発布される三年前、文武天皇二年(六九八)八月十九日、藤原朝臣の姓は、以後、鎌足の子不比等らがうけつぎ、意美麻呂《おみまろ》らの傍流は、神事に関与しているから、もとの中臣にもどるようにとの詔が出されている。大化改新の功臣である中臣鎌足が、死の直前に天智天皇から大織冠を授けられ、あわせて藤原の姓を賜わったことはよく知られている。大和朝廷の祭官として、もともと宮廷の公卿クラスの神官をつとめてきた中臣氏にあって、鎌足以後、どの範囲まで藤原を称したか明らかでない。一応、鎌足の従兄弟あたりまでが、藤原、または中臣藤原を名乗ったとされている。

やがて持統朝になると、藤原のなかで不比等の又従兄弟、鎌足にとって従兄弟の子にあたる大島が、神祇伯に任じているあいだだけ『日本書紀』に中臣朝臣大島と書かれ、そのあと、文武天皇二年に上記の詔が出されている。

この詔については、不比等が父鎌足の功業に直接かかわっている藤原の姓を、自分の家に限定することで、父の威光を独占しようとし、文武天皇に運動した結果とされている。天皇家と自分の家との鎌足以来の親しさを、人々に印象づけるための工作であったというのである。

たしかにこの前年、文武天皇の即位と同時に、不比等は娘の宮子を夫人として入内させ、朝廷内に着々と地歩を占めつつあった。彼の脳裏に如上の政略のあったのは、否定できないことだろう。

けれども、その不比等は、律令の制定と実施にあたって、もっとも心血を注いだ中心人物の一人であった。彼は自らの栄達と、その家、その氏の未来を父鎌足と同様、律令体制の完成に賭けていたのも事実である。鎌足の従兄弟の子の大島が、持統朝に神祇伯であるあいだ中臣と記されたことが示しているように、宮廷の祭祀をあずかる名門の中臣氏は、その名を明示することで累代の職掌を明らかにし、反対にそれから出た鎌足――不比等の家は、藤原を名乗ることで、神祭とは離れた形の太政官政治に専当する体制が構想されたのではなかろうか。

不比等の家のみが藤原を称するようになってのち、中臣に復した意美麻呂、大島たちの家も、けっしてすぐに衰退に向かったのではなかった。意美麻呂の子の清麻呂など、神祇伯を歴任したあと、奈良時代末に正二位右大臣まで進んでいる。不比等の家が藤原を称して、鎌足の功業を独占する効果が現われたのは、律令による太政官政治の運営が、ある程度、軌道に乗ってからのちのことであったはずである。

その当初にあっては、神祇官の機能も後世のように名目的なものではなかった。神祇官と太政官とを並置し、中臣と藤原とが分かれてことにあたることの歴史的な意味、律令的な政教分離の意義をもっともよく知悉していたのは、律令制定の当事者の不比等であったろう。不比等はその事業にすべてを賭け、結果として自家の栄達を導き出したというべきであろう。

三

ともあれ、はじめ、天武天皇の亡くなったあと、もしも大津皇子が正嫡の皇位継承者である草壁皇太子を斃して即位したなら、他ならぬ父皇と鸕野皇后の領導した壬申の乱のなかでしばしば現出したような、古い神権政治の復活する過程が再度みられたのではないかという、まことに突拍子もない空想をのべた。これに対して実際の歴史は、これとまったく正反対の道を進み、律令制形成へと進んだ。それは、あの天武天皇自身でさえ、夢にも思わなかったほどの、まさに正統の論理の貫く国家体制の実現であった。唐制を模することでつくりあげられた律令国家のたてまえは、壬申の乱以後、古い宗教意識が政治的、軍事的な形をとって顕在化することを、二度とは許さなかった。

ももづたふ磐余の池に鳴く鴨を今日のみ見てや雲隠りなむ

と、『万葉集』巻三に伝えられている大津皇子の辞世（四一六）は、先にあげた大来皇女の悲嘆の絶唱とともに、千三百年の歳月を越えて人の胸をうつ。この二人の同母姉弟は、これ以外に歴史に名をとどめる余地が鎖《とざ》されていたから、その歌に永遠の生命があたえられたといえるだろう。

もちろん、このの後律令制のたてまえに、亀裂がなかったわけではない。元明、元正両女帝のあと即位した聖武天皇は、諸国国分の寺院を建立し、東大寺大仏を造立すると、その前に仏弟子勝満として拝跪した。この仏教史上の事件の精神史的意味はともかくとして、東大寺大仏の造営事業に、九州宇佐の八幡神の協力したことは有名である。『続日本紀』によると、大仏鋳造の完了した天平勝宝元年（七四九）十一月、宇佐の八幡神は突如として上京する旨の託宣を発し、禰宜の尼、大神杜女《おおがのもりめ》と主神司大神田麻呂《おおがのたまろ》は八幡神を奉じて入京し、大仏を拝した。

このとき、杜女《もりめ》は天皇とおなじ紫色の輿に乗り、孝謙女帝、聖武太上天皇、光明皇太后も行幸した。杜女は尼ではあるが、禰宜として八幡神のよりましであり、彼女自身が神であったから、こうした待遇をうけた。これにつづく主神司の田麻呂は、杜女の発する神託の言葉を判定し、人々に告げ伝える審神者《さにわ》であった。

神霊と直結した古い神権政治の伝統は、天平の大仏造営という歴史的な大事業の終結時に、宇佐八幡という地方名神を奉ずる在地豪族の姿を借り、中央政界に登場してときならぬ衝撃をあたえた。

このあと孝謙女帝と結んだ僧道鏡の抬頭があり、皇室の祖廟として天武朝以来中央の尊信をうけてきた伊勢神宮でも、豊受宮の神官たちが同類の奇瑞をいいたてることがあった。だが、やがて道鏡が失脚すると、宇佐では神職団に対する厳しい粛正があり、伊勢でもおなじことのあった形跡がある。いずれも中央政治に不遜な関心を抱き、結果としてみだりに神託をもてあそび、奇蹟をいいたてたかどによっている。奈良末の政変をうけて平安遷都を断行した桓武天皇は、あきらかに律令政治の原点への復帰を目途に、政治の刷新につとめたといえよう。

律令制は、神託を通じて神と人の直結する古い神権政治を、体制として拒否するところに成立した。別の表現をすれば、神の意志は律令という不磨の大典で現わされている以上、天地自然の運行とひとしく、めったに変改のないものとされた。神の意志が時に臨んで人の姿をとり、まして具体的な政治力、軍事力で現われることは、あってならないことであった。七世紀末、八世紀初頭という時点で、伝来の天皇制を永続させるにはこれ以外にないとして選ばれたのが、律令制の眼目としての、古代的な政教分離であった。おなじ古代でも、神々と天皇の間は律令以前と以後で、大きく違っていたといわねばならない。

救世主としての教祖——行基の場合を中心に

一

正式には『日本国現報善悪霊異記』、略して『霊異記』とか『日本霊異記』とよばれるものは、平安時代の初頭にあたる弘仁年間（八一〇～八二二）に、三重塔で有名な南都薬師寺の僧景戒が編纂した仏教説話集で、八世紀、奈良時代を通じて進展しはじめた仏教の民間普及運動の、一つの帰結点を示すものであった。

それでは、上巻三十五条、中巻四十二条、下巻三十九条からなる『霊異記』の説話群のなかで、奈良時代における仏教民間普及の最大の功労者である行基はどのように語られているかというと、上巻第五話には紀伊国名草郡宇治（和歌山市近郊）に住む大伴連《おおとものむらじ》たちの祖先にあたる大部屋栖《おおとものやす》野《の》古連《このむらじ》というものが推古天皇三三年（六二五）に一度死に、三日後に甦ったという蘇生譚があって、そのなかで聖武天皇は聖徳太子の生まれ変わりであり、天平年間（七二九〜七四八）に聖武天皇の仏教政治を助けた行基は、文殊菩薩の変化《へんげ》であるといっている。聖徳太子をもって日本仏教の創始者とみなし、仏菩薩の化身とみなす信仰は、いわゆる聖徳太子信仰として後世まで継承されたが、『霊異記』もこのような聖徳太子信仰に立ち、あわせて聖武天皇を聖徳太子の生まれ変わりとし、それに文殊菩薩の化身としての行基を配し、この二人を一体のものとしてとらえている。

また、中巻には行基の事蹟をのべた話が全部で六条収録されているが、そこにおける行基は、天眼力をもって種々の異表を現わし、「隠身の聖」などとよばれ、特別の超人的な能力をもつ宗教家として語られている。たとえば中巻の第三十話は、「行基大徳、子ヲ携ヘル女人ニ過去ノ怨ヲ視テ淵ニ投ゲシメ、異表ヲ示ス縁」という題で、行基が人々を勧化して難波の江を掘って船津をつくったとき、法会を設け説法したところ、一人の女がつれてきていた子供が泣きさけび、法会の邪魔をした。その子は今日の言葉でいえば一種の身心障害児で、十歳以上になるのに歩くこともできず、泣きさけぶだけで乳を飲み、のべつものを食べたがったが、行基はそれをみると、「その子は淵に捨てよ」と命じた。その場の人たちは行基ともあろう人がどうしてそのような乱暴なことをいうのか不思議に思ったし、女もそのまま子供を抱いてその日の法会は終わった。ところが、翌日、またしてもその女のつれてきた子が泣きさけび、人々は説法を聞くことができなくなってしまったので、行基はいちだんと声を荒立て、前日よりも断乎とした調子で「その子は淵に捨てよ」と命じ、女もついにその声に押されて法会の席をはずし、いわれるままに子供を近くの川の淵に投げ捨てた。すると不思議なことに子供が水の上に浮かびあがり、手足をふりまわし、大きな目をむいて母親をにらみつけ、「残念なことだ、もうあと三年間は苦しめてやる心算だったのに」とくやしがりながら流れて行った。女は驚いて法会の席にもどり、説法が終わってから一部始終を行基に報告したところ、行基は「あの子はお前の子供かもしれないが、実はお前が前世に物を借りたまま返さなかった相手で、その仕返しに相手がお前の子供に生まれ変わってお前を苦しめていたのだ」と答えたという。

身心障害児をもった母親の悲しみや苦しみは、いつの時代も変わりはないはずである。だが、こうした母親に向かって苦しみの根源である子供を捨てよと命令し、その上で前世の因縁を説いたという行基の風貌は、奈良時代に広く民間を行脚して仏法を弘め、池や堤を築くなどの土木工事を起こし、庶民生活の向上に尽したといわれる彼の事蹟から、現代のわれわれが想像するものとは相当な違いがあるといわねばならない。行基は慈悲と慈愛に溢れた静かな高僧として庶民のあいだを教化し、人々の悩みや願いを聞いては教え諭したのでなく、むしろある種の強烈な力、呪力とか魔力とよばれるようなものをもつ宗教家として語られている。この世での生活上の苦しみや悲しみを訴える人たちに対し、祖先の祈りがたりないとか、前世でのこうした約束事があるといったとほうもないことを説き、なにものかの祟りだとかいって無智の人をおどし、米や銭を供えさせる民間の呪術的宗教家は、現在もその跡を断たないが、行基もそのような呪術者に通じるような風貌をもつものとして、常人にはみえないものを見通し、常人には思いもおよばない行為をあえて常人に強制する人物として描かれている。このことは、『霊異記』が背後にしている奈良時代以来の民間仏教、したがって行基も有力な指導者の一員であったところの奈良時代以来の民間仏教のありかたを暗示するものといえるだろう。

二

天平十七年（七四五）には大僧正となり、晩年には中央に迎えられて聖武天皇の東大寺大仏造営事業に尽力した行基は、天平二十一――天平勝宝元年（七四九）に遷化したが、『続日本紀』は二月二日の行基遷化の条にその伝をあげ、

都鄙ニ周遊シテ衆生ヲ教化ス、道俗化ヲ慕ヒテ追従スル者ヤヤモスレバ千ヲ以テ数フ、所行ノ処、和尚ノ来ルヲ聞ケバ巷《チマタ》ニ居ル人ナク、争ヒ来リテ礼拝ス、……親ラ弟子等ヲ率テ諸ノ要害ノ処ニ於テ橋ヲ造リ陂《ツツミ》ヲ築シム、聞見ノ及ブ所、咸《コトゴトク》ニ来テ功ヲ加ヘ不日ニシテ成リヌ、百姓ノ今ニ至テモ其ノ利ヲ蒙レリ焉焉、……

とあり、

和尚ノ霊異神験、類ニ触レテ多シ、時ノ人号シテ行基菩薩ト曰フ、留止スル処ニハ皆道場ヲ建ツ、其ノ畿内ニハ凡ソ四十九処、諸道ニモ亦、往々ニ在リ、弟子相継テ皆遺法ヲ守リ、今ニ至テ住持スル焉、

とある。

行基の遺体は二月八日、遺言によって平城京の西、平群郡生駒山の東陵で火葬に付され、弟子の景静たちは遺骨を拾って器（舎利瓶）に収め、山上に埋めて墓とした。現在の生駒山竹林寺の墓地というが、舎利瓶には、

攀号《ハンゴウ》スルモ及バズ、瞻仰《センゴウ》スルモ見ルナシ、唯《タダ》、砕《クダ》ケ残レル舎利アルノミ、然レドモ尽《コトゴト》ク軽ク灰ナリ……

とあって、師を失った弟子たちの、二度と師にまみえることのできなくなった悲しみが刻みつけられている。行基は晩年には中央政界に迎えられ、従来の僧正以下の僧綱の上位に立つ大僧正に任ぜられ、東大寺大仏完成の直前に人々におしまれて遷化した。最初にのべたように、『霊異記』の説話群のなかで、行基が聖武天皇と一体になって天平の仏教政治を領導したとの認識にもとづいて説かれていることも、充分に理由のあることであった。

しかし、こうした晩年の事蹟とちがい、養老年間（七一七〜七二三）に行基がもっとも

行基らしい姿で積極的に民間行脚をはじめた時期には、彼の行動、彼の宗教運動は政治的にきわめて不穏なものをふくむとして、律令政府のきびしい禁圧をうけた。『続日本紀』に伝えられる養老元年（七一七）四月二十三日の詔には、

方今《マサニイマ》、小僧行基、並ビニ弟子等、街衢《ガイク》ニ零畳《オチカサナ》リテ妄《ミダ》リニ罪福ヲ説キ、朋党ヲ合セ構へ、指臂《ユビヒジ》ヲ焚《ヤ》キ剝《ハ》ギ、歴門《カドゴト》ニ仮《イツワリ》説キテ強ヒテ余物ヲ乞ヒ、詐《イツハ》リテ聖道ト称シ百姓ヲ妖惑ス、道俗ハ擾乱《ジョウラン》シ、四民業ヲ棄ツ、進ミテハ釈教ニ違ヒ、退キテハ法令ヲ犯ス、

とある。

ここで「法令」とあるのは、律令制下、僧尼たるものの遵守すべき「僧尼令」をさしていて、官寺仏教とよばれる律令制下の仏教は国家権力のもとに完全に従属させられていて、「僧尼令」は所定の寺院以外における僧尼の宗教活動を否認し、僧尼は寺家に寂居して行ないすまし、ひたすら国家の安穏を祈る官僧としての地位にとどめられていた。だから行基の活動は明らかにその枠を破るものであり、彼の運動が政府によって禁圧の対象となったのも当然であった。「指臂ヲ焚キ剝ギ」というのは、手の指を切って火をつけ、それを仏前の灯明にしたり、臂の皮を剝いでそれに経文を書写するといった狂信的な行為で、実際に行なわれたのではなく、経典の戒律のなかにある文句をそのまま丸写しにしたものといわれるが、もともと法令に反した行動であった以上、行基の周囲に集まった人たちのあ

いだに、一種の狂信的な雰囲気のあったことは否定できないのではなかろうか。そして、なかでも上記の詔のなかで注目されるのは、「詐リテ聖道ト称シ、百姓ヲ妖惑ス」という文句についてである。

というのは、かつて和歌森太郎氏がその著『修験道史研究』のなかで指摘されたように、この文句も「僧尼令」第一条に、僧尼たるものは「上、玄象ヲ観テ災祥ヲ仮説シ、語国家ニ及ビテ百姓ヲ妖惑」することを禁じた条項にあたっている。このなかで「語国家ニ及ブ」の「国家」とは、宣命などに「国家」を「ミカド」と訓む例のあることからも知られるとおり、古代では国家即天皇であったし、『令集解』などにはこの語句について「乗輿ヲ指斥スルゴトシ」＝「天皇の車を指さすような非臣の行為」という釈があるから、これは天皇とその政治について言及することの意に解してよいだろう。しかも『令義解』『令集解』も、この個条について「上、玄象ヲ観テ」より「百姓ヲ妖惑スル」まですべて一事とし、分割解釈し、適用してはならないといっていることから、「百姓ヲ妖惑スル」とは単純な意味で人を惑わすのではなく、僧侶が天文気象の変化にもとづいて国家の災祥を予言し、それを天皇の徳治の実如何といったことと結びつけて説き、その結果として百姓を妖惑することであった。

『続日本紀』によれば、行基が活動をはじめる以前、文武天皇三年（六九九）に、大和国葛城に住み、呪術をもって称せられた役小角が、百姓を妖惑したとの嫌疑で伊豆国に流されている。これは小角の弟子で、後に呪禁師《じゅごんし》として藤原武智麻呂のもとにも出入りした韓国連広足《からくにのむらじひろたり》の讒言によるものであったが、祭政一致といわれ、政治と宗教とが離れがたく結びついていたこの時代に、民間の宗教運動がしばしば政治的言説、予言の類をともなうのは当然であったろう。少し時代は降るけれども、『霊異記』下巻の最末尾にある第三十九話のなかに、今上（嵯峨）天皇を聖君というべきかどうかの議論があり、聖君とするものは弘仁の年号になってから死刑を流罪とし、その命を全うさせて人を治めてきたといい、反対論は天下に旱厲がやまず、天災地変や飢饉がつづいていては聖君の代とはいえないし、狩猟のために鷹や犬を飼い、それで鳥、猪、鹿などを獲るのは慈悲の心がない証拠などといっている。行基の民間行脚にあたり、「所行ノ処、和尚ノ来ルヲ聞ケバ巷ニ居ル人ナク、争ヒ来リテ礼拝ス」と正史に伝えられているなどの熱狂的雰囲気のなかでは、政治的言説や予言の類のなされる根拠は充分にあったはずである。

三

ところで、養老年間（七一七〜七二三）に政府の禁圧をうけながら民間を行脚した行基が、のちに中央に招喚され、大僧正になって東大寺大仏造営に尽力したことについて、これを行基の変節とみなす論もある。行基とその周囲の人たちに対する律令政府の態度は、天平三年（七三一）に行基に追随する優婆塞・優婆夷のなかで法のごとく修行するものは、男は六十一歳以上、女は五十五歳以上のものだけ出家得度を許すとの法令のだされたころから明白に変化しはじめたらしいが、これは明らかに律令政府の政策転換にもとづくものであった。「行基年譜」は後世の編纂であるため全面的に信頼できないとしても、行基の活動は天平二～三年ごろを一つの頂点とし、各地に地溝・橋梁の構築がなされ、それらをめぐって後に「行基四十九院」などとよばれるに至るものが姿を現わした。このことは、律令政府にとっては見逃すことのできないものを孕んでいたろう。

　僧侶の民間遊行と教化は、行基が最初であったのではない。たとえば文武天皇四年（七〇〇）元興寺の禅院で遷化した道昭も、かつて天下を周遊し、路傍に井を穿《うが》ち、津済《つわたり》の処に船を儲け、橋を造ったと『続日本紀』に伝えられる。だが、この道昭の事業が問題にならないで、役小角や行基になって百姓を妖惑するとみなされたのは、その間に時代社会が大きく変化していることを物語っているのではなかろうか。八世紀・奈良時代に入るころから、なにより徭役制の行き詰りから窮乏農民の逃亡・浮浪が激化し、一方では地方在地の豪族・富農層とよびうる人たちの抬頭が顕著となり、班田農民の分解とよばれる事態が急速に進行しはじめた。この事情をもう少し具体的にいうならば、白雉四年（六四八）に遣唐使に従って入唐し、玄奘三蔵から法相宗の奥儀をうけて帰朝した道昭が、律令国家形成の過程で官寺の大僧としておこなった社会厚生の事業は、いわば律令政府の施策を側面から援助する意味を最初から担っていたろう。これに対して行基の段階になると、政府の事業は徭役制の行き詰りとともに次第に下降線をたどるのに、行基の事業はその教線の伸展につれて爆発的に進行したわけである。政府としては当初こそは行基の行動に疑いを抱き、嫌悪の念をもったとしても、やがて行基のもとに結集された力を自らの施策の根底に組み入れようとするに至るのは当然であったろう。行基が活動をはじめた直後、養老七年(七二三)には有名な「三世一身の法」が発布され、新規に開墾した耕地は三代にわたって私有を認めるという、律令の公地公民の制についての重大な修正がなされている。行基を中央に招喚する礎地は、早くから用意されていたというべきである。

それればかりか、このことは古代の民衆の宗教運動のもつ歴史的な特質そのものから、派生したことであった。というのは、民衆の宗教運動というとき、われわれは中世後半の一向一揆とか近世初頭のキリシタン宗徒の島原の乱などを念頭に描き、行基の運動もこれらと本質をおなじくするもののように考えやすい。しかし一向一揆にしても島原の乱にしても、これらはひとしく自ら守るもののある人たちの運動であった。彼らは封建社会の在地農民としてすでに強固な地縁社会を構築しており、そのことのなかに彼ら自身の自立した精神の王国をもっていた。小さくは村ごとに、大きくは郡・郷をはじめ各種の地域社会ごとに営まれた念仏の道場や教会は、信徒たちの保持していた世界そのものであり、彼らはそれを守るために領主の圧制に抵抗したのである。これに対して行基の周囲に集まった人たちは、はたして自ら守るべきものをどれほど保持していたろうか。古代律令制下の班田農民には、宅地・園地の私有は認められていても耕地は六年一班であり、山林原野にいたっては無所有の状態で、原始以来の血縁にもとづく共同体の解体は顕著に進行していても、未墾の山林原野の排他的な共有を根幹にした地縁的な村落共同体の成立は、まだ緒についていなかったといわれている。だから、そうした人たちのなかに、最初から自ら守るに値するものがあったとは思えない。彼らの宗教運動の出発点にあって存在したものは、むしろ強大な中央権力の出現によって散乱させられた過ぎ去ったよき時代の思い出であり、楽園の喪失感であったといえるだろう。

班田農民の分解とよばれる事態が進行するにつれ、なによりも窮乏の淵に立たされた人たちが眼の前に解放をもとめてあらゆる呪術にたよろうとし、失われた過去の復活を実現してくれる人の到来を願ったのは当然であった。先にのべたように、『霊異記』の説話群のなかで行基が「隠身の聖」とよばれ、仏菩薩がこの世の人間を救うために人間になって現われたといい、超人間的能力をもつ人間とされていることも、こうした話をつくりだし、伝承した人たちの願いがどこにあったかを示していると思う。そして行基の民間行脚が、その底辺部においてこのような人たちの祈願に支えられていたとすれば、それは楽園の喪失による怒りにも似た激情と、一種の狂熱的雰囲気に包まれていたとしても、それ自身は失うものを持たない人たちの運動であったから、たとえその途中で彼らの中核にあった行基が中央に招喚されても、それによって運動が挫折したことにはならなかったろう。しかもまた、先に引用した『続日本紀』の行基の伝に、彼の建立した「四十九院」は弟子たちが遺法を守って住持しているとあるが、その遺構は現在でも大阪府伊丹市の昆陽《こや》上・下池と昆陽寺とか、京都府相楽郡山城町の木津川に架けられた泉大橋と泉橋院のありかたなどから窺うことができる。こうした事例をみるならば、行基のもとに集まった人たちは、その教説に耳を傾けながら各種の土木事業に参加することで、この世の苦難から解放される道を感得したけれども、そうした行為は、一面において人々がこの世において自ら守るべき財産を、物質的にも精神的にも獲得する端緒をつくりだすものであったといえる。

『続日本紀』養老六年（七二二）七月条には、行基をはじめとする民間遊行の僧徒が「罪福ノ因果ヲ巧説ス」とあるが『霊異記』の説話群についてみると、書名自体に「現報善悪」の文字があるようにほとんど全てが現世での果報を中心課題とし、素朴な呪術信仰に満ちている一方、その全篇の主旨は過去・現在・未来にわたる因果応報の教説によって貫かれている。たとえば上巻の第三話などは道場法師というものの怪力ぶりを伝える素朴な話であるにもかかわらず、その末尾には「先ノ世ニ能キ縁ヲ修シテ感ズル所ノ力ナリ」という結びの言葉をもっともらしく話の筋とは無関係につけ加え、「因果怖ルベシ」とか、「是ニ知リヌ、感応ノ道、諒《マコト》ニ虚ナラザルコトヲ」といった結語が随所にみられる。こうした因果応報の教説は、いうまでもなく仏教の根本的な世界観にもとづくものであり、それ自身すぐれて理念的活動の所産といえるものである。したがってそれは、現実の窮乏から解放されるためにひたむきに神秘力にたより、神通力をもつ人間の出現をもとめてきた人たちにとっては、本来はあってもなくてもよいはずのものであり、逆にその因果を綴りあわせる高い論理性は人々をして現実を肯定させ、窮乏から遁れるために現実を拒否しようとする努力を放棄さすものになりかねない。しかしそれにもかかわらず、このような教説は明らかに自ら獲得した新しい世界と自らの地位を説明し、納得しようとするものである。したがって、こうした教説が行基をはじめとする奈良時代の民衆の宗教運動の当初から含まれていたとすると、その運動は先記のように失うもののない人たちの、解放を求めてのせっぱ詰った行動に起因するものではあったけれども、同時にまた、それは運動に参加した人たちが自ら守るべきものを生みだす端緒をつくりだすものであったともいえる。行基は、中央に招喚されることによって、それまでの活動の所産を無にしたのではなかった。彼は多くのものを人々のあいだに遺したというべきである。

四

『霊異記』の説話群のなかで、役小角については文武天皇のとき、讒言によって伊豆に流されたことも織り込まれているが（上巻二十八話）、行基の場合は「隠身ノ聖」として種々の異表を示し、聖武天皇の信任を得て大僧正になったことがあるだけで、彼の民間行脚の当初に政府の禁圧をうけたことは、まったく語られていない。どうしてこのような形になったのか、検討すべきことは多岐にわたっていると思われるが、そのことのなかに、古代民衆の宗教運動のもつ一般的特質が大きく左右していることは確かであろう。

というのは、先にのべたように自ら守るべきものを保持している人たちは、ひとたびそれが外界からの圧迫をうけ、支配者の圧制をうけたとき、それはかけがえのない唯一のものを傷つけられたという記憶となって、人々のなかにながく語りつがれる可能性をもっている。これに対し、古代社会の真只中にあってもともと守るべきもののない人たちが、眼の前の窮乏から遁れるためにおこなった呪術宗教的行為は、どのように強烈な祈願にもとづいているとしても、それはつねにいくつかある手段のうちの一つであり、そのうちの一つがたまたまときの権力の忌避にふれ、なにかの障害によって頓挫し、抑圧されたとしても、そのことは人々の心に傷痕をのこすことは少なかったのではなかろうか。したがってまた、こうした事態のなかでは人々はつねにより良い、より強力な手段が発見され、彼らのもとにもたらされることを待ち望み、彼らのあいだに現実を拒否し、克服しようとする要求が強ければ強いほど、彼らはとほうもない期待を外界に対してもちつづけた。「救世主」とよばれるものは、もともと古代社会にあって、このような形でその来臨が願われたのであり、行基もまた、その意味では強力な救世主の一人として、民間を行脚したといえるだろう。

いうまでもないことであるが、「救世主」とは本来は古代ユダヤ人がひたすらその到来を待ち望んだ「メシア」の訳語であり、もともとそれは「膏注がれし者」という意味で、彼らの神ヤーヴェを祭る司祭者とか、王たるもののことであった。ところが、紀元前十一世紀の末にダビデ王のもとにイスラエルの統一王国が建設され、つづくソロモン王のとき、「ソロモンの栄華」とよばれたほどの栄光の思い出をもったが、ほどなく彼らの国は南北に分裂し、以来、アッシリア、エジプト、バビロニアなどの侵略と抑圧をうけねばならなかった。そしてこうした民族的苦難がつづくあいだに、彼らの政治的理想は鬱屈させられたまま次第に終末観信仰の形をとりはじめ、彼らの神ヤーヴェは、やがて救世主《メシア》に率いられた天使の軍を下して虐げられた彼らを助け、神の民に逆う諸民族を罰し、古い輝けるダビデの王国を再びこの世に実現させ、地下に眠る正しきもの、敬虔なるものをよび起こして神の栄光に浴させるという、彼ら特有の救世主信仰が姿をととのえた。そして紀元前六十三年にパレスチナの地がローマの版図に入ってからは、ユダヤ人の民族的苦難は絶頂に達し、神の国の到来のための政治的反抗と、救世主《メシア》を迎えるための懺悔の運動が交錯し、やがてそれはヨハネにつづくキリストの刑死により、ユダヤ民族の枠を超えてローマ世界のものとなり、次第にこの世における現実の政治運動から離脱して世界宗教としてのキリスト教に昇華した。

したがって救世主の信仰というとき、それは以上のようなキリスト教成立史の根幹部をなすものとして、それ自身が独自の歴史的存在であるのはいうまでもない。しかし、そのこととは離れ、こうした信仰とそれにもとづく運動が、最後にはローマ帝国の版図に組み入れられた古代ユダヤ人の苦難の歴史のなかから生まれたことを考え、それが本質的には古代における被抑圧者の古代的な意味において解放を求める運動であり、政治と宗教の未分離のまま混在した呪術宗教的運動にはじまっていることを重視するならば、おなじようなことは他の古代社会のなかでも充分に存在したし、日本にあっては八世紀、奈良時代初期における行基の民間行脚と、それを契機に展開した民衆の宗教運動を代表的なものとみることができよう。もちろん、日本の古代社会にあっては、古代ユダヤ人の受けねばならなかった民族的苦難、異民族支配の苦しみはなく、律令体制という単一民族社会内部での古代的抑圧であった。また、古代インドに成立し、中国・朝鮮を経て伝来した仏教という既に完成された世界宗教が存在し、早く中央の支配者層に受容されて次第に地方に流布しはじめ、行基をはじめとする民間遊行の僧侶の活動は、そうした仏教の地方波及の先端部を構成するものであった。したがって彼らを中心に惹起された民衆の宗教運動は、すでにのべたように「罪福ノ因果ヲ巧説」するという形で当初から微温的な宗教運動としての色彩が濃く、政治的側面において鋭さに欠けるという点があったといってよい。

そして、このことは政府の対応策にも反映し、律令政府は運動の高揚を前にして意外に早く政策の転換を行ない、行基を大僧正として中央に迎えた。そればかりか、聖武天皇はやがて百官を率いて東大寺に行幸し、完成した大仏の前に拝跪して仏弟子たることを誓い、いわゆる王法仏法両輪の体制が定着しはじめることになった。かつて民衆のなかに立って政府の禁圧をうけた行基が、文殊菩薩として聖武天皇を助け、天皇もまた聖徳太子の生まれ変わりとして二人を一体のものとする説話も、このような体制のなかに語りだされたものといえる。けれども、このようにして出現した王法仏法両輪の体制は、それだけにまた、キリスト教世界のように厳密な意味での聖俗の分離を志向するものではなく、天皇の政府も神的俗権としての在来の姿を濃くとどめることになった。そのため、行基を中心とする民間の宗教運動は、日本におけるメシアニズムとして一つの時期を画するものではあったが、そのことは不徹底な形にとどまり、これ以後もいくたびか類似の運動を生みながら、次第にそれを矮小化させる道をたどったように思われる。

民間仏教を開発した空也

一

恵心僧都源信が、比叡山の横川にあって『往生要集』を著わす半世紀ほど前から、空也が民間を行脚して念仏をすすめ、阿弥陀聖《ひじり》とか、市聖とよばれた。

空也と同時代の人で『三宝絵詞』を著わした文人貴族の源為憲は、空也の死後まもなく、おそらくその一周忌の供養にあたり、天延元年（九七三）ごろに、『空也誄《るい》』を草した。誄とは弔辞であり、追悼文のことで、ほぼ空也の略伝があげられている。また、空也の宗教運動に傾倒し、みずからも源信らと勧学会《かんがくえ》や二十五三昧講の運動に参加した慶滋保胤《よししげやすたね》も、その著『日本往生極楽記』のなかで、「沙門弘也《こうや》（空也）」の事蹟を記している。

空也は弘也とも書き、コウヤとよぶのが正しいとされる。空也は沙弥の名で、天暦二年（九四八）四月、四十五歳のときに比叡山に登り、天台座主の僧正延昌に随って戒壇院で受戒し、比丘・大僧としての名を光勝とあたえられたが、生涯を通じ、沙弥名である空也を名乗った。上記の誄をはじめ、多くの所伝は彼を皇統の人といい、より具体的には醍醐天皇の皇子とするものさえある。室町時代の禅僧一休にも皇胤説があるが、空也は母が藤原氏以外の出身であったために世に出ず、仏門に入ったと説かれる。この点、検討の余地は多く残されているが、彼の事蹟をみると、民間遊行の僧であり、政府の許可を得ずに自ら僧形をとった私度の沙弥出身でありながら、その後半生には、意外と有力貴族の帰依と庇護をうけている。

空也の生まれた年は、大宰権帥に左遷された菅原道真が、配所で憂憤のうちに没した延喜三年（九〇三）であった。青年のうちに沙弥となった彼は、各地を巡歴するうち、尾張国の国分寺で正規に得度した。その後も練行と巡歴をつづけ、天慶元年（九三八）、三十五歳のときに平安京に姿を現わし、京中で念仏をすすめ、人に知られるようになった。そして天禄三年（九七二）九月、六十九歳で没するまで、その活動は平安京を中心としていたらしい。

京内では、水の乏しいところに井泉を掘って、阿弥陀井とよばれた。獄舎の門に卒塔婆を造立し、囚人教誡のこともしている。天慶七年（九四四）夏に観音像と阿弥陀浄土変をつくり、比叡山での受戒ののち、天暦五年（九五一）秋には金色一丈の観音像、六尺の梵天、帝釈、四天王像各一体をつくり、洛東に一寺を建立して安置し、西光寺のはじめとなった。ついで金泥《こんでい》の『大般若経』一部六百巻の書写を発願し、応和三年（九六三）に完成して盛大な供養会を営んだ。八月二十三日、平安京の東南、鴨川の西岸に宝塔をつくり、名ある僧六百人を請じて会衆となし、左大臣藤原実頼《さねより》以下、多くの人が結縁した。このときの願文は三善道統《みよしみちつら》が執筆し、全文は『本朝文粋《もんずい》』巻十三に収められている。また、左大臣実頼の弟の大納言師氏《もろうじ》も、空也と現当二世の契りを結んだ檀越《だんおつ》で、天禄元年（九七〇）七日、師氏が五十五歳で先に没すると、空也は閻羅王への牒状という書状を書き、権律師余慶に持たせて棺の前で読ましめた。その内容は師氏が空也の檀越であり、冥界の閻羅王はその事情を察して優恤《ゆうじゅつ》を加えてほしいというものであった。

この実頼、師氏の二人は、関白藤原忠平の子で、右大臣師輔《もろすけ》とも兄弟である。空也は民間行脚、市井在住の僧でありながら、ときの政権担当者、貴族最上層部を檀越としているのは、注目すべきことである。空也皇統出自説を肯定する論者は、右の事実を重要な傍証としている。

二

空也は市聖とよばれ、獄舎で囚人教誡をなしたと伝えるが、令の規定では、囚人の処刑は東西の市でおこなうことになっていた。市はまた、古くから人を集めて神を祭る場とされた。市神の小祠は現在も各地でみられ、そうした場所は、巫女など民間宗教者が集まった。

『日本後紀』によると、平安遷都直後の延暦十五年（七九六）、生江臣家道女《いくえのおみいえみちめ》という女性が新京の市で妄《みだり》に罪福の因果を説き、人心を惑わしたとして生国の越前に強制送還された事件があった。彼女は越前国足羽郡の人であったため、京内では越優婆夷《こしのうばい》とよばれたが、『正倉院文書』によると、奈良時代の天平勝宝九歳（七五七）に母親の生江臣大田女とともに『本願経』九百巻、『法華経』一百部八百巻、『瑜伽論』一部一百巻を書写し、東大寺に寄進している。越前国足羽郡の生江氏といえば、奈良時代後期に東大寺がこの地に荘園を開いたとき、その経営に参画した在地の豪族である。家道女はその一員としてとくに宗教心に篤く、優婆夷となって都に上ったものであろう。空也の出入した市は、家道女のような民間宗教者の集まるところであった。

そして、空也が平安京に入ってまもなく、天慶五年（九四二）、右京七条二坊十三町に住む多治比文子《たじひのあやこ》というものに菅原道真の霊が憑依し、生前に親しく遊覧した北野の右近馬場に自分の霊を祭れと託宣した。右京七条二坊十三町といえば、西の市町に近い雑閙の地で、多治比文子は市の近辺に住む巫女の一人であった。文子は、こののち五年ほど自分の家に小さな祠を建てて祭っていたが、神託のほどもだしがたく、北野に移した。また、それから数年して近江国比良宮の禰宜《ねぎ》神良種《みわのよしたね》の男子で、七歳になる太郎丸の口を借りて同じような託宣があり、良種が最鎮という僧侶とはかって北野に社殿を建てたのが、北野寺、北野社のはじまりであった。この後、天徳三年（九五九）、空也の外護者であった左大臣藤原実頼の弟の、右大臣師輔が屋舎を増築し、神宝を献じてから、道真を祭る北野天満宮の姿がととのった。

九州大宰府で死んだ道真の怨霊の祟りが取沙汰されるようになったはじめは、道真の死後二十年を経た延喜二十三年（九二三）、皇太子保明親王が二十一歳の若さで亡くなったころからであった。やがてこれが発端となり、道真の政敵の左大臣藤原時平や、その子孫、縁故者、さらには道真左遷事件の最高責任者である醍醐天皇にまで累が及ぶだろうと、噂はさまざまな事件をきっかけに増幅され、延長八年（九三〇）の夏、宮中清涼殿落雷事件で最高潮に達した。道真の怨霊が雷神となって猛威を振るうという信仰は、ここで定着することとなった。

この間に、道真の怨霊の活躍でいちばん利益を得たのは、兄の時平と政治的立場を異にする弟の忠平であった。彼は道真の左遷事件に関与せず、中立の立場にあったことを楯にして、道真の怨霊に傷つけられることなく、逆にそれを慰撫する側にまわって政治的地位を強化した。とくに次男の右大臣師輔は、道真と親交のあった右大臣源能有を母方の祖父にもち、北野天満宮の造営に尽力することで、その地歩を固めた、といわれる（角田文衞『紫式部とその時代』）。それに、これだけならば、道真の怨霊は政争の当事者である上層貴族たちの限られた範囲で威力を発揮するにすぎないが、この時期の平安京のはらんでいた雰囲気は、ことをこの段階に終わらせなかった。

たとえば、当時、衛府の舎人《とねり》とよばれた人たちは、地方在地の有力者たちで、彼らはさまざまなつてを頼りに衛府の舎人となり、やがてそのことを背景に、在地での地位を強化しようと目論む人たちであった。彼らは京中の検察に任じて治安維持にあたり、その職責を通じて所司の豪民とよばれた富豪の人、諸官衙の末端に仕えながら役職によって財貨を蓄積したものと特別の関係をもち、市を巡察して市辺に住む巫女たちとも密接な関係をもった。そのなかには武力を擁して京中の商業活動に寄生するあまり、後世の地回りや愚連隊のようなものに変身するものもあった。その立場から、彼らは民間とまじわりながら上層貴族の政治的動向に強い関心をもち、政治的失脚者の怨霊についての噂などは、彼らの手で京中に流布されることが多かったと思われる。

早く貞観五年（八六三）、朝廷の手で神泉苑で御霊会《ごりようえ》が営まれている。このとき御霊《ごりよう》とよばれ悪疫をおこす怨霊とされて祭りの対象となったのは、早良《さわら》親王、橘逸勢《はやなり》など六人の奈良末・平安初期の中央政界の政争の犠牲者たちの怨霊であった。この御霊会を主宰したのは、左右近衛中将に率いられた衛府の舎人《とねり》たちであった。また、天慶五年（九四二）に多治比文子に神憑りした菅原道真の怨霊は、生前に遊覧してその風景になじんでいる北野の右近馬場で祭られたいと託宣している。右近馬場とは右近衛府の舎人たちの練兵場といってよい場所である。このあたりにも、京内の市辺に住む巫女と、衛府の舎人たちの日常の深いつながりが示されている。京中に住む人たちは、単なる被支配者として、支配者である上級貴族層と無縁の世界に生きていたのではない。首都の住民として生業を営むためにも、政界の動向に敏感にならざるをえなかったし、彼らの間に情報をもたらしてくれるのは、衛府の舎人のような人たちであった。政争の失脚者たちの怨霊の噂が飛び交い、尾ひれがついて社会的な力を獲得するのも、こうした京内住民の参与があるからであった。

こうしてみると、延長八年（九三〇）に醍醐天皇が崩じたあと、承平・天慶のころ（九三一～九四六）から、関白忠平やその子右大臣師輔たちが道真の怨霊を慰撫する側にたち、のちに北野天満宮の造営に尽力したのはある種の人心収攬の意図があったのではなかろうか。有名な『伴大納言絵詞』には応天門の炎上に駈けつける物見高い京童の姿が、いきいきと描かれている。政界の動向に敏感な反応を示した京内の住民の世論の帰趨は、上層貴族層としても、かなりの配慮をする必要があった。彼らの政治的地位の補強に、北野天満宮の造営など、格好の事業であったかと考えられる。とすると、話はたいへん大回りしてきたが、おなじころ、右大臣師輔の兄にあたる左大臣実頼、弟にあたる大納言師氏らが、これも京内の市を徘徊して念仏を勧めていた空也の外護者となり、多額の財物を喜捨して金字大般若経の書写を援助し、盛大な供養会を営ませて世人の注目を引いたのも、なにかそこに、意図されたものがあるように思われる。

三

先にのべたとおり、空也が平安京に入ってから上層貴族たちにかなりの外護者をもったことについて、空也皇胤説の傍証とみなす論がある。しかし、御霊信仰の成立から北野天満宮創祀までの歴史をみると、空也はべつに皇胤でなくても上層貴族にある種のかかわりをもつ機縁は十分にあった。また、当時の上層貴族たちも、独自の閉鎖的な貴族社会を構成しながら、市井の動きを敏感にとらえるだけの政治的能力と手立てとを備えていた。空也が実頼・師氏兄弟を利用したのか、実頼・師氏兄弟のほうから進んで空也の事業に肩入れしたのか、その間の経緯は微妙であり、今後の検討を要する。空也皇胤説も、ことによると右の事態のもとで、いつとなしに意図的に説き出されたことかもしれない。

空也のあと、民間にあって法華経を持し、念仏を誦するものの数は増加した。なかには寒暑を論ぜず鹿皮を着し、皮聖《ひじり》とよばれた行円など、異形をしながら貴顕に出入りし、貴族の日記類に事蹟をとどめたものもある。彼ら聖たちは、本寺とよばれた在来の大寺院をはなれ、その活動の拠点として仲間たちが集まり、別所とよばれるものを経営した。別所とは本所、本坊に対する称で、顕密聖道門教団の寺院から離脱した聖たちの居住する草庵寺院所在の別境のことをさしているが、立正大学の高木豊氏は、この別所の設営について重要な事実を指摘されている（『平安時代法華仏教史研究』）。

別所の成立は、空也の時代につづく十一世紀前半であったが、別所の営まれた場所は、しばしば無主・荊棘の地、見作の田畑のない空閑地であった。別所とは本寺・本坊に対する称でありながら、同時に本荘・本郷に対する別符の地、別符の荘・保の意味も兼ねていた。荘園や国衙領内の荒地を占定し、開発しようとするものはその旨を申請し、荒地であることから別納の免判を得て半不輸の権利を確保する。こうした別符の地は雑役免であった。聖たちは、それまで所属してきた特定寺院の寺領内や、それと関係のない適宜の地を選んで右のような手続きを踏み、新しい開発地に草庵を結んだ。

そこでは、聖の仲間たちが集まって不断念仏、迎講、法華八講、涅槃講、仁王講などの講会を営み、それを通じて周辺に新しい檀越を組織した。あるいは終焉の近い病者を収容し、念仏を唱和して臨終の正念を得させる往生院として機能する場合もあった。いずれにしても、既存の大寺院から離れた草庵を拠点とする別所聖たちの教線の拡大が、彼らの荒地開発という具体的な経営努力に支えられ、まさしく新天地獲得の具体的な営みを通じて実現されていたことに、注目する必要があるだろう。

阿弥陀聖、市聖とよばれた空也は、民間遊行の僧として出発した。彼につづく多くの聖たちも、既存の顕密の寺院から離脱し、現代風にいえばドロップ・アウトした僧徒たちであった。彼らは一所不住の漂泊の僧徒として苦修練行し、山林に入って呪験力をつけ、民間にまじって自らの信を実践した。しかし、私たちは、これを自己流に解釈してはならないと思う。私たちの浅はかな幻影を投射し、いたずらに美化し、理想化してとらえてはならない。

空也は天慶元年（九三八）に平安京に入ると、まもなく有力な上層貴族を外護者に獲得し、やがてその活動の拠点として洛東の西光寺がつくられることになった。空也のあとにつづいた聖たちも、きわめて緻密で、したたかな計算のもと、もっとも現実的な荒地開発の活動のうえに信仰の拠点をつくり、仲間が集まって教線の拡大にはげんだ。のちに鎌倉新仏教を生み出すに至る聖たちの思想運動は、こうした現実の努力に支えられていたからこそ、思想運動としての力強さを備えていた。空也以降、民間の聖たちの遺した足跡は、まだ十分な吟味もされていないのが現状である。

解説

柴田　實

著作集の第一巻として『宗教民俗学』と題した本冊には、旧く著者の処女作、竹田聴洲君との共著として昭和三十二年に出版された『日本人の信仰』中の一章「村を訪れる人と神」以下、最晩年に近く五十五年に角川書店の『日本絵巻物全集』29のために執筆した「地蔵菩薩と民俗信仰」に至る大小十二編のエッセイを収めた。いづれも著者の本命ともいうべき一般常民の信仰に関したものであるが、著者はそれをばいわゆる既成宗教あるいは伝来宗教の土着とか、俗化とかの面からではなく、もっぱらそれを受容した一般常民の社会的性格から理解しようと努力する。I「幻想としての宗教」というのはあらゆる宗教についてそれが本来幻想であるというのではもとよりなく、今日長崎や平戸に遺る旧キリシタン（かくれキリシタン）の人びとや、鹿児島県下に著しいカヤカベ念仏門徒たちの信仰を、カトリックの信条や浄土真宗の正統教義の上から見るのではなく、むしろそれらの人びとの置かれた村の閉鎖性—その血縁や地縁の関係を離れては全く生きて行くことも出来ぬほどにも孤立した村びとたちの強い連帯性から来る已むをえぬ一種の幻想として理解しようとするもので、Ⅱ「宗教と社会」において著者のいう信仰の日本的性格というのも、日本が国初以来一貫して稲作農業を中心とした自給自足の閉鎖社会としてそれ以外の広い普遍的世界を知らなかったことから来たものと説かれる。かような社会的見地からするわが民俗信仰の特色づけは著者が本書を通じて、もっとも力強く繰返し力説するところで、それは著者が昭和三十九年龍谷大学調査団の一員として試みた南九州のカヤカベ門徒の実地調査によって得た直接経験が何よりもその着想の大きい根幹となっていることは、読者が本文の随所から読みとれるところであろうかと思われるが、筆者自身は著者がその旅行から帰ってきて後、幾度となくその大きい発見の感激を物語るのを聞いたことがある。

Ⅲ「奈良仏教の展開」以下の三編は、そうした現代に生きる民俗信仰の観察ではなく、全く過去の文献を通じて知りうる歴史上の問題であるが、著者は古代の律令制が次第に整備されて行く過程の中で、仏教がどのように政治的に統制せられ、またどのように古来の神々や天皇の権威と習合して行ったかを一般的に考察した上で、近時学界でひろく古代民衆仏教指導者の代表のように取扱われる行基と空也の活動について独自の評価を下している。それは普通にいわゆる民俗学者のとうてい為しえないところの判断で、正しく著者の歴史学者としての素養と力量を示すに足るものというべきであろう。

初出一覧

幻想としての宗教　「思想の科学」八月号　思想の科学社　昭和四八年八月

遁世・漂泊者（原題「遁世・漂泊者の理解をめぐって」）「思想の科学」二月号　思想の科学社　昭和五二年二月

宗教と社会―信仰の日本的特性―（原題「宗教と社会」）「名古屋民俗」名古屋民俗研究会　昭和五一年八月

村を訪れる人と神―日本人の信仰―『日本人の信仰』創元歴史選書　竹田聴洲共著　創元社　昭和三二年五月

山と稲と家の三位一体―日本民俗信仰の根幹―　同前

死生の忌みと念仏―専修念仏と民間信仰―「伝統と現代」三九号　伝統と現代社　昭和五一年五月

地蔵菩薩と民俗信仰『日本絵巻物全集』29　角川書店　昭和五五年四月

信仰の風土―天川弁才天―（原題「信仰の風土―天川弁才天を中心に―」）『天川』林屋辰三郎編　駸々堂　昭和五一年一一月

奈良仏教の展開（原題「奈良仏教」）『日本仏教史』Ⅰ　家永三郎監修　法藏館　昭和四一年一月

天皇と神の間「歴史読本」新人物往来社　昭和四九年八月

救世主としての教祖―行基の場合を中心として―「伝統と現代」一〇月号　学燈社　昭和四四年

一〇月
民間仏教を開発した空也　「大法輪」七月号　大法輪閣　昭和四九年七月

文庫版解説　「楽園」の光と影

村上紀夫

一　高取家略伝

高取正男の祖父は卯之助という。

『日本紳士録』第五版（交詢社、一八九九年）によれば、高取卯之助は「土木請負業」をしていたようで、一八九三年の新田開発にあたっては「井堰ニ関スル分」を請け負っていたことが確認できる（『神野新田紀事』神野金之助編・発行、一九〇四年）。

卯之助の養子となったのが、一八八九年生まれの才助である（『日本紳士録』第五二版、交詢社、一九六一年）。才助は、帝国撚糸織物株式会社に入社すると手腕を発揮し、取締役を経て代表取締役となっている。その後は帝国航空機を創業し、航空機の部品生産を行っていた。戦後は帝撚工業と社名を改め、住友軽金属工業傘下でアルミニウムを仕入れて加工する工場を複数経営していた（『中部圏の顔』中部経済新聞社、一九六七年）。

才助の次男として一九二六年に生まれたのが正男である。高取正男は、一九四三年に高岡高等商業専門学校に入学し、一九四四年に同校が高岡工業専門学校と転換されたのに伴い、同校の化学工業科へ編入している。高岡工業専門学校化学工業科ができたのは国策によるものだが、経済専門学校への進学には敏腕経営者だった父の影響もあっただろう。ところが、一九四七年に同校を卒業すると、翌年にはそれまでとは畑の違う京都大学文学部史学科（国史学専攻）に入学しているのである。

高取によると、「京都大学に進学して国史を専攻しようと考えていたところ、民俗学という学問のあることを高瀬先生からはじめて教わった」（『神道の成立』「あとがき」平凡社ライブラリー、一九九三年、三一四頁）という。「高瀬先生」とは、高岡工業専門学校化学工業科にいた高瀬重雄である。高瀬は、京都帝国大学で文化史学を専攻していた西田直二郎の門下で、一九四四年の四月に西田直二郎の推薦で立命館大学から高岡工業専門学校に移っている（「戦前の立命館について高瀬重雄先生に聞く」『立命館百年史紀要』第五号、一九九七年）。高瀬が高取と出会っていた一九四四年には、村山修一・林屋辰三郎・清水三男ら西田直二郎門下の面々が論文を寄せる論集『中世文化史研究』（星野書店、一九四四）の編者となっている。高瀬は、のちに富山大学、金沢経済大学の教員となるが、『古代山岳信仰の史的考察』『立山信仰の歴史と文化』などの著書もあり、西田文化史学を継承する研究者のひとりといえるだろう。

高瀬が高岡工業専門学校化学工業科に赴任したのと、高取が工業科へ編入したのは同時であった。高取が京都大学への進学を考えていたというのは、高瀬の影響だろう。高取の代表作である『神道の成立』が高瀬の古稀祝いに間に合わせようと執筆したものであることからも、高取にとって高瀬の存在がいかに大きかったかをうかがわせよう（高取正男『神道の成立』「あとがき」、三一六頁）。

京都大学での高取の師であった柴田実は、高取がなぜ「国史を選ぶようになったのであったか」、それも社会経済史ではなく民間信仰など「あまり人の多く手をつけぬ研究に強く興味を抱くようになった」のか聞いてないが、「名古屋の旧家に生まれ、旧い慣行や習俗」の残る環境で育ったからではないかと記している（柴田実「序」『民間信仰史の研究』法藏館、一九八二年）。

しかし、こうして見ると、高瀬との出会いと敗戦を機に、高取は父親が敷いたレールを外れることを決意したのではないかと思わせる。

高取の父は、軍需産業で成長し、戦後も旧財閥系企業の傘下で高度経済成長期も発展を遂げた実業家であった。この点は、一九五五年に京大国史研究室の「大ボス」高取を中心にマルクスの輪読が行われていた通称「高取ゼミ」についての大山喬平の回想（「戸田芳實氏の学問とのめぐりあい」）から、「高取正男とマルクス主義、マルクス主義歴史学との関係も、あらためて検討されて良い課題だろう」という菊地暁の指摘とも関連するだろう（菊地暁「趣旨説明と若干の補足」『人文学報』第一一三号、二〇一九年）。戦後、マルクスの輪読を進めていた高取が、会社経営者だった父のことを一度も想起しなかったとは考えにくい。高取のマルクス理解には、そうした事情も何らかの影を落としていただろう。

二　共同体と宗教

さて、本書の巻頭に掲載されているのは「幻想としての宗教」という論文である。冒頭で遠藤周作の小説も参照しながら、一度は棄教した浦上のキリシタンが、再び「信心もどし」をした理由に、村に身の置き所がなかったことを挙げている。本書を通して、高取が繰り返し論じているのが、この共同体と宗教の関係なのである。

高取は、近代以前には国家よりも村の方が生活と直結し、人びとは「全生活をあげて村の連帯に預託」していたとする。これを「これ以外に生きる場所はないという、そういうせっぱ詰まった意味での郷土」とも表現している（一一頁）。

共同体を維持して生活を守ることは、宗教組織を守ることで実現され、所属する教団組織を強化することが、共同体の強化や権利の拡張につながったという（一二頁）。前近代の宗教受容が共同体と一体化していたという指摘は極めて重要だろう。

それでは、高取が見た共同体とはどのようなものだったのか。共同体とは、生活の支えであった反面で、危機に瀕した際には「共同体を維持するための生存競争が、凄惨な形で展開した」という（一七頁）。菅江真澄の紀行から、村落内では饑饉のような事態が発生すると、むしろ協力関係が円滑に機能せず、むしろ饑饉の被害が直撃したものと、そうでないものの間に明確な断層があったことを読み取るのである（一九〜二〇頁）。

共同体では、危機のもとでは落伍者を助けることなく「見て見ぬふりをする程度なら、いつのときにもみられた」と指摘する。なぜなら、「脱落者の出ることはその分だけ、残るものに生き延びる可能性をつくること」だったからである（二二頁）。また、村落共同体の周縁には農繁期の労働力を確保するために零細農を意図的に再生産していたという（四四頁）。共同体の危機があるたびに「共同体の掩護物なしには一日も生きてゆけないような、力弱い人たち」が脱落するのは、あらかじめ想定された事態だったということになる（二五頁）。

それゆえ、「陰惨な競争に生き残ったもの」は神仏に感謝するとともに「原罪意識」をもち、無縁仏を供養するとともに、罪障の消滅を願って「乞食が来るのを待ち、余裕のあるかぎり施物し」ていたのだという（二三頁）。

高取は、共同体を「楽園」と記しつつも、決して理想化はしていない。「米作りによる理想の共同体など、祖先が信じたように過去にはいちども存在しなかった」（四八頁）と断じ、その維持機能がもつ非情さ、凄惨さを冷徹に見つめ、語っているのである。

共同体は、「本能のように仕立てあげられた習俗や禁忌、無意識に作動する生活のシステムによって周到に維持されてきた」という（高取正男『日本型思考の原型』平凡社ライブラリー、一九九五年、一九六頁）。民俗もまた、非情な共同体の維持システムと無関係とはいえない。だからこそ、「自らもその一端を担っている伝統的な民俗について、真に内在的な批判」が必要だということになる（高取正男「日本史研究と民俗学」『民間信仰史の研究』四一五頁）。『日本型思考の原型』では、他人が茶碗を使う行為が引きおこす感情から、「自ら」が持つ忌避意識を浮かび上がらせる。そして、忌避意識の根幹にある共同体と「自己を同一化してきた前論理の構造」が今なお「私たち」に根強く残存していることを明るみに出していくのである。

そして高取の視線は、共同体の犠牲となることを余儀なくされる弱者へと向けられていく。自らが全幅の信頼を寄せていた共同体が危機に瀕し、「非常な掟」により凄惨な生存競争となれば、犠牲者は「生まれて育った共同体に自らを預託できなくなった」ことによる「楽園の喪失感」、「楽園の崩壊観」を痛切に感じる（二六頁）。そこで、彼らは「失われた過去の再来をもとめ、どのような幻想にも素直に耳を傾ける」ようになるという（二六頁）。

そうした行為について、「たとえ低次元のものであっても魂の王国をもとめ、失われた過去の復活を願って宗教運動に参加した過程を追うならば、その運動は厳密な意味で政治的、社会的運動から離れ、宗教そのものの世界に飛翔する」と記している。「深刻な崩壊感覚」から「途方もない夢」をもとめて参加したのが宗教という運動だったと評価するのである（二七頁）。ここでは、「この世での果実をどれほど生みだしたかという観点からの追究だけにとどめてはならない」としており、マルクスがいうような、宗教を「民衆の幻想的な幸福であ」り、「民衆の阿片である」と切り捨てるような姿勢はない（マルクス「ヘーゲル法哲学批判序説」『ユダヤ人問題によせて・ヘーゲル法哲学批判序説』岩波文庫、一九七四年、七二頁）。高取の「幻想としての宗教」は、マルクスのいうそれとは全く次元の異なったものだといえよう。

そもそも、高取が最初期に執筆した論文でも、古代においては「階級的に自らを解放するための歴史的予備条件はなんら存在しない」がために、「被抑圧者たちが、貧窮と抑圧からの解放を求めて、必然的に捲起こした運動」が「メシア運動」なる宗教運動であると論じている（高取正男「日本におけるメシア運動」前掲『民間信仰史の研究』二六頁、初出は一九五五年）。先述した大山が通称「高取ゼミ」でマルクスを読んでいたころの論文だけあって、階級闘争などマルクスの影響は大きく感じさせるが、宗教を抑圧者による自己解放のための「運動」ととらえて積極的に評価する姿勢は一貫しているのである。

共同体と一体化した宗教（イデオロギー）にとどまることなく、共同体の崩壊を経験した弱者に「宗教そのものの世界に飛翔する」可能性を見いだしている点は、高取の宗教観を理解する上で重要だと思われる。

三　「敗者」からの宗教研究

本書冒頭の二編、すなわち「幻想としての宗教」と「遁世・漂泊者」は、いずれも初出誌が鶴見俊輔らの創刊による『思想の科学』であった。

鶴見俊輔の父である祐輔は、鉄道官僚として後藤新平のもとで活躍し、国会議員にもなっている。吉見俊哉によれば、父に「勝者の影」を見ていた鶴見俊輔は、思想の科学研究会などで自分が「勝者にならない」ことに徹底的にこだわっていたという（吉見俊哉『敗者としての東京』筑摩選書、二〇二三年、二八七～八頁）。

高取の父もまた、敗戦を経て戦後、そして高度経済成長期と着実に会社を大きくすることに成功した経営者だから、ある意味での「勝者」といえよう。そうした父を持っていた高取が、敗者（「落伍者」）へのまなざしから、宗教の意義と可能性を積極的に論じた二編を『思想の科学』に掲載している。あるいは、「勝者」になることを拒絶していた鶴見の姿勢に、どこかで高取も共鳴するところがあったのかもしれない。

このように書いてしまうと、豊かな高取正男の研究成果が個人の経歴に還元され、矮小化されてしまうという批判も免れまい。とはいえ、高取はある座談会で「経世済民の学といいながら、研究対象から自分を抜いては学問としてちっとも進歩ではない」（川添登・高取正男・米山俊直『生活学ことはじめ　日本文化の原像』講談社、一九七六年、二四〇頁）といい、内省の学としての民俗学が「自分も研究対象のなかに入るという観点が、民俗学の場合やはりあのころから少しずつあやしくなる部分が出てくる」（同　二二九頁）と発言している。

高取は「民俗学は、野外に出るけれども、実際はそれを媒介として自分自身のなかにあるものを同時に発掘している」と表現している（前掲「日本史研究と民俗学」『民間信仰史の研究』四一四頁）。ならば、彼の冷徹な共同体や宗教理解は、やはり「勝者」を父に持つ自身をも「研究対象」として徹底的に見つめ、そこにある何らかの「崩壊感覚」や「原罪感覚」と向き合ってきたから得られたものではないだろうか。

それこそが、高取正男の「凄み」である。

（奈良大学教授）

高取正男（たかとり　まさお）
1926年愛知県に生まれる。京都大学文学部史学科卒。京都女子大学教授などを務める。専門は日本文化史・民俗学。1981年没。主な著書に『仏教土着』（日本放送出版協会）、『日本的思考の原型』（講談社現代新書〈のち、平凡社ライブラリー、ちくま学芸文庫〉）、『神道の成立』（平凡社選書〈のち、平凡社ライブラリー〉）、『民間信仰史の研究』『高取正男著作集』全５巻（以上、法藏館）などがある。

宗教《しゅうきょう》民俗学《みんぞくがく》

二〇二三年九月一五日　初版第一刷発行

著　者　高取正男
発行者　西村明高
発行所　株式会社法藏館
京都市下京区正面通烏丸東入
郵便番号　六〇〇-八一五三
電話　〇七五-三四三-〇〇三〇（編集）
〇七五-三四三-五六五六（営業）

装幀者　熊谷博人

印刷・製本　中村印刷株式会社

©2023 Shōji Takatori *Printed in Japan*
ISBN 978-4-8318-2653-4　C1121
乱丁・落丁本の場合はお取り替え致します。

法蔵館文庫既刊より

価格税別

さ-1-1
増補 いざなぎ流 祭文と儀礼
斎藤英喜著
高知県旧物部村に伝わる民間信仰・いざなぎ流。中尾計佐清太夫に密着し、十五年にわたるフィールドワークによってその祭文・神楽・儀礼を解明。
1500円

キ-1-1
老年の豊かさについて
キケロ著
八木誠一
八木綾子 訳
老人にはすることがない、体力がない、楽しみがない、死が近い。キケロはこれらの悲観的通念を吹き飛ばす。人々に力を与え、二千年読み継がれてきた名著。
800円

た-1-1
仏性とは何か
高崎直道著
「一切衆生悉有仏性」。はたして、すべての人にほとけになれる本性が具わっているのか。日本仏教に根本的な影響を及ぼした仏性思想を明快に解き明かす。解説=下田正弘
1200円

さ-2-1
アマテラスの変貌
中世神仏交渉史の視座
佐藤弘夫著
童子・男神・女神へと変貌するアマテラスを手掛かりに中世の民衆が直面していたイデオロギー的呪縛の構造を抉りだし、新たな宗教コスモロジー論の構築を促す。
1200円

て-1-1
正法眼蔵を読む
寺田透著
多数の道元論を世に問い、その思想の核心に迫った著者による「語る言葉（パロール）」と「書く言葉（エクリチュール）」の「講読体書き下ろし」の読解書。解説=林　好雄
1800円

い-1-1

地獄

石田瑞麿著

古代インドで発祥し、中国を経て、日本へとやってきた「地獄」。その歴史と、対概念として浮上する「極楽」について詳細に論じた恰好の概説書。解説＝末木文美士

1200円

く-1-1

中世史の構図

王法と仏法

黒田俊雄著

強靱な論理力で中世史の構図を一変させ、「武士中心史観」にもとづく中世理解に鋭く修正を迫った黒田史学。その精髄を示す論考を収めた不朽の名著。解説＝平　雅行

1200円

な-1-1

折口信夫の戦後天皇論

中村生雄著

戦後「神」から「人間」となった天皇に、折口信夫はいかなる可能性を見出そうとしていたのか。折口学の深淵へ分け入り、折口理解の新地平を切り拓いた労作。解説＝三浦佑之

1300円

あ-1-1

禅仏教とは何か

秋月龍珉著

仏教の根本義から、臨済宗・曹洞宗の日本禅二大派の思想と実践までを体系的に叙述。難解な内容を、簡潔にわかりやすくあらわした入門書の傑作。解説＝竹村牧男

1100円

ほ-1-1

増補

宗教者ウィトゲンシュタイン

星川啓慈著

ひとつの孤独な魂が、強靱な理性と「神との和解」のはざまで悩みぬく。新発掘の二つの『日記』等をめぐる考察を縦横にもりこんだ、宗教学からの独創的アプローチ！

1000円

ア-1-1・2

評伝 J・G・フレイザー

その生涯と業績　上・下（全二冊）

R・アッカーマン著
小松和彦監修
玉井　暲監訳

大著『金枝篇』で世界に衝撃を与えた人類学者の画期的評伝。研究一筋の風変わりな日常から、出版をめぐる人間模様、悪妻とも評された妻との結婚生活まで。未公開書簡や日記も満載。

各1700円

い-2-1

アニミズム時代
岩田慶治著

森羅万象のなかにカミを経験する。その経験の場とは。アニミズムそしてシンクロニシティ空間論によって自然との共生の方法を説く、岩田アニミズム論の名著。解説＝松本博之

1200円

か-1-1

信長が見た戦国京都
城塞に囲まれた異貌の都
河内将芳著

同時代史料から、「町」が社会集団として成熟していくさまや、戦国京都が辿った激動の軌跡を尋ね、都市民らの視線を通して信長と京都の関係を捉え直した斬新な戦国都市論！

900円

や-1-1

宗教とは何か
現代思想から宗教へ
八木誠一著

理性と言語による現実把握の限界をどう超えるか。ニーチェの生の哲学から実存主義、さらには京都学派の哲学までを総覧し、現代人のための宗教に至る道筋を鮮やかに指し示す。

1300円

つ-1-1・2

平安人物志
上・下（全二冊）
角田文衞著

考古学と文献史学を駆使した角田の博識と推理が冴え渡る、41篇の人物伝。緻密な分析で、平安朝を生きた人々の数奇な生涯を鮮やかに描き出した、歴史的名著。解説＝山田邦和

各1700円

か-2-1

インド人の論理学
問答法から帰納法へ
桂紹隆著

インド人の思考法は、観察から法則を導き出す帰納法的思考であった。事実に基づく論証法がインドでどのように展開したのか。その淵源を仏教の縁起の教えに見出した名著。

1300円

た-2-1

悟りと解脱
宗教と科学の真理について
玉城康四郎著

徹底した禅定実践と学問研鑽によって仏道を求め、かくして到達したブッダの解脱に基づき、一切の枠組みを超えた真理を究明する。稀有の求道者の最後の書。解説＝丘山　新

1000円

さ-3-1

ブッダとサンガ

〈初期仏教〉の原像

三枝充悳著

一人のブッダから多くの仏が生まれたのはなぜか。サンガはどのように成立したのか。仏教の根本問題を論旨明快な叙述で解きほぐす、恰好のインド仏教史入門。解説＝丸井　浩

1100円

し-1-1

ポストモダンの新宗教

現代日本の精神状況の底流

島薗進著

一九七〇年代以降に誕生・発展した「新新宗教」の特徴を読み解き、「新新宗教」を日本・世界の宗教状況とリンクさせることで、現代宗教論に一つの展望を与えた画期的試み。

1200円

や-2-1

〈方法〉としての思想史

安丸良夫著

安丸史学が対峙し、目指したものとは――。自身の研究や経験を回顧した論考・時評等を中心に収め、その思想的格闘の軌跡を示した歴史学徒必読の名著。解説＝谷川　穣

1300円

ア-2-1

英国の仏教発見

フィリップ・C・アーモンド著
奥山倫明訳

19世紀の英国人らによる仏教表象を分析し、西洋近代において、仏教が称賛や蔑視を交えながら「創造」されていく過程を、オリエンタリズムと宗教をめぐる観点から解明。

1300円

か-1-2

改訂 祇園祭と戦国京都

河内将芳著

創作物を通じて戦国期の祇園祭に託された「権力に抵抗する民衆の祭」というイメージは実態に合うものなのか。イメージと史実を比較し、中世都市祭礼・祇園祭の実像に迫る。

1000円

ブ-1-1

儀礼と権力　天皇の明治維新

ジョン・ブリーン著

日本の「近代」創出に天皇がはたした身体的役割とは何か。天皇はいかにして「神話の体現者」となったのか。従来とは異なる儀礼論的アプローチから迫ったユニークな試み。

1300円

も-1-1

梁の武帝
仏教王朝の悲劇

森三樹三郎著

皇帝菩薩と呼ばれた武帝の餓死、王朝の滅亡は、仏教溺信が招いた悲劇だったのか。類い稀な皇帝のドラマチックな生涯とその時代の精神を描出した不朽の傑作。解説＝船山　徹

1000円

む-1-1

天平芸術の工房

武者小路穣著

正倉院や東大寺をはじめとする花やかな天平芸術の創造にたずさわった工人たちの盛衰を明らかにしていくなかで、古代国家の文化の形成基盤の全体像を考察。解説＝山岸公基

1200円

た-3-1

改訂 歴史のなかに見る親鸞

平　雅　行　著

数少ない確実な史料を緻密に検証することで、歴史研究者として親鸞の事蹟の真偽を究明する一方、民衆の苦難と自らの思想信条とのはざまで悩み苦しむ親鸞の姿をも描きだす。

1100円

す-1-1

東洋の合理思想

末木剛博著

インド仏教、中国仏教、中国古典に形式論理を見いだし、西洋思想とは異なる、非自我的な「楕円思考」を東洋の合理思想の根幹として解明する。野矢茂樹氏の解説も再録。

1200円

か-3-1

増補 菩薩ということ

梶山雄一著

迷いと悟りの世界を生きる菩薩の存在は、大乗仏教の真髄である。大乗仏教がめざした人間像を探究しつづけた著者が最終的に到達した菩薩像と、その生き方とは。解説＝桂紹隆

1000円

キ-2-1

ウィトゲンシュタイン・文法・神

アラン・キートリー著
星川啓慈訳

ウィトゲンシュタインの「文法」概念を宗教研究に応用し、自然主義・相対主義・還元主義をのりこえる視点を提供。そして「本物の宗教」に迫らんとする、宗教哲学の好著。

1200円

か-4-1
死と運命
中国古代の思索
金谷治著

「このかけがえのない生命とはいったい何なのか」。孔孟、老荘、荀子等の言葉をてがかりに、中国古代における死、運命、欲望に関する思索を討尋する。解説＝中嶋隆藏

1100円

よ-1-1
劉裕
江南の英雄 宋の武帝
吉川忠夫著

劉裕は微賤な武人に生まれながらも、卓越した行動力と徹底した現実主義によって皇帝となった。だが、即位後その生彩に翳りが——。南朝の権力機構の本質を明らかにする好著。

1000円

か-5-1
一遍語録を読む
金井清光
梅谷繁樹著

一切を捨てた「捨聖」一遍。その思想的背景と生涯を法語から読み解き、巻末では一遍の和讃「別願和讃」を『節用集』『日葡辞書』などを駆使して詳論する。解説＝長澤昌幸

1200円

な-1-2
祭祀と供犠
日本人の自然観・動物観
中村生雄著

動物を「神への捧げもの」とする西洋の供犠との対比から、日本の供養の文化を論じ、殺生・肉食の禁止と宗教との関わりに新たな光を当てた名著が文庫化。解説＝赤坂憲雄

1500円

さ-4-1
ラジオの戦争責任
坂本慎一著

戦前最強の「扇動者」、ラジオ。その歴史を五人の人物伝から繙き、国民が戦争を支持し、また玉音放送によって瞬く間に終戦を受け入れるに至った日本特有の事情を炙り出す。

900円

は-1-1
明治維新と宗教
羽賀祥二著

近代「神道」の形成と特質を仏教までもを含んだ俯瞰的な視野から考察し、「国家神道」に止まらない近代「神道」の姿をダイナミックに描いた、日本近代史の必読文献。

1800円

か-6-1

禅と自然

唐木順三著

近代という無常が露わになった時代をどう乗り越えるか。その克服の可能性を、逆に無常を徹底させる中世の禅思想のなかに見出した卓異の論考を精選。解説＝寺田透・飯島孝良

1100円

ひ-1-1

無神論

久松真一著

「絶対的自律」へ至る道を考究し続けた稀代の哲人・久松真一。その哲学の核心を示す珠玉の論考と自叙伝的エッセイ「学究生活の想い出」を収録。解説＝星野元豊・水野友晴

1000円

た-4-1

聖武天皇

「天平の皇帝」とその時代

瀧浪貞子著

高い政治力を発揮し、数々の事業を推進した聖武天皇。「天平の皇帝」たらんとしたその生涯と治世を鮮やかに描写。ひ弱、優柔不断といった旧来の聖武天皇像に見直しを迫る。

1300円

し-1-2

精神世界のゆくえ

宗教からスピリチュアリティへ

島薗進著

なぜ現代人は「スピリチュアリティ」を求めるのか。宗教や科学に代わる新しい思想を網羅的に分析し、「スピリチュアリティ」の興隆を現代精神史上に位置づけた宗教学の好著。

1500円

よ-2-1

日本人の身体観の歴史

養老孟司著

日本の中世、近世、そして現代哲学の心身論から西欧の身体観まで論じる。固定観念を揺さぶり、常識をくつがえし、人と世界の見方を一変させる、養老「ヒト学」の集大成。

1300円

ぎ-1-1

現代語訳 南海寄帰内法伝

七世紀インド仏教僧伽の日常生活

義浄撰
宮林昭彦
加藤栄司訳

唐の僧・義浄がインドでの10年間にわたる留学生活で見た7世紀の僧侶の衣・食・住の実際とは。戒律の実際を知る第一級資料の現代語訳。原書は、鈴木学術財団特別賞受賞。

2500円

と-1-1

文物に現れた北朝隋唐の仏教

礪波護著

隋唐時代、政治・社会は仏教に対していかに関わり、仏教はどのように変容したのか。文物を含む多彩な史料を用いスリリングに展開される諸論は隋唐時代のイメージを刷新する。

1200円

こ-1-1

神々の精神史

小松和彦著

カミを語ることは日本人の精神の歴史を語ること。竈神や座敷ワラシ。酒呑童子、ものくさ太郎に、山中の隠れ里伝承など、日本文化の深層に迫った妖怪学第一人者の処女論文集。

1400円

み-1-1

江戸のはやり神

宮田登著

お稲荷さん、七福神、エエジャナイカ——民衆の関心で爆発的に流行し、不要になれば棄てられた神仏。多様な事例から特徴を解明し、背景にある日本人の心理や宗教意識に迫る。

1200円

さ-5-1

信仰か、マインド・コントロールか

カルト論の構図

櫻井義秀著

社会はカルトやマインド・コントロールの問題にどう対処すべきか。九〇年代以降のメディアや裁判記録などの分析を通じて、これらの問題を考えるための基礎的理論を提示する。

1100円

う-1-1

日蓮の女性観

植木雅俊著

仏教は女性蔑視の宗教なのか？　仏教史における男性観、女性観の変遷、『法華経』における提婆達多と龍女の即身成仏を通して検証し、また男性原理と女性原理について考える。

1300円

お-1-1

寺檀の思想

大桑斉著

近世に生まれた寺檀の関係を近代以降にまで存続せしめたものとは何か？　家を基本構造とする幕藩制下の仏教思想を明らかにし、近世社会の本質をも解明する。解説＝松金直美

1200円

や-3-1

藤原道長

山中裕著

道長の生涯を史料から叙述すると共に、人間関係を詳しく説き起こして人物像を浮かびあがらせる。既存の図式的な権力者のイメージをしりぞけ史実の姿に迫る。解説＝大津透

1200円

た-5-1

安倍晴明の一千年

「晴明現象」を読む

田中貴子著

スーパー陰陽師・安倍晴明はいかにして誕生したのか。平安時代に生きた晴明が、時代と世相にあわせて変貌し続ける「晴明現象」を追い、晴明に託された人々の思いを探る好著。

1200円

ふ-1-1

江戸時代の官僚制

藤井譲治著

一次史料にもとづく堅実な分析と考察から、幕藩官僚＝「職」の創出過程とその実態・特質を解明。幕藩官僚制の内実を、明瞭かつコンパクトに論じた日本近世史の快著。

1100円

た-6-1

宗教民俗学

高取正男著

民俗学の見地から日本宗教史へとアプローチし、日本的信仰の淵源をたずねる。高取正男の真骨頂ともいうべき民間信仰史に関する論考12篇を精選。解説＝柴田實／村上紀夫

1400円

み-2-1

天狗と修験者

山岳信仰とその周辺

宮本袈裟雄著

修験道の通史にはじまり、天狗や怪異伝承、修験者の特性と実態、恐山信仰などを考察。入手困難な記録や多様な事例から修験者の固有信仰を幅広く論じる。解説＝鈴木正崇

1200円

法藏館既刊より

中国の水の思想　蜂屋邦夫著
古代中国の人々にとって「水」とは何か。諸子百家の書や儒教経典の記述から明らかにする。
2000円

中国の水の物語　神話と歴史　蜂屋邦夫著
洪水・治水の神話、都城の水利システム、黄河・長江の流態。水をめぐる人々の営みを探る。
1400円

梅原猛と仏教の思想　菅原潤著
「梅原日本学」の展開に仏教はいかなる着想を与えたのか。待望の本格的思想評伝！
1800円

神仏分離を問い直す　神仏分離150年シンポジウム実行委員会編
幕末維新期の一大トピック「神仏分離」の諸相に、研究者と僧侶がそれぞれの立場から迫る。
1200円

仏教史研究ハンドブック　佛教史学会編
仏教の歴史文化に関する研究テーマを一冊にまとめたコンパクトな入門書。
2800円

増補改訂　近代仏教スタディーズ　仏教からみたもうひとつの近代　大谷栄一・吉永進一・近藤俊太郎編
近代仏教研究へ乗り出すために、まず読むべき必読の書。豊潤な近代仏教の世界を紹介する。
2000円

価格税別

法藏館既刊より

新装版 真言宗小事典　福田亮成編
弘法大師空海が開いた真言宗の思想・歴史・仏事の主な用語をやさしく解説。
1800円

浄土宗小事典　石上善應編
法然が開いた浄土宗の思想・歴史・仏事の基本用語を厳選しわかりやすく解説。
1800円

新装版 真宗小事典　瓜生津隆真・細川行信編
親鸞が開いた浄土真宗の教義・思想・歴史・仏事の基本用語を平易に解説。
1800円

禅宗小事典　石川力山編著
禅宗（曹洞・臨済・黄檗）の思想・歴史・仏事がわかる基本五一七項目を解説。
2400円

新装版 日蓮宗小事典　小松邦彰・冠　賢一編
日蓮が開いた日蓮宗の思想・歴史・仏事の基本用語を一般読者向けに解説。
1800円

修験道小事典　宮家　準著
役行者を始祖とする修験道の歴史・思想・行事・儀式などの用語を簡潔に解説。
1800円

価格税別